Agir maintenant pour le Québec de demain

Des réflexions pour passer des manifestes aux actes

Agir maintenant pour le Québec de demain

Des réflexions pour passer des manifestes aux actes

Mario ALBERT, Pierre BEAULNE, Josée BOILEAU,
Claude CASTONGUAY, Bernard ÉLIE, Joseph FACAL,
Pierre FORTIN, Luc GODBOUT, Marcelin JOANIS,
Nicolas MARCEAU, Alain NOËL, Pierre PAQUETTE

sous la direction de
Luc Godbout

Les Presses de l'Université Laval

Les Presses de l'Université Laval reçoivent chaque année du Conseil des Arts du Canada et de la Société d'aide au développement des entreprises culturelles du Québec une aide financière pour l'ensemble de leur programme de publication.

Nous reconnaissons l'aide financière du gouvernement du Canada par l'entremise de son Programme d'aide au développement de l'industrie de l'édition (PADIÉ) pour nos activités d'édition.

Maquette de couverture : Hélène Saillant

ISBN 10 : 2-7637-8450-X

ISBN 13 : 978-2-7637-8450-2

Distribution de livres Univers

845, route Marie-Victorin

Lévis (Québec)

Canada G7A 3S8

Tél. (418) 831-7474 ou 1 800 859-7474

Téléc. (418) 831-4021

www.pulaval.com

TABLE DES MATIÈRES

Mise en contexte

Alimenter le débat pour aller de l'avant

Luc Godbout[1]

Si en publiant le manifeste *Pour un Québec lucide*, douze personnalités publiques de toutes allégeances politiques souhaitaient lancer un débat dans lequel les finances publiques occuperaient la place centrale, on peut dire sans se tromper que le simple fait que nous en parlons encore un an plus tard confirme qu'ils ont atteint leur cible. Peu de temps après, d'autres personnalités publiques signaient le manifeste *Pour un Québec solidaire* qui venait faire contrepoids. Puis, de nombreuses autres interventions ont permis d'engager le débat.

Ce débat doit avoir lieu et sa poursuite est non seulement importante... elle est nécessaire. Le succès de l'opération dépend de notre capacité à éviter à tout prix que ces manifestes conduisent à la cristallisation des positions en deux solitudes : les « lucides » d'un côté et les « solidaires » de l'autre. Il ne s'agit pas d'un débat idéologique gauche/droite, car ce qui en résultera influencera directement la population sur le bien-fondé des actions à entreprendre pour faire face aux choix auxquels est confronté le Québec.

---

[1] L'auteur est professeur à la Chaire de recherche en fiscalité et en finances publiques de la Faculté d'administration de l'Université de Sherbrooke.

Il serait trop long de faire état ici du contenu détaillé de chacun des manifestes[2], rappelons simplement leurs principales orientations.

Pour les « lucides », la question démographique a occupé une place importante. On peut résumer leur propos sur le sujet autour des cinq affirmations suivantes :

1. Le départ prochain des baby-boomers à la retraite et le peu d'enfants pour leur succéder va soumettre le Québec, plus vite et plus fort que le reste de l'Amérique du Nord, à une perturbation majeure de sa pyramide des âges.

2. Ce vieillissement soudain de la population va affaiblir la croissance économique et causer de sérieuses difficultés pour les finances publiques.

3. Le Québec doit réagir immédiatement en favorisant la croissance économique par tous les moyens avec une ardeur accrue, notamment par un investissement massif en éducation et en formation.

4. Le Québec doit accélérer dès aujourd'hui le remboursement de la dette publique afin d'atténuer l'impact du choc démographique sur ses finances publiques.

5. Le Québec doit aussi améliorer sa capacité financière en modifiant sa manière de prélever ses revenus via un dégel des droits de scolarité, une hausse des tarifs d'électricité et par une réforme majeure de la taxation davantage axée vers la consommation. Ces mesures adoptées pour favoriser la croissance économique doivent également protéger le niveau de vie des personnes pauvres.

Du côté des « solidaires », même s'ils reconnaissent la question démographique comme un enjeu, la réplique a plutôt mis l'accent sur les choix de société en vue de définir un projet collectif. On peut résumer leurs réactions comme suit :

1. Bien que réel, le vieillissement de la population peut être ralenti par une politique de soutien à la famille et d'intégration des immigrants.

---

[2] Le texte du manifeste *Pour un Québec lucide* est reproduit intégralement à l'annexe 2 de cet ouvrage, il en va de même pour le manifeste *Pour un Québec solidaire* qui se trouve à l'annexe 3.

2. L'impact négatif du vieillissement sur l'économie et les finances publiques peut être atténué, par exemple l'adéquation entre le vieillissement de la population et la hausse faramineuse des coûts de santé n'est pas aussi évidente qu'on le prétend.

3. La croissance économique est rapide au Québec : le problème n'est pas celui de la création de richesse, mais de sa répartition.

4. La dette québécoise ne représente pas un problème alarmant, il n'y a donc aucune urgence à rembourser la dette, il suffit de la regarder diminuer en pourcentage du produit intérieur brut (PIB).

5. La hausse de certains droits, tarifs et taxes à la consommation ne peut que réduire le niveau de vie des personnes pauvres et de la classe moyenne; mieux vaut répartir équitablement la richesse par un système d'imposition plus progressif.

Pourquoi s'intéresser aujourd'hui avec autant d'empressement au vieillissement de la population? S'agit-il d'un véritable problème dont on a trop longtemps repoussé la discussion et que, comme c'est souvent le cas, seule l'urgence nous force à réagir? Ou s'agit-il simplement d'un scénario apocalyptique que certains utilisent pour mieux justifier les changements qu'ils proposent? Malheureusement, le vieillissement de la population québécoise constitue un vrai problème même si on en maîtrise encore mal l'ensemble de ses conséquences économiques. Cependant, le vieillissement de la population n'a rien de fondamentalement nouveau. En effet, la proportion des 65 ans et plus au sein de la population québécoise connaît une hausse continue depuis les années 1920. L'élément nouveau, sous l'influence de la génération des baby-boomers, sera l'accélération de la part croissante de la population de 65 ans et plus qui débutera à la fin de la présente décennie. En seulement 25 ans, le nombre de personnes âgées aura doublé. Un million de personnes grossiront les rangs des 65 ans et plus. Cette modification rapide de la pyramide des âges aura sans aucun doute des impacts multiples sur la société québécoise et ses finances publiques.

Devant ces changements démographiques importants et pour contribuer au débat amorcé par les « lucides » et les « solidaires », la Chaire de recherche en fiscalité et en finances publiques de l'Université de Sherbrooke a organisé en mai 2006 un colloque sur l'avenir des finances publiques du Québec[3]. Compte tenu de la qualité exceptionnelle des conférenciers, nous avons voulu aller au-delà de cette journée de conférences en rédigeant ce livre, d'une part, pour cristalliser dans le temps les perceptions actuelles de la situation, et d'autre part, pour favoriser la diffusion des idées qui y ont été soulevées.

Aussi, un an après la publication des deux manifestes, il faut sortir de la logique de confrontation qui s'est créée autour de ces derniers et poursuivre le débat. Ce livre aborde plus en profondeur plusieurs des éléments mis de l'avant, en y introduisant un éclairage nouveau fort intéressant[4]. Il ne s'agit donc pas de répondre aux arguments des uns et des autres, cela a déjà été fait sur d'autres tribunes, notamment les pages d'opinion des grands quotidiens.

À la lecture de ce livre, il sera facile de constater que dans certains cas, un trait d'union entre les « lucides » et les « solidaires » n'est guère possible, même s'il est facile de dénoter quelques points communs. Si la pensée des « lucides » et des « solidaires » converge à propos de la nécessité de réinvestir en éducation, le désaccord ne saurait être plus complet que sur la question de la fiscalité. Alors que les lucides proposent, par une réforme majeure de la taxation, de modifier le dosage des impôts pour encourager le travail et l'épargne, les solidaires ne croient pas aux effets pervers d'une trop haute fiscalité et préconisent plutôt un système d'imposition des particuliers plus progressif et une hausse des charges fiscales qui frappent les entreprises.

---

[3] Le colloque intitulé « L'avenir des finances publiques du Québec : changements démographiques et finances publiques » a été tenu à Montréal le 17 mai 2006. Il convient ici de souligner les partenaires qui ont collaboré avec la Chaire de recherche en fiscalité et en finances publiques à l'organisation de l'évènement : l'Association des économistes québécois (ASDEQ), le Centre interuniversitaire de recherche en analyse des organisations (CIRANO), l'Institut de recherche en économie contemporaine (IREC) et le journal *Le Devoir*. L'ensemble des participants mérite d'être chaleureusement remercier pour avoir tous sans réserve accepter d'emblée de participer au colloque. Nul doute que la qualité exceptionnelle des participants a grandement contribué au succès de l'événement.

[4] Vous comprendrez que chaque auteur n'est responsable que des idées et des opinions à l'intérieur de son chapitre et qu'il ne partage pas nécessairement les propos contenus dans les autres chapitres de l'ouvrage. De plus, il s'agit de positions individuelles des auteurs qui ne représentent pas nécessairement le point de vue de leurs employeurs.

Amener la population à débattre, c'est l'objectif du livre. Dans ce contexte, nous avons pris garde de ne pas faire de cet ouvrage un exercice affirmatif où tout au long du livre une vision uniforme serait martelée au nom de certains bienfaits économiques.

La première partie permet d'approfondir le point de vue des lucides et des solidaires par les textes de deux de leurs signataires respectifs. Pour les lucides, **Joseph Facal** aborde l'urgence d'entreprendre un examen de conscience afin de changer nos manières de faire alors que **Pierre Fortin** s'attaque aux vingt-deux erreurs qu'il constate au sein du manifeste *Pour un Québec solidaire*. Du côté des solidaires, **Pierre Paquette** discute des vrais défis à relever au Québec et **Bernard Élie** met en perspective certains symboles de finances publiques en rappelant que gouverner, c'est aussi prévoir.

La deuxième partie du livre va plus loin et offre l'occasion d'aborder les défis du Québec de demain sous l'angle des finances publiques, de la fiscalité, de l'endettement, du fédéralisme canadien et de la citoyenneté. Pour bien situer la réflexion, **Mario Albert** expose l'avenir démographique du Québec face aux changements démographiques et ses répercussions sur l'économie. Par la suite, **Luc Godbout** traite successivement de l'impact du vieillissement de la population sur les finances publiques et de la place déjà importante qu'occupe la fiscalité au Québec. Afin de favoriser l'incitation au travail et la réduction de la pauvreté, **Pierre Beaulne** oriente ses propos sur la nécessité de mieux articuler les régimes de transferts publics dont bénéficie la population avec le système fiscal qui l'impose. Le vieillissement de la population amène également **Nicolas Marceau** à discuter du niveau de l'endettement public au Québec et de la tarification de l'hydroélectricité comme avenue à privilégier pour dégager les sommes nécessaires à son remboursement partiel. De son côté, **Alain Noël** adopte une perspective comparative pour réfléchir aux mythes qui entourent le débat sur la dette et le vieillissement et il aborde la question plus large de la citoyenneté et des pactes sociaux. Parmi les solutions devant être débattues pour assurer la pérennité du système public de santé, **Claude Castonguay** nous expose que les choix seront difficiles. Sous l'angle du déséquilibre fiscal, **Marcelin Joanis** aborde le choc démographique que connaîtra le Québec et le défi qu'il constituera pour le fédéralisme canadien. Enfin, **Josée Boileau** va au-delà des apparences par quelques réflexions personnelles sur la société québécoise à la lumière de la confrontation entre les « lucides » et les « solidaires ».

Avec comme trame de fonds le vieillissement de la population québécoise, ce livre apporte un éclairage des plus diversifié reflétant la vision des 12 auteurs qui y ont participé. Il offre aux lecteurs, par une série d'exposés bien vulgarisés et écrits dans un langage intelligible pour les non-spécialistes, diverses réflexions sur les enjeux actuels des finances publiques au Québec leur permettant de mieux en saisir les impacts, afin qu'ils puissent, en toute connaissance de cause, eux aussi, prendre part au débat et l'influencer.

Bonne lecture !

PREMIÈRE PARTIE

Le point de vue
de lucides et de solidaires

Chapitre 1

L'urgence d'un redressement au Québec

Joseph Facal[1]

On permettra ici à l'un des signataires du manifeste *Pour un Québec lucide* de commenter brièvement certaines des réactions que notre petit texte a suscitées et de remettre quelques pendules à l'heure. Je prends pour acquis que le manifeste a été lu et me dispenserai donc d'en présenter de nouveau les grandes lignes. Comme ce livre fait une large place à des exposés détaillés, je prends la liberté d'adopter un ton plus léger et (pourquoi pas?) plus polémique.

Disons-le tout net : l'impact du manifeste *Pour un Québec lucide* a dépassé toutes nos attentes. Un an plus tard, on parle encore de ces dix petites pages. Nous avons, je crois, touché les cordes sensibles – plutôt le nerf sciatique – de tous ces Québécois qui sentent que nous préparons des jours difficiles à nos enfants. Nous avons même indirectement aidé un nouveau parti politique à se trouver un nom.

Quant à certaines des réactions proprement hystériques entendues au lendemain du dévoilement du texte, elles illustrent précisément ce que nous disions dans le manifeste : au Québec, peut-être plus qu'ailleurs, on échappe difficilement à l'impression que l'une

---

[1] L'auteur est professeur invité au Service de l'enseignement du management de HEC Montréal. Il est également un des signataires du manifeste *Pour un Québec lucide*.

des façons courantes d'essayer de faire taire quelqu'un qui dit des choses que l'on ne souhaite pas entendre semble être de lui coller une étiquette idéologique infamante sur le front, de déformer ses propos, de l'insulter en le faisant passer pour un valet du patronat ou un porte-voix de l'empire Gesca, ou de dire qu'il est évidemment intoxiqué par l'idéologie dominante néo-libérale.

Chose certaine, la réaction encourageante de cette immense majorité de la population qui n'est pas une abonnée du commentaire médiatique, des courriers des lecteurs ou des pages d'opinion des quotidiens nous incite à continuer. Être porteur de mauvaises nouvelles ou rappeler des vérités dérangeantes vous fait rarement gagner des concours de popularité, mais c'est utile et nécessaire.

Comprenons-nous bien : tous les signataires de notre manifeste reconnaissent que notre modèle de société a, somme toute, assez bien fonctionné depuis quarante ans. Aucun d'entre nous ne propose de le jeter au panier. Aucun d'entre nous ne propose que les sacrifices soient faits seulement par une partie de la population. Aucun d'entre nous n'a jamais proposé de mettre au pas les syndicats. Nous ne prétendons pas non plus avoir le monopole de la lucidité, mais nous nions cependant à quiconque d'autre le monopole du cœur et des bons sentiments.

Nous n'avons pas non plus banalisé la question du statut politique du Québec. Décider si le Québec doit rester dans le Canada ou en sortir est une question cruciale qu'il faudra régler pour de bon un jour. Nous disons simplement qu'il est illusoire de penser que le règlement de cette question nous dispensera de prendre des décisions difficiles. Il y a déjà suffisamment de pensée magique au Québec sans qu'il soit nécessaire d'en rajouter.

On nous a aussi reproché de ne pas parler des régions, de l'environnement et de la culture. C'est aux partis politiques qui aspirent à gouverner qu'il revient de préparer des programmes complets. Certains ont aussi déploré de ne pas retrouver dans notre texte une vision globale de la société. Mais il est naïf de penser qu'un regroupement informel de souverainistes et de fédéralistes, certains plus à gauche et d'autres plus à droite, aurait pu y parvenir. Notre but était essentiellement de faire partager notre inquiétude afin d'essayer de contribuer à sonner le réveil. De ce point de vue, je crois que ce fut réussi.

Nous disons essentiellement que le monde change plus vite que jamais, que nous ne réalisons pas les effets dévastateurs que notre déclin démographique risque d'avoir dans un monde où la concurrence sera de plus en plus impitoyable, que la performance économique du Québec et l'état de ses finances publiques sont très préoccupants, que bien des Québécois semblent inconscients de cela, et qu'il serait parfaitement déraisonnable de ne pas s'en inquiéter.

On peut certainement nuancer nos constats, mais personne n'a pu sérieusement les nier, comme en fait d'ailleurs foi la majorité des autres contributions accompagnant celle-ci. Les pistes de solutions que nous avançons sont certes discutables et douloureuses, mais ceux qui les rejettent n'en proposent pas ou avancent des avenues parfaitement irréalistes qui, souvent, aggraveraient même le mal.

D'ailleurs, à mon avis, les problèmes du Québec ne sont pas d'abord et avant tout des problèmes économiques. Je veux dire par là que nos problèmes économiques sont, pour moi, les conséquences de certaines de nos attitudes collectives, elles-mêmes entretenues par des décennies de politiques électoralistes à courte vue. Ayant moi-même été jadis en politique, vous comprendrez que je m'empresse de plaider partiellement coupable. Je concède aussi immédiatement qu'il est plus facile de dire aux décideurs politiques en place ce qu'il faudrait faire dans le confort feutré de nos salons que de le faire soi-même dans la fournaise de l'action.

Il demeure tout de même que les problèmes économiques du Québec, pour être surmontés, nécessitent un changement d'attitude de la part des Québécois, mais d'abord et avant tout de leurs leaders politiques. Il est là le défi herculéen qui nous attend, mais je reste d'un optimisme prudent.

Par exemple, pendant des années, ceux qui se souciaient du poids de la dette au Québec passaient pour des originaux. Je crois que la parution du manifeste *Pour un Québec lucide* au mois d'octobre 2005 a contribué à faire tourner le vent. Les trois principaux partis politiques au Québec, à des degrés divers, ont depuis enfourché ce cheval et reconnaissent l'importance de la question.

Une idée devient irrésistible quand elle n'appartient plus à un seul parti et que tous s'en emparent. À cet égard, l'effort dans le budget Audet 2006 en ce qui a trait à la dette est plus que modeste, mais il était sans doute le maximum possible dans les circonstances économiques et politiques actuelles. L'important était de marquer symboliquement le virage, comme ce fut le cas avec l'atteinte du déficit zéro en 1998, afin d'inscrire durablement la question de la dette sur l'écran de radar de la population et de la classe politique.

Depuis, on peut très légitimement discuter de la gravité du problème, mais on n'entend pratiquement plus les arguments traditionnels de ceux qui nient complètement ce problème... sauf évidemment chez d'anciens marxistes-léninistes qui ont gardé les schémas de pensée de leur jeunesse, qui s'émerveillent encore du modèle cubain en 2006, et dont la présence médiatique – il faut le dire – est inversement proportionnelle à leur poids réel dans l'opinion publique.

S'il faut réduire la dette, ce n'est pas – répétons-le encore – pour viser un ratio dette/PIB abstrait, mais pour que le paiement des intérêts prenne moins de place dans le budget, et dégage assez d'espace pour amoindrir l'impact du trou budgétaire qui sera créé inévitablement par la chute des revenus fiscaux et la hausse des dépenses de santé que le vieillissement va entraîner.

Le sociologue de l'Université Laval, Jean-Jacques Simard, disait récemment que le Québec souffre en ce moment du syndrome « yaka ».

Chacun veut se soustraire à un effort de redressement qui devrait être collectif en disant : « y a qu'à taxer les riches qui, on le sait bien, pratiquent tous l'évasion fiscale », « y a qu'à coincer ces méchantes compagnies qui, on le sait bien, entreposent tous leurs profits dans des paradis fiscaux ». À n'en pas douter, il y a de cela, bien sûr, mais je ne crois pas que là résident les solutions simples et sans douleur à tous nos problèmes.

Des faussetés ont aussi été martelées pendant des années qui, parce qu'elles n'ont pas été contrées, se sont accréditées comme des vérités.

Il est faux, par exemple, de dire que le Québec est un paradis fiscal pour les entreprises : aux impôts qu'elles paient sur leurs revenus, il faut ajouter les taxes sur le capital, sur la masse salariale et les cotisations pour la santé. Si on tient compte de tout cela, on constate, d'après les chiffres mis à jour par Luc Godbout, non seulement une fiscalité plus lourde pour les entreprises au Québec que dans le reste du Canada, mais son alourdissement au cours des dernières années, et donc la perte de cet avantage comparatif que le Québec avait encore jusqu'à récemment[2].

---

[2] Voir L. Godbout, « Une fiscalité à repenser » [chapitre 7 du présent ouvrage], où le poids de la fiscalité des sociétés est abordé plus en détail.

On entend aussi souvent dire que la moitié des entreprises au Québec ne paient pas d'impôts sur leurs profits. Évidemment, puisque la moitié des entreprises ne font pas de profits! Toutes sont cependant soumises à l'ensemble des autres charges. De toute façon, nous n'avons jamais dit que les entreprises ne devaient pas faire leur part. Quant à l'évasion fiscale, elle existe, mais il est irréaliste de penser l'éliminer complètement.

Le régime fiscal peut certainement être revu, notamment pour passer progressivement de l'imposition du travail à l'imposition de la consommation comme c'est le cas dans de nombreux pays européens, mais il est grossièrement exagéré de dire que les riches ne paient pas leur juste part des impôts et que notre régime n'est pas encore assez progressif… quand les deux pour cent des contribuables qui gagnent plus de cent mille dollars par année fournissent le quart de tous les impôts sur le revenu payés.

Il est aussi faux de dire que les pauvres sont plus pauvres aujourd'hui qu'il y a dix ans. Un pauvre, c'est toujours un pauvre de trop, mais le pourcentage de gens qui vivent sous le seuil de pauvreté est plus bas qu'il ne l'a jamais été. Il est cependant vrai que les riches s'enrichissent plus vite que les pauvres et que les écarts augmentent – ce qui est extrêmement préoccupant –, mais ce n'est pas la même chose que de laisser entendre que les pauvres s'appauvrissent de manière absolue plutôt que relative.

Il est faux aussi de rendre la mondialisation responsable de toutes les plaies d'Égypte. Bien sûr qu'elle pose de nombreux problèmes, mais la forte croissance des exportations du Québec ces dernières années est peut-être la clé du maintien relatif de notre prospérité collective. Dans le présent ouvrage, Alain Noël rappellera que l'ouverture des économies nationales n'a pas, règle générale, entraîné de réduction marquée de la protection sociale[3].

Tout compte fait, on ne réinventera pas les lois fondamentales de l'économie : la croissance économique est la première condition, mais non la seule, de la vraie solidarité sociale, pas de cette solidarité incantatoire et déconnectée que seuls peuvent se permettre ceux et celles qui ne seront jamais au pouvoir, qui n'auront jamais la responsabilité de concrétiser les rêves qu'ils auront fait miroiter et, qui, très souvent, dissimulent mal leur hostilité larvée à l'endroit de ceux

---

[3] Voir A. Noël, « Mythes lucides, enjeux de citoyenneté et pactes sociaux » [chapitre 10 du présent ouvrage], où les pactes sociaux sont abordés plus en détail.

qui se livrent à des choses aussi triviales et vulgaires que créer des emplois et de la richesse.

Ce n'est pas si compliqué dans le fond : si nous voulons maintenir notre niveau de vie, maintenir l'essentiel de notre système de santé, qui est déjà sous-financé, maintenir notre système d'éducation, maintenir notre filet de sécurité sociale, il va falloir obligatoirement créer plus de richesse plutôt que de seulement se battre entre groupes d'intérêt pour se repartager autrement la tarte actuelle.

Pour le reste, les clés de la prospérité, ici comme partout ailleurs, sont toujours les mêmes quand vous n'avez pas de pétrole. Elles résident dans la productivité, dans l'innovation, dans l'investissement massif en éducation, dans une fiscalité compétitive, dans des infrastructures en bon état, dans des équipements à la fine pointe de la technologie, dans la recherche et le développement, dans l'exportation et dans l'attraction d'investissements. Sur plusieurs de ces points, nous faisons plutôt bien, mais sur d'autres, nous sommes devenus complaisants.

Le problème fondamental, c'est, me semble-t-il, le suivant : où prendre l'argent pour que l'État fasse des investissements publics structurants et ciblés dans ces secteurs si on refuse tous les sacrifices? Au Québec, nous aimons un peu trop à mon goût nous gargariser de mots qui sonnent noblement et qualifier de « solidarité » des initiatives financées à crédit qui reviennent à refiler à la génération suivante des sacrifices que nous n'osons pas faire maintenant.

Le manifeste *Pour un Québec lucide* évoque deux exemples à cet égard parmi une foule d'autres possibles. Le gel des frais de scolarité universitaires, par exemple, est la cause principale d'un sous-financement chronique des universités québécoises qui est en train d'avoir des conséquences de plus en plus dramatiques dans une économie du savoir. Il équivaut à faire subventionner l'éducation d'une minorité relativement privilégiée par des contribuables dont les enfants n'auront pas, pour la plupart, la chance de fréquenter l'université, sans que cela n'ait le moindre effet démontrable sur l'accessibilité aux études. Mais au Québec, un transfert de richesse du bas vers le haut, on appelle cela une « mesure progressiste ». Au fond, le gel des frais de scolarité pénalise au premier chef les étudiants eux-mêmes en empêchant les universités de leur donner le niveau de formation dont ils auront de plus en plus besoin.

En maintenant les tarifs d'hydro-électricité à des niveaux absurdement bas, nous nous privons aussi, écrivions-nous, d'un fabuleux levier de développement collectif. On voudrait nous faire croire qu'il serait « néo-libéral » de vouloir augmenter les dividendes d'Hydro-Québec pour les réinvestir dans nos écoles, nos hôpitaux, nos garderies et nos routes. Nous y voyons plutôt de la solidarité entre les générations, entre nous et ceux qui viendront après nous. Ce n'est pas parce qu'Hydro-Québec est à nous qu'elle doit vendre à rabais. D'ailleurs, un tarif ridiculement bas mais uniforme bénéficie davantage au riche qu'au pauvre, puisque le riche a les moyens de gaspiller. Et puis l'argent découlant d'une augmentation des tarifs d'électricité n'irait pas dans le néant. Il pourrait être mis de côté pour assurer aux générations futures des services publics comparables à ceux d'aujourd'hui avec un effort fiscal comparable à celui d'aujourd'hui.

Chose certaine, dans le contexte actuel, continuer comme si de rien n'était n'est évidemment pas une option puisque les revenus du gouvernement vont continuer à augmenter beaucoup moins vite que les besoins qu'on va lui demander de combler, en raison de l'effet combiné de la chute de la natalité, de l'allongement de l'espérance de vie, de l'attrait de la retraite aussitôt que nos moyens nous le permettent, et de la concurrence mondiale.

Quant à nous, citoyens, nous avons un examen de conscience à faire. À mon sens, quatre réflexes collectifs ne peuvent plus durer.

En premier lieu, l'immense majorité de nos concitoyens n'a aucune idée du coût réel des services publics qu'elle consomme tout en les prenant pour un droit acquis. Il en résulte une insouciance collective qui est terriblement néfaste. Il faut inlassablement travailler à rappeler que les services publics ne sont pas gratuits.

La deuxième attitude qui ne peut plus durer, c'est que les Québécois ne pourront plus continuer à vouloir en même temps des investissements plus élevés dans les services publics et des baisses d'impôt, dans un contexte où le vieillissement de la population va faire en sorte que les revenus de l'État seront condamnés à augmenter beaucoup moins vite que les besoins qu'on va lui demander de combler. Personnellement, je crains qu'il ne faille à court terme oublier des baisses d'impôt musclées. Nous avons une sorte de devoir collectif de cohérence à cet égard.

La troisième attitude parfaitement contradictoire est de déplorer d'être collectivement moins riches que d'autres, tout en voulant s'épargner de faire ce que les autres font pour être collectivement plus riches que nous.

Je vous donne un exemple : au Québec, nous avons collectivement décidé d'avoir une semaine de travail plus courte que celle de nos concurrents immédiats. C'est un choix parfaitement défendable. Ce que je dis simplement, c'est que si on décide d'aller encore plus loin dans cette voie, cela entraîne des conséquences économiques qu'il va falloir assumer en toute connaissance de cause. Si nous faisons le choix d'avoir davantage de temps libre pour la famille, je dis bravo – c'est d'ailleurs le choix personnel que j'ai fait –, mais assumons-le pleinement en réduisant notre train de vie... et nos exigences à l'endroit de l'État.

Enfin, les Québécois ne voient pas suffisamment que la prospérité économique est la seule manière de financer durablement et adéquatement les services publics et de faire vraiment progresser la justice sociale. Les Québécois tendent à séparer à tort l'économique et le social alors qu'ils se renforcent l'un l'autre. Plusieurs semblent penser que la croissance économique et la création de richesse peuvent être prises pour acquises. Ils ne réalisent pas que le capital peut aller voir ailleurs si ça lui chante plus facilement que jamais auparavant.

Ce qui fait défaut au Québec en ce moment, me semble-t-il, et qui est beaucoup plus fondamental que les chiffres, c'est le goût de se remettre collectivement en mouvement. Je trouve que nous faisons du surplace. Nous avons des attitudes collectives ambivalentes à l'endroit de la réussite matérielle, de l'excellence, de l'ambition, de l'effort.

Entre le démantèlement stupide et injustifié de tout ce qui a été bâti au Québec et le repli crispé mais sans avenir sur des positions devenues intenables, entre le dénigrement systématique du Québec et la contemplation béate et complaisante du nombril du modèle québécois, il y a, me semble-t-il, une voie de passage étroite mais possible pour un redressement collectif basé sur une social-démocratie qui affirme ses valeurs tout en ajustant ses pratiques à la nouvelle réalité.

J'ai fini par comprendre tardivement qu'il est irréaliste de s'attendre à ce que ce soit la classe politique qui crève le jaune de l'œuf et nous rappelle ces vérités désagréables. Pourquoi? Parce que la vérité, c'est que les électeurs ne récompensent que très rarement le courage politique. Autrement dit, le problème du Québec n'est peut-être pas tant qu'on ne sait pas ce qu'il faudrait faire, c'est plutôt que ce qui devrait être fait est extraordinairement difficile à faire accepter par la population. Les électeurs disent vouloir entendre la vérité de la bouche des hommes et des femmes politiques, mais en réalité les gens ne veulent la vérité que quand la vérité est agréable. Ils repoussent les vérités désagréables comme un calice qu'ils ne veulent pas boire, ou alors ils n'acceptent les périodes d'austérité que si elles sont très limitées dans le temps.

Il faut dire que l'État a joué un rôle si fondamental dans la construction de l'identité québécoise moderne que toute proposition de changer quoi que ce soit à son rôle est perçue par certains comme une attaque contre l'identité québécoise elle-même ou comme la dilapidation d'acquis collectifs devenus sacrés. Cela permet aussi à des groupes puissants de se défendre en faisant croire que leurs intérêts et l'intérêt général sont une seule et même chose.

De douloureuses remises en question, il est pourtant en train de s'en faire partout en Occident. Aucun pays n'y échappe. Partout, les raisons sont les mêmes : difficultés budgétaires, déclin démographique, mécontentement des citoyens à l'endroit des services publics. Partout, les grands axes des réformes sont les mêmes avec, évidemment, des différences en fonction des contextes historiques et culturels : prioriser la qualité des services, transparence accrue, contrôle des dépenses, implantation de nouvelles technologies, partenariats avec le privé, allégements réglementaires, compétitivité fiscale, investissements dans la recherche, soutien à l'exportation. Et tout cela se fait dans des pays qui ont des traditions sociales-démocrates beaucoup plus anciennes et mieux enracinées qu'au Québec, et dont nous n'avons aucune raison de penser qu'ils traitent leurs démunis avec moins de compassion que nous.

Vous noterez d'ailleurs qu'au Québec, nous avons la solidarité sélective. Il n'y a aucune mobilisation populaire massive en faveur des plus authentiquement mal pris d'entre nous : les assistés sociaux, les sans-abri, les toxicomanes, les autochtones. Mais on monte aux barricades pour défendre le gel des frais de scolarité, le gel des tarifs des garderies, le gel des primes d'assurance automobile, le gel des tarifs d'hydro-électricité. Solidarité, vous dites?

Il faut en tout cas œuvrer à ce que nos concitoyens soient beaucoup plus conscients de l'importance des enjeux qui nous confrontent. Le principal obstacle à l'heure actuelle est l'écart trop grand entre la réalité telle qu'elle se dessine sous nos yeux et la perception somme toute assez jovialiste que nos concitoyens ont de la situation. Personne ne peut sérieusement vouloir attendre qu'il nous faille toucher le fond pour nous réveiller.

Chose certaine, ce qu'il faut à tout prix éviter, c'est une cristallisation stérile, une polarisation bornée du débat autour de ces deux manifestes, comme s'il fallait choisir tout l'un ou tout l'autre, comme si tout se résumait à cela, et qui transformerait cette nécessaire discussion publique en dialogue de sourds. Il faut admettre qu'au moins une part du débat public a pris cette allure depuis un an.

Cela dit, la population québécoise en âge de travailler va augmenter pendant encore quelques années avant de se mettre à décroître très rapidement. Nous avons donc devant nous une fenêtre de quelques années pour réorganiser nos façons de faire avant que la pente savonneuse du déclin démographique ne devienne impossible à remonter.

Je continue cependant, quant à moi, à croire en la formidable capacité individuelle et collective des Québécois à se redresser pour triompher de l'adversité, comme ils ont su le faire si souvent dans le passé.

Chapitre 2

Les vingt-deux erreurs du manifeste Pour un Québec solidaire

Pierre Fortin[1]

Dans le présent exposé, je soutiens que l'analyse de la question démographique par le manifeste *Pour un Québec solidaire* (*MQS*) est remplie d'erreurs de mesure, de logique et de faits. Ces erreurs, à mon sens, discréditent son argumentation et rendent son discours inacceptable dans sa forme actuelle.

Le *MQS* ayant été conçu comme une réponse au manifeste *Pour un Québec lucide (MQL)*, je vais d'abord présenter un bref résumé de la position du *MQL*. Son constat de départ est que la population des aînés va doubler au Québec d'ici 2031 et qu'à l'inverse, la population en âge de travailler va ralentir et même diminuer[2]. Avec moins d'adultes dans les âges actifs, le pourcentage de la population qui sera au travail et qui paiera des impôts va être moins élevé. Et avec deux fois plus d'aînés, il faudra consacrer deux fois plus d'argent aux soins de santé et aux services sociaux de ce groupe. Or, un aîné coûte en

---

[1] L'auteur est professeur au Département des sciences économiques de l'Université du Québec à Montréal. Il est également un des signataires du manifeste *Pour un Québec lucide*.
[2] Manifeste *Pour un Québec lucide* (ci-après *MQL*), p. 4, ou annexe 2 du présent ouvrage p. 232. La projection utilisée s'appuie sur le scénario de référence de l'Institut de la statistique du Québec (ISQ).

moyenne six fois plus cher par année qu'un adulte plus jeune en soins de santé et en services sociaux[3].

Le choc démographique va donc entraîner non seulement un ralentissement de la croissance économique (avec moins de travailleurs), mais aussi une détérioration marquée des finances du Québec. À partir de 2010, année après année, le gouvernement du Québec va trouver ses recettes fiscales de plus en plus décevantes. Le problème du financement de la santé, qui est déjà aigu à l'heure actuelle, va devenir dramatique à mesure que les baby-boomers vont vieillir. Le gouvernement va, par contre, bénéficier de quelques économies en services de garde et en éducation, mais elles ne serviront qu'à atténuer en partie la chute des recettes fiscales et l'explosion des dépenses de santé.

Une façon d'apprécier l'impact de ces changements sur les finances du Québec dans des termes qui sont à notre portée immédiate consiste à calculer l'impasse budgétaire à laquelle le gouvernement serait immédiatement confronté si la structure par âge de la population prévue pour 2031 par l'ISQ s'appliquait soudainement dès aujourd'hui, en 2006-2007. Un tel calcul, fort simple, produit une baisse des revenus fiscaux de 7 milliards, une hausse des dépenses en santé et en services sociaux de 10 milliards, et une économie en dépenses de garde et d'éducation de 3 milliards. Ainsi apparaîtrait, au net, un « trou » budgétaire d'environ 14 milliards dans le budget du Québec de 2006-2007.

Pour affronter ce double défi économique et financier, le *MQL* a proposé de mettre en œuvre deux grandes sortes de politiques : une politique de croissance économique et une politique de solidarité intergénérationnelle comprenant un remboursement accéléré de la dette publique[4]. Il a en même temps rappelé que les mesures prises devaient protéger le revenu des personnes pauvres.

Dès sa sortie, le *MQS* a rejeté avec virulence la position du *MQL*, et tout particulièrement l'alerte démographique qu'il a sonnée. L'argumentaire développé par le *MQS* est fort intéressant. Il contient un grand nombre d'affirmations sur le choc démographique, sur ses conséquences économiques et financières, sur la dette publique et sur la fiscalité des riches et des entreprises. Certaines ont été reprises et

---

[3] Canada, Institut canadien d'information sur la santé, *Tendances des dépenses nationales de santé, 1975 à 2005*, Ottawa, 2006.

[4] *MQL*, p. 7-9 ou annexe 2 du présent ouvrage, p. 236-239.

développées par des sympathisants du MQS. Dans les sections qui suivent, je vais examiner 22 de ces affirmations. Comme je les juge toutes erronées, elles sont présentées sous la forme de 22 « erreurs ».

Erreur n° 1 : On peut empêcher le taux d'emploi de baisser

Aujourd'hui, en 2006, 49 % de la population totale du Québec détient un emploi. En 2031, selon le scénario de base de l'ISQ, il n'y en aura plus que 41,5 % qui seront au travail, si la propension à travailler se maintient. En perdant ainsi 7,5 points sur 49, le taux d'emploi de la population totale diminuerait de 15 %. Cela va entraîner un affaiblissement proportionnel du revenu intérieur (PIB) du Québec et des revenus fiscaux du gouvernement.

Certains intervenants contestent ce scénario[5]. Ils font valoir que supposer une propension à travailler inchangée des 15 à 64 ans est une hypothèse gratuite. Même si la population en âge de travailler diminue de 15 %, font-ils remarquer, le nombre de travailleurs pourrait malgré tout se maintenir si le taux d'emploi de cette population des 15 à 64 ans augmentait en même temps de 15 %.

Sur le plan purement mathématique, ces critiques ont raison. En 2006, les adultes de 15 à 64 ans forment 70 % de la population et affichent un taux d'emploi de 70 %. C'est pourquoi les travailleurs sont 49 % de la population totale du Québec (70 % de 70 %)[6]. Pour qu'en 2031 le poids des travailleurs demeure 49 % de la population totale (plutôt que de baisser à 41,5 %), il faudrait que le taux d'emploi des adultes de 15 à 64 ans passe de 70 % en 2006 à 83 % en 2031. En effet, l'ISQ prévoit que le groupe des 15 à 64 ans formera 59 % de la population totale en 2031. Si les travailleurs constituaient 83 % des 59 % de la population qui aurait de 15 à 64 ans en 2031, le poids des travailleurs demeurerait à 49 % de la population totale (83 % de 59 %), soit exactement le même pourcentage qu'en 2006.

Mais, dans la réalité, une telle ascension du taux d'emploi du Québec est tout à fait invraisemblable. En Ontario et aux États-Unis, le taux d'emploi des 15 à 64 ans est demeuré inférieur à 74 % depuis 20 ans. Il est certainement possible de concevoir qu'au Québec ce taux passe, par exemple, de 70 % en 2006 à 74 % en 2031. Mais

---

[5]   Par exemple, M. Poulin, « Pour un Québec lucide : une analyse tronquée des impacts du déclin de la population », *Le Devoir*, 28 octobre 2005.

[6]   L'illustration néglige les travailleurs âgés de 65 ans ou plus, par pur souci de simplicité.

envisager un saut à 83 % est de la pure fantaisie, quels que soient les efforts (par ailleurs nécessaires) mis à réduire le chômage et à favoriser l'activité des travailleurs. Une baisse substantielle du taux d'emploi de la population totale, du revenu intérieur et des revenus fiscaux du gouvernement est, par conséquent, inévitable.

Erreur n° 2 : Les impôts payés par les aînés vont compenser

Les baby-boomers retraités seront plus riches que les générations précédentes d'aînés grâce, notamment, à l'expansion des régimes enregistrés d'épargne-retraite (REER) et des régimes de pension agréés (RPA) (bien que ces derniers aient plafonné depuis une décennie). Les montants épargnés aux titres de ces régimes donnent droit à des crédits d'impôt au départ, mais ils sont imposables plus tard lorsqu'ils sont retirés pendant la retraite. Avec moins de travailleurs et plus de retraités, les crédits d'impôt accordés annuellement par le gouvernement vont être moins abondants et les recettes fiscales tirées des décaissements imposables, plus considérables. Cela va réduire les pertes de revenus fiscaux engendrées par le choc démographique.

Quelle sera l'importance financière de cette économie due au décaissement des RPA et des REER? Dans son exposé au présent colloque, le professeur Luc Godbout estime qu'en dollars de 2004 le gain fiscal net du gouvernement du Québec atteindra 600 millions de dollars en 2031[7]. Or, ce montant équivaut à 4 % seulement de la brèche financière globale de 14 milliards que le gouvernement aura à combler en raison du changement démographique. Les impôts payés par les aînés au titre des montants retirés des RPA et des REER vont donc adoucir l'impasse quelque peu, mais ils ne permettront certainement pas au gouvernement de résoudre son problème financier.

Erreur n° 3 : Une natalité et une immigration plus fortes pourraient résoudre le problème du vieillissement de la population

La forte diminution de la natalité depuis les années 1960 a eu deux conséquences sur la démographie du Québec. D'une part, la population totale croît moins vite et va éventuellement décroître. C'est

---

[7]   L. Godbout, « Les finances publiques sous haute tension » [chapitre 6 du présent ouvrage].

le phénomène de la décroissance. D'autre part, la pyramide des âges penche de plus en plus vers les aînés. C'est le phénomène du vieillissement. Ce qui va bousculer notre bien-être économique, c'est le second phénomène (le vieillissement), et non pas le premier (la décroissance). C'est parce qu'il y aura <u>proportionnellement</u> moins de jeunes au travail et plus d'aînés à soigner que la richesse par habitant et les finances publiques vont souffrir, et non pas parce qu'il y aura globalement moins de monde.

Or, si avoir plus d'enfants et plus d'immigrants attaquait directement le problème de la décroissance, cela n'atténuerait pas beaucoup l'impact des baby-boomers vieillissants et sans enfants sur la pyramide des âges, du moins pas avant quelques décennies. Attirer et retenir plus d'immigrants rajeuniraient un peu la population, mais pas beaucoup. Avoir plus de bébés n'aurait pas d'impact sur la population en âge de travailler avant 2030 ou 2040. Dans l'intervalle, les bébés plus nombreux feraient <u>augmenter</u> les dépenses de l'État en services de garde et en éducation. À court terme, cela accentuerait les problèmes financiers de l'État plutôt que de les atténuer.

Par conséquent, contrairement à l'opinion répandue, avoir plus d'enfants et plus d'immigrants ne contribuerait nullement à résoudre les problèmes économiques et financiers qui vont accompagner le vieillissement d'ici 2031. Cela dit, il demeure parfaitement légitime d'encourager la natalité et l'immigration. Mais pas pour corriger le problème du vieillissement qui nous pend au bout du nez.

<u>Erreur n° 4</u> : La richesse croît si rapidement au Québec qu'elle va enterrer le problème démographique

Le *MQS* fait montre d'un optimisme délirant sur la croissance économique du Québec. Il affirme qu'au Québec, « entre 1982 et 2000, le PIB par habitant a connu une hausse de 132 %[8] ». Si le *MQS* a raison, il s'agirait, en fait, de la hausse la plus rapide du niveau de vie qui ait été enregistrée parmi tous les pays industrialisés au cours de cette période. À 132 %, la hausse du PIB par habitant aurait été plus que deux fois plus importante au Québec qu'aux États-Unis, où le chiffre officiel de la hausse de 1982 à 2000 est 56 %[9]. Aux yeux du *MQS*, la richesse croît si rapidement au Québec qu'elle va sans

---

[8] Manifeste *Pour un Québec solidaire* (ci-après *MQS*), p. 2, ou annexe 3 du présent ouvrage p. 243.
[9] President of the United States, *Economic Report of the President*, Washington, Government Printing Office, 2006, tableaux B-2 et B-34.

difficulté enterrer le problème démographique. Il n'hésite pas à conclure que le problème du Québec « n'est donc pas celui de la création de richesse, mais de sa répartition[10] ».

Où est l'erreur? Le *MQS* a utilisé le mauvais chiffre. Son évaluation de la hausse du niveau de vie inclut non seulement l'augmentation du pouvoir d'achat, mais aussi l'effet de l'inflation sur le revenu par habitant. Cela n'a aucun sens. Si le revenu par habitant augmente de 10 %, mais que le niveau moyen des prix des biens et des services achetés et vendus augmente en même temps de 7 %, la hausse du pouvoir d'achat – de la <u>vraie</u> richesse – n'est évidemment pas 10 %, mais 3 % seulement. Il faut retrancher l'effet de la hausse des prix (l'inflation). C'est ce que font toutes les agences statistiques nationales (ISQ, Statistique Canada, etc.) et internationales (OCDE, FMI, ONU, etc.) qui produisent les chiffres du revenu (PIB) par habitant.

Dans l'exemple utilisé par le *MQS*, 70 % de la hausse de 132 % du PIB par habitant a en fait été « mangée » par l'inflation. La vraie hausse de la richesse par habitant du Québec de 1982 à 2000 n'a été que de 40 %. Qui plus est, si les mêmes conditions de progrès de la productivité se maintiennent de 2006 à 2031[11], le PIB par habitant n'augmentera que de 25 %, en raison de la chute marquée du poids des travailleurs dans la population totale.

La déclaration affirmant que la création de richesse ne fait pas partie des problèmes du Québec est donc tout à fait irrecevable. La création de la richesse tout comme son partage entre les citoyens sont des tâches impératives et simultanées qui ont toutes les deux été difficiles à poursuivre dans le passé et le seront encore plus dans les années à venir. Les nouvelles de l'enterrement du problème démographique par la croissance économique sont prématurées.

---

[10] *MQS*, p. 2 ou annexe 3 du présent ouvrage p. 243.
[11] Cette dernière condition n'est même pas assurée. En effet, au cours des deux dernières décennies, les pays à croissance démographique plus faible ont connu une progression plus lente de leur productivité. Voir P. Beaudry, F. Collard et D. Green, « Le rôle des facteurs démographiques dans la croissance de la productivité », *Observateur international de la productivité*, n° 10, printemps 2005, p. 51-66.

Erreur n° 5 : Les aînés coûteront moins cher puisqu'ils seront en meilleure santé

Cette affirmation du *MQS* contient trois erreurs[12]. Premièrement, un aîné en meilleure santé ne coûte pas nécessairement moins cher à soigner. Pour donner un exemple, supposons qu'une personne de 65 ans survit jusqu'à l'âge de 85 ans et coûte 5 000 dollars par année à soigner pendant vingt ans, plus 100 000 dollars la dernière année de sa vie. Le coût total des soins atteindra 200 000 dollars. Comparons sa situation à celle d'une autre personne, en meilleure santé, qui survit jusqu'à 90 ans et coûte 4 200 dollars par année (16 % moins cher), plus les 100 000 dollars de la dernière année. Cette fois-ci, le coût total sera de 205 000 dollars. Même si le coût annuel des soins est moins élevé pour l'aîné en meilleure santé, son coût cumulatif finit par être plus élevé parce qu'il survit plus longtemps et parce que la dernière année de la vie coûte aussi cher dans un cas que dans l'autre. Il n'y a pas de nécessité logique que la meilleure santé fasse diminuer le coût total des soins de santé et des services sociaux aux aînés.

Deuxièmement, on ne sait pas vraiment si les aînés de demain seront en meilleure santé que les aînés d'aujourd'hui. Les experts divergent d'opinion sur cette question. La santé du groupe des 45 à 64 ans a certainement fait des progrès depuis cent ans. Mais les experts en santé publique se disent inquiets de la montée récente (et fulgurante) de l'obésité et des maladies respiratoires et environnementales dans ce groupe d'âge et des effets que cela pourrait avoir sur leur santé dans une ou deux décennies. On peut espérer que les efforts de prévention de ces maladies vont s'accélérer et porter fruit, mais ce sera forcément à long terme.

Troisièmement, qu'ils soient en meilleure ou en moins bonne santé, les aînés de 2031 vont coûter plus cher non seulement parce qu'ils seront deux fois plus nombreux que les aînés d'aujourd'hui, mais aussi parce qu'une fraction beaucoup plus importante aura besoin de l'aide de l'État lorsqu'elle éprouvera une perte d'autonomie totale ou partielle. La raison est encore d'origine démographique : alors que les parents des baby-boomers ont aujourd'hui en moyenne quatre enfants pour les soutenir dans leur vieil âge, les baby-boomers dans 20 ans n'auront que 1,5 enfant pour les aider. Les « aidants naturels » vont être beaucoup moins nombreux.

---

[12] *MQS*, p. 2 ou annexe 3 du présent ouvrage p. 244.

<u>Erreur n° 6</u> : Il est possible de mieux contenir la hausse du coût des médicaments, qui a doublé en dix ans

Les dépenses en médicaments assumées par le gouvernement du Québec ont en effet plus que doublé de 1995 à 2005, passant de 800 millions à 1,8 milliard en dix ans[13]. Mais cela ne dépend pas du tout d'une hausse débridée du prix des médicaments, puisque, selon Statistique Canada, l'indice des prix des médicaments prescrits au Québec n'a augmenté que de 1,5 % par année en moyenne de 1995 à 2005. C'est moins que le taux général d'inflation, qui a été de 2 % par an. Ce qui a fait exploser le coût des médicaments, c'est la <u>quantité</u> de médicaments consommés par les Québécois (et assurés par l'État), <u>pas les prix</u>. L'idée qu'on pourrait freiner la hausse du coût des médicaments en surveillant mieux la hausse des prix ne tient pas la route, puisque la hausse des prix est <u>déjà</u> étroitement contrôlée.

<u>Erreur n° 7</u> : Tout allait bien au Québec, il y a 50 ans, même si le poids de la population de 15 à 64 ans dans la population totale était aussi faible que ce qui est prévu pour 2031

La population de 15 à 64 ans est le principal bassin qui fournit les travailleurs capables de soutenir une population. En 1956, cette population de 15 à 64 ans formait 60 % de la population totale du Québec. En 2031, il est prévu qu'elle équivaudra à peu près au même pourcentage de la population totale, soit 59 %. Alors, pourquoi s'inquiéter de 2031 si nous avons vécu le même taux de dépendance démographique sans difficulté apparente il y a 50 ans?

Pour deux raisons. La première est qu'au milieu des années 1950 tout n'allait pas si bien, au contraire. Le niveau de vie des francophones du Québec était parmi les plus bas d'Amérique du Nord[14]. La frustration que cela engendrait explique en partie pourquoi ils décidèrent, en juin 1960, qu'il était « temps que ça change ». L'écrivain Pierre Vallières inventa d'ailleurs l'expression « nègres blancs d'Amérique » pour traduire l'idée que la position économique

---

[13] Canada, Institut canadien d'information sur la santé, *Tendances des dépenses nationales de santé, 1975 à 2005*, Ottawa, 2006.

[14] À cette époque, dans les meilleures années, le PIB par habitant du Québec équivalait à 74 % de celui de l'Ontario. Voir P. Fortin, « La Révolution tranquille et le virage économique du Québec », dans Y. Bélanger, R. Comeau et C. Métivier (dir.), *La Révolution tranquille 40 ans plus tard : un bilan*, Montréal, VLB éditeur, 2000.

des francophones par rapport aux anglophones au Québec se comparait à celle des Noirs par rapport aux Blancs aux États-Unis[15].

La seconde raison est que le potentiel de déstabilisation des finances de l'État sera beaucoup plus important dans les années à venir qu'il l'était au milieu des années 1950. Aujourd'hui, le budget du Québec absorbe 20 % du PIB, alors qu'à l'époque il n'en captait que 8 %[16]. Le budget de la santé, minimal, ne comprenait ni assurance hospitalisation, ni assurance maladie, ni assurance médicaments; l'éducation n'étant pas très répandue, le budget de l'instruction publique était tout petit; il n'y avait aucun budget pour les services de garde, sauf pour quelques orphelinats. En conséquence, le taux de dépendance démographique élevé des années 1950 ne coûtait pas très cher au gouvernement : certainement pas plus que l'équivalent de 1 % du PIB. En comparaison, l'impasse budgétaire de 14 milliards qui résulterait de l'application de la pyramide des âges de 2031 au budget du Québec de 2006 équivaudrait à 5 % du PIB actuel de 275 milliards. Elle serait cinq fois plus importante qu'il y a 50 ans.

Erreur n° 8 : Tout va bien dans la vieille Suède

En Suède, le poids des aînés a atteint 12 % de la population totale dès 1965, mais n'atteindra 24 % qu'en 2030. Le doublement aura pris 65 ans. Au Québec, le poids des aînés était de 12 % en 1995 et il doit atteindre 24 % en 2025, soit en 30 ans seulement. Le même processus de vieillissement a commencé beaucoup plus tard au Québec, mais y sera beaucoup plus rapide.

Avec moins de jeunes et plus d'aînés, la Suède a dû affronter un ralentissement de sa croissance économique et une impasse budgétaire semblables à ce qui attend le Québec d'ici deux décennies. Mais elle a disposé de beaucoup plus de temps pour s'adapter. En gros, les Suédois ont simplement poussé le fardeau fiscal des citoyens au niveau le plus élevé de tous les pays du monde. En 1965, 35 % du PIB suédois était taxé. En 2003, le fardeau fiscal s'établissait à 51 % du PIB[17]. Cette hausse fulgurante du fardeau fiscal a permis de

---

[15] Vallières avait raison. En 1960, le salaire annuel moyen des francophones équivalait à 64 % de celui des anglophones au Québec; on observait exactement le même rapport entre le salaire moyen des Noirs par rapport à celui des Blancs aux États-Unis. Voir P. Vallières, *Nègres blancs d'Amérique*, Montréal, Parti pris, 1968.

[16] Canada, Statistique Canada, Banque de données CANSIM II, Ottawa.

[17] OCDE, *L'OCDE en chiffres 2006*, Paris, 2006. En 2003, le fardeau fiscal des pays membres de l'OCDE avait une valeur médiane de 36 % du PIB; au Canada, il s'élevait à 34 % du PIB; au Québec, à 39 %.

développer les services publics tout en finançant le coût du vieillissement.

Dire que ça va mal en Suède serait une grossière exagération. Mais affirmer que tout va bien est tout aussi exagéré. La décroissance démographique a bel et bien ralenti l'élan de l'économie suédoise depuis 35 ans. En 1970, la Suède arrivait au quatrième rang mondial en niveau de vie. En 2005, elle avait dégringolé au 18e rang[18]. Aucun autre pays industrialisé n'a perdu autant de terrain au cours de cette période. Le fardeau très lourd des impôts a eu un coût. L'investissement en capital productif en Suède est inférieur de 20 % à la moyenne des pays industrialisés. Dans ce pays, la fuite des capitaux, l'évasion fiscale et le travail au noir ont atteint des niveaux qui font la manchette et influencent le débat politique.

La raison pour laquelle il faut prendre l'exemple de la Suède au sérieux est que le *MQS* considère les pays scandinaves comme « de véritables sources d'inspiration[19] ». Il est permis de s'interroger sur la viabilité économique et démographique d'un Québec qui porterait son fardeau fiscal de 39 % aujourd'hui à 50 % du PIB dans 25 ans tandis que le reste de l'Amérique du Nord maintiendrait le sien à 35 ou 40 %. Les nouvelles générations de jeunes Québécois sont très scolarisées, bilingues, souvent multilingues, et « mondialisées ». En l'occurrence, l'idéal pour elles serait d'aller à l'école au Québec parce que c'est gratuit, de travailler hors du Québec parce que c'est moins taxé, puis de revenir au Québec à la retraite parce que les soins y sont gratuits. Mais si les jeunes Québécois les plus productifs reçoivent tout du trésor québécois, mais n'y contribuent presque pas, comment les finances du Québec pourront-elles tenir la route?

Erreur n° 9 : Le poids de la dette dans le revenu intérieur (le ratio dette/PIB) est plus léger au Québec que dans la moyenne des pays industrialisés

Face à l'impasse financière engendrée par le choc démographique, le *MQL* propose que les générations présentes commencent immédiatement à rembourser la dette publique du Québec. En faisant diminuer peu à peu le service de la dette, cela libérerait des fonds et permettrait au gouvernement d'offrir aux nouvelles générations le même niveau de services publics

---

[18]   Données de l'OCDE et du FMI.
[19]   *MQS*, p. 1 ou annexe 3 du présent ouvrage p. 243.

qu'aujourd'hui sans qu'on soit obligé d'alourdir inconsidérément leur fardeau fiscal.

Étant d'avis que le choc démographique et le problème financier qu'il va causer seront plutôt bénins, le *MQS* ne voit pas l'intérêt qu'il y aurait à procéder à un remboursement accéléré de la dette du Québec. Il exprime sa conviction que le poids de la dette est déjà modeste et continue de s'alléger de façon plus ou moins automatique année après année. Les paragraphes qui suivent relèvent cinq affirmations erronées du *MQS* et de ses sympathisants sur la dette du Québec.

La première de ces affirmations est que le ratio dette/PIB du Québec est inférieur à la moyenne des pays industrialisés[20]. Le *MQS* fonde cette affirmation sur une comparaison entre la dette totale du gouvernement du Québec, qui s'élevait à 43 % du PIB en mars 2006, et la médiane des 30 pays industrialisés, que l'OCDE établissait à 54 % du PIB à la fin de 2005[21]. Cette comparaison effectuée par le *MQS* est incomplète. La raison est simple : les chiffres de l'OCDE mesurent la dette de <u>tous</u> les niveaux de gouvernement de ses pays membres, pas seulement la dette d'un seul niveau (comme le niveau provincial). Pour que la comparaison entre le Québec et les pays de l'OCDE soit valable, il est nécessaire d'ajouter à la dette totale du gouvernement du Québec, utilisée par le *MQS*, la dette des réseaux parapublics provinciaux (santé, éducation et services sociaux) qui dépendent entièrement de la province, la dette des municipalités et des organismes municipaux, et la part de la dette fédérale qui est supportée par les contribuables québécois.

En faisant l'addition de tous ces éléments, le résultat est qu'en mars 2006 la dette publique totale supportée par les impôts des Québécois équivalait non pas à 43 % du PIB, comme l'affirme le *MQS*, mais à 90 % du PIB[22]. Si le Québec était un pays, sa dette publique

---

[20] *MQS*, p. 3 ou annexe 3 du présent ouvrage p. 245.

[21] C'est-à-dire que la moitié des pays membres affichaient un ratio inférieur à 54 % et l'autre moitié, un ratio supérieur à ce chiffre. Voir OCDE, *Perspectives économiques de l'OCDE*, Paris, juin 2006, tableau A32.

[22] *Le Budget du Québec 2006-2007* indique qu'en mars 2006 la dette totale du gouvernement s'élevait à 118 milliards, celle des réseaux parapublics à 13 milliards, et celle des municipalités et de leurs organismes à 18 milliards. La part de la dette fédérale supportée par les impôts fédéraux des Québécois équivalait à 20 % du montant total de 484 milliards de cette dette, soit 97 milliards. La dette publique totale supportée par les Québécois s'élevait donc à 247 milliards (en arrondissant), montant qui équivalait à 90 % du PIB de 275 milliards affiché par le Québec en 2005.

totale arriverait au cinquième rang parmi les pays industrialisés, après le Japon, la Grèce, l'Italie et la Belgique[23].

Il ne faut pas en déduire que les finances du Québec sont présentement en crise. La situation actuelle, bien qu'inquiétante, est gérable. De plus, depuis quelques années, la dette provinciale et la dette fédérale tendent à s'alléger peu à peu en pourcentage du PIB. Néanmoins, le fardeau de la dette publique totale du Québec pèse encore très lourd. Il ne justifie aucune complaisance[24].

Erreur n° 10 : Le service de la dette est peu sensible aux variations des taux d'intérêt

La dette du gouvernement du Québec atteint présentement presque 120 milliards de dollars. Au cours de l'exercice financier 2006-2007, le gouvernement prévoit payer 7,2 milliards en intérêts sur cette dette. Le taux d'intérêt moyen est donc de 6 %. Que se passerait-il si le taux d'intérêt moyen augmentait de 1 %, passant de 6 % à 7 %? La réponse est évidemment que ses charges d'intérêts (son « service de la dette ») augmenteraient de 1,2 milliard par année, c'est-à-dire de 1 % des 120 milliards. Évidemment, si la dette du Québec s'élevait à 60 milliards plutôt qu'à 120 milliards, le service de la dette n'augmenterait que de 600 millions (1 % de 60 milliards). Ce que ces calculs illustrent, c'est que plus la dette est lourde, plus les finances du gouvernement sont vulnérables à la moindre augmentation des taux d'intérêt.

Le *MQS* conteste le fait que le service de la dette soit aussi sensible à une variation de 1 % des taux d'intérêt, faisant valoir que seulement le tiers de la dette est émis à un taux d'intérêt variable, le reste portant un taux d'intérêt fixe[25]. Selon lui, si les taux d'intérêt augmentaient de 1 %, le service de la dette ne grimperait pas de 1,2 milliard, mais de 400 millions seulement.

---

[23] Pour l'ensemble du Canada, la dette publique totale n'atteint que 69 % du PIB, selon l'OCDE. Cela découle du fait que la dette du gouvernement provincial est beaucoup plus élevée au Québec que dans les autres régions du pays. En mars 2005, elle était de 43 % du PIB au Québec, tandis que la médiane des autres provinces se situait à 20 % du PIB. Voir Québec, ministère des Finances, *Consultations prébudgétaires*, document de référence, Québec, janvier 2006, p. 27.

[24] Le concept de *dette* utilisé ici ne soustrait pas l'actif financier du passif des gouvernements. Il mesure donc leurs engagements financiers bruts plutôt que leurs engagements financiers nets. Mais si l'analyse était plutôt basée sur ce dernier concept, elle aboutirait exactement à la même conclusion sur la position comparative internationale du Québec.

[25] *MQS*, p. 3 ou annexe 3 du présent ouvrage p. 246.

400 millions, c'est déjà beaucoup d'argent, mais cela sous-estime le fardeau financier additionnel à supporter. Le calcul du *MQS* est juste, mais à court terme seulement. Avec le temps, les vieilles émissions d'obligations du gouvernement à taux d'intérêt fixe finissent par arriver à échéance et doivent être renouvelées. Or, si la hausse des taux d'intérêt de 1 % persiste dans l'économie, ces émissions de remplacement vont devoir offrir 1 % de plus aux prêteurs. À long terme, plus rien n'est fixe. C'est alors la totalité de la dette qui devient à taux d'intérêt variable. Le service de la dette va finir par augmenter de 1,2 milliard.

Est-il possible qu'une hausse des taux d'intérêt persiste assez longtemps pour que le service de la dette finisse par devoir l'incorporer en quasi-totalité? Oui, c'est possible. Entre 1964 et 1973, avant le premier choc pétrolier, le taux d'intérêt sur la dette à long terme du Québec fut de 7,5 % en moyenne. Or, au cours des vingt années suivantes, de 1974 à 1998, il a dépassé ce niveau de 3 %, se maintenant à 10,5 % en moyenne. Cette expérience vécue dans le passé récent démontre hors de tout doute qu'une hausse persistante des taux d'intérêt avec impact maximum sur le service de la dette du gouvernement est dans le domaine du possible. Le risque financier est réel et important. La position contraire n'est pas recevable.

Erreur n° 11 : La dette par habitant est plus élevée aux États-Unis qu'au Québec

Cette affirmation du *MQS* erre de deux façons. Premièrement, elle est inexacte[26]. Selon l'OCDE, la dette publique des États-Unis s'élevait à 26 900 dollars US par habitant à la fin de 2005[27]. Calculée sur une base comparable, celle du Québec était de 32 500 dollars CA, c'est-à-dire de 28 600 dollars US par habitant en mars 2006[28].

Deuxièmement, la dette par habitant d'un pays ou d'une région ne permet en rien de juger du fardeau qu'elle représente pour ses finances publiques. Tout dépend de sa capacité de payer, c'est-à-dire de son revenu (PIB) par habitant. Mille dollars de dette sont 100 fois

---

[26] *MQS*, p. 3 ou annexe 3 du présent ouvrage p. 246.

[27] OCDE, *Perspectives économiques de l'OCDE*, Paris, juin 2006.

[28] Nous avons chiffré ci-dessus à 247 milliards de dollars CA la dette publique totale supportée par les Québécois. Comme il y a 7,6 millions d'habitants au Québec, la dette par habitant y est de 32 500 dollars CA. Afin d'assurer la comparabilité des pouvoirs d'achat, un taux de change de 88 cents US par dollar CA est utilisé pour transformer ces dollars CA du Québec en dollars US. Cela donne 28 600 dollars US.

plus lourds à porter pour un Haïtien qui gagne 300 dollars par année que le même montant de dette pour un Québécois qui en gagne 30 000. Tout compte fait, seul le ratio dette/PIB permet de mesurer correctement le poids de la dette pour une population et d'effectuer des comparaisons internationales ou interrégionales valables. Or, à 90 % en mars 2006, le ratio dette/PIB du Québec est nettement supérieur à celui des États-Unis, que l'OCDE estime à 64 % en décembre 2005. De toute façon, si le ratio dette/PIB des États-Unis finissait un jour par dépasser celui du Québec parce qu'une folie d'endettement se serait emparée des Américains, il va de soi que le Québec devrait s'abstenir d'imiter ses voisins. Le MQS a tort de donner les États-Unis en exemple.

Erreur n° 12 : La dette ne pose aucun problème puisque nous nous la devons à nous-mêmes

Cette affirmation répandue cache deux sophismes. Le premier est de penser que la situation du Québec s'améliore lorsque le gouvernement emprunte 1 dollar d'un prêteur québécois (disons Paul Desmarais) plutôt que d'un prêteur extérieur (disons Bill Gates). À y regarder de près, les deux situations ont les mêmes conséquences économiques. Si on emprunte le dollar au portefeuille de placements québécois de Desmarais, ce dernier investira 1 dollar de moins ailleurs au Québec. Le Québec va alors perdre le flux de rendements annuels qu'aurait engendré cet investissement dans notre économie. Si on emprunte plutôt le dollar à Gates, le Québec va perdre le flux d'intérêts annuels qu'il faudra verser à ce bailleur de fonds. Les pertes seront à peu près les mêmes dans les deux cas. Sur le plan politique, le Québec subirait-il une perte de souveraineté plus grande s'il empruntait de Gates que s'il empruntait de Desmarais? Peut-être, mais ce n'est pas évident. Un capitaliste est un capitaliste, qu'il soit chinois, américain, français ou québécois.

Le second sophisme est que la seule question qui compte au sujet de la dette publique est qui la détient. Il y a au moins trois autres considérations importantes. Premièrement, la question de savoir ce qu'on fait avec l'argent importe au plus haut point. L'effet sur l'économie et la société est bien différent selon qu'on consomme les fonds en services publics courants – c'est-à-dire qu'ils servent à « payer l'épicerie » – ou qu'on les investit dans les nouvelles technologies, les infrastructures et le capital humain pour préparer l'avenir.

Deuxièmement, il faut se demander <u>qui profite des dépenses</u> qu'une dette accrue permet de faire : les riches ou les pauvres, les citadins ou les ruraux, les générations présentes ou les générations futures? Le ministère des Finances du Québec, par exemple, a récemment calculé que les trois quarts de la dette actuelle du gouvernement du Québec découlent de déficits budgétaires annuels qui ont été enregistrés de 1971 à 1998 pour payer des dépenses courantes[29]. Les deux premières questions trouvent ici leur réponse : d'une part, on a favorisé la consommation courante de services publics plutôt que l'investissement en infrastructures pour l'avenir; et, d'autre part, on a favorisé les générations de l'époque plutôt que les générations ultérieures.

Troisièmement, il faut savoir <u>quand la dette devient excessive</u> selon deux angles. Le premier angle est celui qui a été soulevé plus haut : plus la dette est grosse, plus le budget du gouvernement risque d'être déstabilisé par la moindre augmentation des taux d'intérêt. Le second angle est celui de la distorsion des choix publics et de la frustration politique : plus la dette est grosse, plus il faut faire payer au contribuable un excédent d'impôt <u>au-delà</u> du montant des services publics qu'on lui rend, afin de créer l'espace budgétaire permettant d'honorer les charges croissantes d'intérêts sur la dette.

Erreur n° 13 : Le problème de la dette va se résoudre de lui-même puisque la dette ne cesse de diminuer en pourcentage du revenu intérieur

On revient ici à une proposition centrale du *MQL*. Si les « lucides » suggèrent de commencer immédiatement à faire rembourser la dette du Québec par les générations présentes, c'est pour faire diminuer le ratio dette/PIB et le service de la dette assez vite pour créer <u>à temps</u> l'espace budgétaire qui permettra aux générations montantes d'avoir accès demain aux mêmes services publics qui sont offerts aujourd'hui sans qu'il faille alourdir exagérément leur fardeau fiscal ou les lancer dans un nouveau tourbillon d'endettement.

La question de la <u>vitesse</u> à laquelle on réduit la dette est fondamentale. Il ne suffit pas de s'asseoir et de la regarder passivement diminuer en pourcentage du PIB d'une année à l'autre. Il faut s'assurer que la baisse est assez rapide pour que les

---

[29] Québec, ministère des Finances, *Consultations prébudgétaires*, document de référence, Québec, janvier 2006, p. 28.

conséquences financières du vieillissement soient contrées à temps dans les années 2010 et 2020. On est dans une course contre la montre. Et contrairement à l'affirmation du *MQS*, le rythme de diminution du ratio dette/PIB est présentement beaucoup trop lent pour qu'on gagne cette course.

Pour juger de la situation, rappelons-nous que, si elle s'appliquait dès aujourd'hui, la pyramide des âges de l'année 2031 produirait une impasse financière estimative de 14 milliards de dollars au budget de 2006-2007. Pour que le Fonds des générations récemment mis sur pied par le gouvernement réussisse à combler ce fossé, il faudrait qu'il perçoive un rendement moyen de 14 milliards, justement, sur l'actif qu'il aurait accumulé. Par conséquent, si le rendement moyen du Fonds était de 7 %, il faudrait qu'il ait accumulé 200 milliards d'actif d'ici 2031 (puisqu'un rendement de 7 % sur 200 milliards procure un revenu de 14 milliards)[30].

Cela voudrait dire qu'il faudrait accumuler beaucoup plus d'argent dans le Fonds des générations, d'ici 2031, que les 118 milliards de la dette actuelle du gouvernement. Or, la stratégie passive dont se contenterait le *MQS* rejetterait toute accumulation d'actifs dans le Fonds des générations, et la stratégie actuelle du gouvernement y ferait entrer tout au plus 20 milliards (dollars de 2006)[31]. On serait encore loin du compte.

Deux conclusions s'ensuivent. Premièrement, bien que le lancement du Fonds des générations soit un bon départ, l'effort présentement engagé par le gouvernement demeure pour l'instant très modeste par rapport à la tâche à accomplir. Il faudrait l'amplifier considérablement et de toute urgence. Deuxièmement, la stratégie passive recommandée par le *MQS* serait tout à fait incapable d'affronter le problème financier découlant du vieillissement. La dette continuerait d'augmenter en dollars et la baisse du ratio dette/PIB serait beaucoup trop lente. C'est seulement dans les fables que les tortues gagnent les courses.

---

[30] La situation décrite exagère la réalité par pur souci de simplicité. Par exemple, si le Fonds obtenait un nouvel apport annuel de 4 milliards en plus de ses revenus de placement, il faudrait un rendement de 10 milliards sur l'actif accumulé pour compléter les 14 milliards requis. Un actif de 140 milliards placé à 7 % suffirait alors à fournir les 10 milliards manquants.

[31] Québec, ministère des Finances, *Le Fonds des générations*, fascicule budgétaire, Québec, mars 2006, p. 34. Un montant accumulé de 30 milliards est prévu pour 2026. Avec un taux d'inflation moyen de 2 %, ce montant équivaut à 20 milliards de dollars de 2006.

Erreur n° 14 : Les pauvres sont plus nombreux et plus pauvres qu'il y a dix ans

Ayant minimisé le choc démographique et ses conséquences, le *MQS* se ménage une porte de sortie au cas où le problème serait plus grave que prévu. À ses yeux, c'est la solution suédoise qu'il faudrait privilégier : un coup mal pris, on n'aurait qu'à augmenter les impôts, principalement en faisant payer les riches et leurs entreprises. La position du *MQS* sur les impôts dépasse évidemment la question démographique. Selon lui, le plus grave problème du Québec est celui de la pauvreté et des inégalités, qui ne cesseraient de s'accroître, et du manque d'argent pour résoudre ces problèmes, qui découlerait du fait que les riches ne paieraient pas leur juste part des impôts. D'où la nécessité d'augmenter la contribution fiscale des riches.

On peut convenir parfaitement de la gravité du problème de la pauvreté et de l'importance de la combattre, sans partager nécessairement le point de vue du *MQS* sur les moyens de le faire. Mais encore faut-il au départ faire le bon constat. Le *MQS* ne s'est pas privé de lancer toutes sortes d'affirmations erronées ou trompeuses sur la pauvreté, les inégalités et la fiscalité. Il importe de relever ces erreurs et de redresser les faits si on veut attaquer les problèmes en connaissance de cause à l'avenir.

Tout d'abord, il est faux d'affirmer, comme le *MQS*, que « les personnes pauvres le sont plus qu'il y a dix ans[32] ». Entre 1994 et 1997, le taux de pauvreté au Québec, c'est-à-dire le pourcentage de la population qui était sous le seuil de bas revenu de Statistique Canada, se situait entre 17 % et 19 %. En 2004, ce taux avait chuté à 11 %. C'est le plus bas niveau jamais enregistré dans l'histoire.

En outre, les personnes pauvres du Québec non seulement n'étaient pas plus nombreuses en 2004 qu'en 1994, mais avaient bénéficié d'une augmentation moyenne de 22 % de leur pouvoir d'achat au cours de ces dix années, soit un peu plus que le reste de la population.

Enfin, le tableau 2-1 rapporte qu'en 2004 les familles pauvres du Québec avaient un pouvoir d'achat moyen supérieur de 12 % à celui des familles pauvres de l'Ontario. Le tableau indique que la position plus avantageuse des familles québécoises est due à un coût de la vie plus bas et à des transferts sociaux plus abondants au Québec qu'en

---

[32] *MQS*, p. 1 ou annexe 3 du présent ouvrage p. 243.

Ontario. Le modèle québécois combat plus énergiquement la pauvreté que le modèle ontarien. Il a remporté, en ce domaine, un certain succès.

TABLEAU 2-1

Revenu annuel moyen des 20 % des familles les plus pauvres en Ontario et au Québec en 2004

(en dollars)

	Ontario	Québec
Revenu autonome	8 700	7 800
Plus : Transferts nets	5 500	6 400
Égale : Revenu disponible	14 200	14 200
Transferts nets en pourcentage du revenu autonome	63 %	82 %

Note :   En raison du coût de la vie inférieur de 12,5 % au Québec, un revenu disponible de 14 200 dollars au Québec équivaut à un revenu disponible de 16 000 dollars en Ontario.

Source :   Statistique Canada.

Ce portrait de l'évolution récente ne veut pas dire que la lutte contre la pauvreté est terminée au Québec. Ce que cela indique, c'est que les efforts passés ont commencé à porter fruit et que les choses vont dans la bonne direction. Ce début de réussite doit nous encourager à poursuivre le combat, et non à nous immobiliser dans l'autocongratulation. Il y a encore 850 000 Québécois qui sont pauvres. C'est beaucoup trop.

Erreur n° 15 : La richesse tend à se concentrer de plus en plus

L'indice global d'inégalité des revenus – le « coefficient de Gini » – a augmenté au Québec et au Canada au cours des 25 dernières années. Le degré d'inégalité a été un peu plus élevé au Québec dans les années 2000 que dans les années 1980 : 0,37 contre 0,35. Cependant la trajectoire ne révèle aucune tendance continuelle du partage des revenus à devenir de plus en plus inégalitaire avec le temps. Au contraire, les inégalités de revenu sont demeurées globalement stables de 1980 à 1994 et de 1998 à 2004. La détérioration est essentiellement survenue entre 1995 et 1997, dans la foulée des coupes fédérales dans les programmes sociaux. Plusieurs d'entre nous avons critiqué ces coupes dans le passé.

Par ailleurs, le Canada dans son ensemble a toujours été plus inégalitaire que le Québec depuis 25 ans. La raison est que c'est au

Québec qu'on taxe le plus les riches (voir plus loin) et qu'on combat le plus efficacement la pauvreté. Les coupes fédérales de 1995-1997 ont frappé tout le pays, mais, ailleurs qu'au Québec, les inégalités ont continué d'augmenter jusqu'en 2000. Il faut y voir l'influence des politiques sociales restrictives et des baisses d'impôt des gouvernements Harris en Ontario et Klein en Alberta.

Il est donc faux de croire que la tendance à la concentration de la richesse est inévitable dans notre société et dans le système capitaliste, comme l'affirme le *MQS*[33]. Il est vrai que les changements technologiques et la concurrence asiatique défavorisent les travailleurs qui sont au bas de l'échelle salariale. Mais il y a des moyens efficaces de combattre ces menaces : à court terme par une politique adéquate de soutien au revenu (assurance-emploi, aide sociale, salaire minimum, crédit d'impôt pour bas salariés[34]), et à long terme par une politique encore plus vigoureuse de scolarisation du plus grand nombre. Selon toute apparence, le modèle québécois a obtenu ici également un certain succès. N'eût été des coupes fédérales, les inégalités de revenu après transferts et impôts au Québec n'auraient pas du tout augmenté au cours des 25 dernières années.

Erreur n° 16 : Les riches ne paient pas leur juste part d'impôt

Il est indéniable que les riches, au Québec, sont moins riches et plus taxés qu'ailleurs en Amérique du Nord. Mais ce n'est pas ce que nous aimons croire. Nous faisons plus naturellement confiance à ceux qui nous répètent que les riches du Québec bénéficient de plantureux crédits d'impôt, pratiquent l'évasion fiscale à grande échelle et vont mettre leurs revenus à l'abri dans les paradis fiscaux[35]. Il y a en effet des riches qui font tout cela. Des gens malhonnêtes, il y en a partout, y compris parmi les riches. Ces dernières années, tout particulièrement, beaucoup de riches escrocs ont été démasqués et condamnés. Et c'est sans doute loin d'être fini. Face aux malversations, une seule stratégie s'impose : continuer à poursuivre les fraudeurs et combattre l'évasion et les paradis fiscaux avec toujours plus de vigueur.

---

[33] *MQS*, p. 1 ou annexe 3 du présent ouvrage p. 243.

[34] La prime au travail mise en place au 1er janvier 2005 en est un exemple. Voir également P. Beaulne, « Mieux soutenir les bas salariés » [chapitre 8 du présent ouvrage].

[35] *MQS*, p. 4 ou annexe 3 du présent ouvrage p. 247. Le ministère des Finances du Québec estime que les pertes fiscales totales dues à l'économie au noir s'élevaient à environ 2,5 milliards en 2002. Voir Québec, ministère des Finances, *L'évasion fiscale au Québec : sources et ampleur*, Québec, 2005.

Il n'y a pas de critère absolu pour fixer le niveau optimal de taxation des riches. Tout est affaire d'appréciation personnelle et collective. Il est certainement possible d'augmenter encore le fardeau fiscal des riches du Québec. Mais lorsqu'on soupèse le pour et le contre d'une telle mesure, il est important de reconnaître que, collectivement, les riches du Québec font déjà une contribution au financement de nos services publics qui est de loin supérieure à tout ce qu'on trouve ailleurs en Amérique du Nord.

Le tableau 2-2 illustre cette affirmation en montrant que les riches du Québec sont moins riches et plus taxés que ceux de l'Ontario. En 2004, le revenu des 20 % des familles les plus riches était 19 % plus élevé en Ontario qu'au Québec : 97 100 dollars contre 81 300. Néanmoins, le fisc a retenu 24,4 % du revenu des riches au Québec contre seulement 21,8 % en Ontario. La même conclusion vaut pour le reste de l'Amérique du Nord : les riches y sont plus riches et moins taxés que les riches du Québec. Il ne s'agit pas ici d'un plaidoyer pour détaxer les riches du Québec ou contre le droit du Québec de se donner un fardeau fiscal plus lourd afin de financer des services publics en plus grande abondance. Ce qui est souligné, c'est que ceux qui passent leur temps à répéter que, sur ce continent, les riches du Québec ne font pas leur part sont dans l'erreur.

TABLEAU 2-2
Revenu annuel moyen des 20 % des familles les plus riches en Ontario et au Québec en 2004
(en dollars)

	Ontario	Québec
Revenu autonome	97 100	81 300
Moins : Impôts nets	21 200	19 900
Égale : Revenu disponible	75 900	61 400
Impôts nets en pourcentage du revenu autonome	21,8 %	24,4 %

Source :   Statistique Canada.

Erreur n° 17 : Les profits augmentent toujours plus vite que les salaires

Une autre affirmation constamment répétée veut que les profits avant impôt des sociétés augmentent toujours plus vite que la rémunération globale des salariés. Le graphique 2-1 montre que cette affirmation est contraire à la vérité, en traçant l'évolution des bénéfices des sociétés privées et publiques avant impôt en pourcentage des salaires versés au Québec de 1961 à 2003. On y constate que les profits subissent des fluctuations de très forte amplitude à travers une succession de cycles économiques. Les profits sont toujours plus faibles (et le chômage élevé) au cours de récessions comme celles de 1970-1971, de 1981-1983 ou de 1990-1993. À l'inverse, ils sont toujours plus élevés (et le chômage faible) au cours d'expansions comme celles de 1964-1966, de 1973-1974, de 1987-1989 ou de 1999-2000.

GRAPHIQUE 2-1
Ratio profits/salaires au Québec, 1961-2003
(bénéfices des sociétés avant impôt en pourcentage de la rémunération globale du travail)

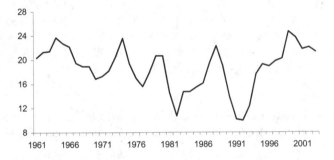

Source :   Statistique Canada.

Le graphique 2-1 permet de comprendre l'erreur que commet le MQS lorsqu'il observe que, « entre 1982 et 2000…, les salaires totaux versés dans l'économie québécoise augmentent de 130 % alors que les revenus des entreprises gonflent de 496 %...[36] ». Le MQS compare ici une année de profonde récession (1982), où les profits équivalaient à 11 % des salaires, à une année de forte expansion (2000), où ils ont grimpé à 24 % des salaires. Évidemment, un tel choix d'années comparées biaise complètement la comparaison. En fait, si on évite ce biais et qu'on compare des années de conjoncture économique semblable, la seule conclusion valable est qu'à long terme, à travers les cycles économiques, les profits ne manifestent aucune tendance

---

[36]   *MQS*, p. 2 ou annexe 3 du présent ouvrage p. 243.

persistante à augmenter plus vite que les salaires, ni les salaires à augmenter plus vite que les profits[37].

Erreur n° 18 : Au Québec, les profits des entreprises sont de moins en moins taxés

Cette affirmation est également contraire à la vérité[38]. Les sociétés québécoises paient trois impôts à Ottawa et à Québec sur leur capital investi : l'impôt fédéral sur le bénéfice, l'impôt provincial sur le bénéfice et la taxe provinciale sur le capital. Le graphique 2-2 trace l'évolution de ces trois impôts payés à Ottawa et à Québec en pourcentage des profits avant impôt de 1961 à 2003, toutes mesures fiscales déduites. Il y a eu des pointes conjoncturelles pendant les récessions de 1960-1961, 1981-1983 et 1991-1993. Mais, hors de ces distorsions passagères, on constate que le taux global effectif d'imposition du capital investi a été plus élevé depuis 2000 qu'à n'importe quelle époque depuis 45 ans. Alors qu'il allait chercher 34 % des profits avant impôt de 1965 à 1968, puis 28 % de 1985 à 1988, le fisc en a récolté 38 % de 2000 à 2003.

GRAPHIQUE 2-2
Taux global d'imposition du capital investi par les entreprises en pourcentage des profits avant impôt au Québec, 1961-2003

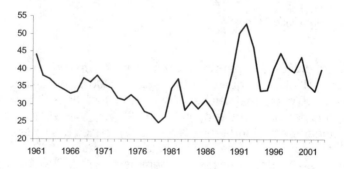

Source :   Statistique Canada.

---

[37] Cela ne signifie pas pour autant que certains niveaux de profit dans certaines industries et à certaines époques ne puissent pas être jugés excessifs, comme récemment dans l'industrie pétrolière.
[38] On la retrouve, par exemple, dans le texte de M. Bernard, L.-P. Lauzon, M. Hasbani et G. Ste-Marie, *L'autre déséquilibre fiscal*, Chaire d'études socio-économiques de l'UQAM, Montréal, mars 2006.

Pourquoi certains, comme les auteurs du *MQS*, en arrivent-ils à la conclusion opposée que les profits des entreprises sont de moins en moins taxés au Québec? C'est qu'ils « oublient » de tenir compte de l'impôt fédéral sur les profits ou de la taxe provinciale sur le capital, ou encore qu'ils s'appliquent à comparer une année de récession à une année d'expansion. Encore une fois, un choix biaisé d'hypothèses conduit à un ensemble biaisé de conclusions.

Erreur n° 19 : Les entreprises sont moins imposées au Québec qu'ailleurs

Cette affirmation, faite par le *MQS*[39], est elle aussi erronée. C'est exactement le contraire qui est vrai. Lorsqu'on compare le fardeau fiscal du capital investi par les entreprises au Québec à ceux qui ont été observés ailleurs au Canada, en Suède et dans les pays du G7 en 2003, toutes mesures fiscales déduites, il en ressort que le taux global d'imposition le plus élevé était celui du Québec, qui atteignait 4,4 % du PIB[40]. Le capital d'entreprise est plus lourdement taxé au Québec que partout ailleurs.

La firme comptable KPMG publie tous les deux ans une étude comparative internationale sur les coûts d'entreprise en Amérique du Nord, en Europe et en Asie. La dernière en date, celle de 2006, rapporte que Montréal, Québec et Sherbrooke occupent des rangs enviables (6e, 2e et 1er, respectivement) au niveau international, bien que la force du dollar canadien depuis quatre ans ait grandement affaibli leur avantage concurrentiel[41]. Il faut se réjouir de la bonne performance des villes du Québec. Mais il faut en même temps retenir que la fiscalité québécoise n'y est pour rien. La quasi-totalité de cet avantage de nos villes repose sur la modicité des coûts de main-d'œuvre, laquelle est, à son tour, intimement liée au coût de la vie plus bas dont bénéficient les Québécois.

---

[39] *MQS*, p. 4 ou annexe 3 du présent ouvrage p. 247.
[40] Les taux comparatifs s'élevaient à 3,6 % dans le reste du Canada, à 2,5 % en Suède et à 2,1 % aux États-Unis. Pour l'ensemble des pays du G7, la moyenne était 2,7 %. Noter que 1 % du PIB, c'est beaucoup d'argent : 2,5 milliards de dollars au Québec en 2003.
[41] KPMG, *Choix concurrentiels*, édition 2006.

<u>Erreur n° 20</u> : La moitié des entreprises ne paient aucun impôt au Québec

Il s'agit encore d'une affirmation erronée du *MQS*[42]. Le régime fiscal québécois à l'égard des sociétés comprend trois grands prélèvements : l'impôt provincial sur le revenu (c'est-à-dire sur les profits), la taxe sur le capital et la cotisation au Fonds des services de santé du Québec (FSS)[43]. En 2001, dernière année pour laquelle l'information détaillée est présentement disponible, 279 000 entreprises québécoises ont produit une déclaration de revenus[44]. Or, les statistiques sont absolument claires : 264 000 d'entre elles (95 %) et non pas seulement la moitié, comme le *MQS* le prétend, ont payé l'un ou l'autre de ces grands prélèvements, ou les trois.

L'affirmation du *MQS* est applicable <u>uniquement</u> à l'impôt provincial sur les profits : 146 000 des 279 000 entreprises déclarantes (52 %) n'ont pas payé cet impôt en 2001. Mais il n'y a pas lieu de crier au scandale, pour deux raisons. La première est que la majorité des sociétés « non imposées » sur les profits, soit 81 000 sur 146 000 (presque toutes des PME), ont essuyé des pertes plutôt que d'afficher des profits. La logique est que, si on ne fait pas de profit, on ne paie pas d'impôt sur les profits.

La seconde raison de ne pas se scandaliser de la situation est que la quasi-totalité des entreprises qui ont rapporté des profits, mais néanmoins n'ont pas payé d'impôt sur le revenu, se sont retrouvées dans cette situation pour deux motifs parfaitement justifiables. Ou bien leurs profits découlaient de dividendes reçus qui avaient <u>déjà</u> été imposés en tant que profits dans une autre entreprise; il s'agissait donc d'<u>éviter la double imposition</u> de ces profits transférés. Ou bien ces entreprises ont pu déduire de leurs profits de 2001 les pertes d'années antérieures; il s'agit d'une <u>règle d'équité</u> élémentaire envers les entreprises qui opèrent dans un environnement plus instable que la moyenne (agriculture, forêt, construction, etc.). Ces deux motifs ne constituent aucunement des avantages fiscaux; ce sont de simples

---

[42] *MQS*, p. 4 ou annexe 3 du présent ouvrage p. 247.

[43] La cotisation au FSS est la taxe la plus importante qui frappe la masse salariale. Les entreprises paient aussi des taxes sur la masse salariale pour financer l'application des normes du travail et la formation de la main-d'œuvre. Elles assument enfin des charges sociales relatives au Régime des rentes du Québec (RRQ), à la Commission de la santé et de la sécurité du travail (CSST) et à l'assurance-emploi fédérale (AE).

[44] Québec, ministère des Finances et ministère du Revenu, *Statistiques fiscales des sociétés, année d'imposition 2001*, Québec, 2005.

applications du « gros bon sens », admises par les lois fiscales de tous les pays du monde.

Si les sociétés « non imposées » ne paient pas l'impôt sur le bénéfice, elles paient généralement la taxe sur le capital et la cotisation au FSS. En 2001, leur contribution totale à ces deux prélèvements s'est élevée à 2 milliards de dollars, c'est-à-dire au tiers de leurs bénéfices nets, qui se sont élevés à 6 milliards. En plus, elles ont versé leurs cotisations d'employeurs habituelles à l'assurance-emploi, au Régime des rentes du Québec et à la CSST. On est loin d'entreprises qui « ne paient aucun impôt ».

Il est vrai, par ailleurs, que l'aide financière directe (non fiscale) aux entreprises est plus importante au Québec que dans les autres provinces canadiennes[45]. Pour l'année 2003, Statistique Canada l'établit à 1,9 % du PIB au Québec, contre trois fois moins (0,6 %) ailleurs au Canada[46]. Mais le fardeau fiscal des entreprises québécoises demeure plus lourd qu'ailleurs même si on le calcule net des subventions. De plus, la politique du Québec sur les subventions aux entreprises est en train d'évoluer. L'opinion publique est pratiquement unanime à demander une révision du régime actuel des subventions aux entreprises. En réaction, depuis quatre ans, les ministres des Finances du Québec ont commencé à réduire la portée de l'aide financière directe du Québec aux entreprises.

Il est enfin indéniable que l'évasion fiscale, notamment associée à l'économie au noir, a son importance[47]. Les données du ministère des Finances du Québec permettent d'estimer à 600 millions de dollars les pertes annuelles dues à ce phénomène aux titres des trois grands prélèvements fiscaux applicables aux entreprises[48]. Il faut évidemment faire le maximum pour récupérer ce montant. Le Québec et le Canada

---

[45] Cette aide financière comprend notamment les subventions aux centres de la petite enfance (CPE), à l'agriculture et aux industries culturelles, le soutien à la formation de la main-d'œuvre, l'aide au développement des marchés, les diverses formes de participation des sociétés d'État et le soutien direct au développement local et régional.

[46] Canada, Statistique Canada, *Banque de données CANSIM II*, Ottawa.

[47] Québec, ministère des Finances, *L'évasion fiscale au Québec : sources et ampleur*, Québec, 2005. Selon cette étude, les deux tiers de l'économie au noir proviendraient de la construction, de la restauration et des alcools, et le risque d'évasion fiscale serait 14 fois plus élevé parmi les petites entreprises que parmi les grandes.

[48] Le ministère des Finances du Québec estime à 1,8 milliard, pour 2002, les pertes combinées dues à l'évasion fiscale touchant l'impôt sur le revenu des particuliers et des sociétés, la taxe sur le capital et la cotisation au FSS. L'impôt des particuliers s'accaparant des deux tiers de ces quatre impôts environ, il reste environ 600 millions de dollars à attribuer aux trois prélèvements qui concernent les sociétés.

doivent aussi lutter vigoureusement contre le fléau des paradis fiscaux au pays même, et promouvoir la coopération internationale qui est indispensable à cette fin.

Erreur n° 21 : Taxer les entreprises équivaut à taxer les riches

Si le *MQS* s'acharne sur la fiscalité des entreprises, c'est qu'il est convaincu qu'en taxant les entreprises on fait payer les actionnaires d'entreprises, qui regroupent surtout des gens riches. Taxer les entreprises serait un bon moyen, pour le fisc, d'attraper les riches.

Cette perception est en faute, pour deux raisons. Premièrement, la grande majorité des actionnaires d'entreprises ne sont pas riches, mais sont des propriétaires de petites entreprises qui font partie de la classe moyenne[49], ou de simples salariés qui participent au capital-actions d'entreprises par l'intermédiaire des placements de leurs assureurs, de leurs fonds de pension, etc.

Deuxièmement, ce n'est pas parce que ce sont les actionnaires qui paient officiellement la facture comptable des impôts de leur entreprise que ce sont eux qui en supportent vraiment le fardeau. Ils peuvent très bien refiler la note à leurs clients, en les faisant payer plus cher pour leurs produits; à leurs employés, en les forçant à se contenter de salaires moindres; ou à leurs fournisseurs, en exigeant qu'ils baissent leurs prix. Tout dépend des forces économiques en présence. Bref, en taxant plus les entreprises, ce ne sont pas seulement les actionnaires qu'on attrape, mais aussi leurs clients, leurs employés et leurs fournisseurs. Une recherche récente basée sur l'expérience de 72 pays vient de trouver qu'en général les impôts des entreprises font plus de mal aux salariés qu'aux actionnaires[50]. Cela s'explique par le fait que l'actionnaire peut facilement protester en retirant son argent et en le plaçant ailleurs, tandis que le salarié moyen ne peut pas se déplacer aussi facilement.

Pis encore, non seulement la fiscalité des entreprises serait-elle régressive, mais en plus elle nuit à l'investissement. Une étude classique de réformes fiscales dans plusieurs pays a en effet conclu que surtaxer le capital productif investi par les entreprises tend à

---

[49] Au Québec, plus de 90 % des entreprises sont des petites entreprises. Voir Québec, ministère des Finances et ministère du Revenu, *Statistiques fiscales des sociétés, année d'imposition 2001*, Québec, 2005.
[50] K. Hassett et A. Mathur, *Taxes and wages*, document de recherche, Washington, AEI, 2006.

freiner l'investissement et, par conséquent, la création de richesse et d'emploi[51]. L'Angleterre travailliste et la Suède sociale-démocrate ont flairé le danger. Afin de requinquer leur performance plutôt médiocre en matière d'investissement, ces pays viennent d'abaisser leur taux de taxation sur le rendement de l'investissement à 22 % et à 12 %, respectivement, alors qu'au Québec ce taux est encore de 36 %, soit le triple du taux suédois[52]. L'Angleterre et la Suède n'essaient plus de coincer les riches à l'impôt des entreprises. Elles assignent cette tâche à l'impôt des particuliers. La gauche britannique et la gauche suédoise ont compris qu'une fiscalité d'entreprise trop lourde compromettait l'investissement tout en étant un instrument inefficace de taxation des riches.

Erreur n° 22 : Augmenter les droits de scolarité universitaires, les tarifs d'électricité et les taxes à la consommation va nécessairement réduire le niveau de vie des personnes pauvres

Le *MQL* a formulé plusieurs suggestions pour favoriser la croissance économique et la solidarité intergénérationnelle[53]. Par exemple, augmenter les droits de scolarité aiderait à combler le retard financier flagrant de l'éducation universitaire au Québec par rapport au reste du Canada. Augmenter les tarifs d'électricité favoriserait les économies d'énergie et procurerait les montants substantiels requis pour rembourser la dette publique par solidarité avec les nouvelles générations. Augmenter les taxes à la consommation en contrepartie d'une baisse de l'impôt sur le revenu équivaudrait à détaxer et à promouvoir l'épargne, ce qui favoriserait l'investissement et la création de richesse pour l'avenir.

Dans chaque cas, le *MQL* a insisté pour que les mesures prises soient de nature <u>progressive</u>, c'est-à-dire qu'elles protègent ou améliorent la situation financière des classes à revenu modeste et des personnes pauvres. Il serait en effet complètement illogique de

---

[51] J. Cummins, K. Hassett et G. Hubbard, « A Reconsideration of Investment Behavior using Tax Reforms as Natural Experiments », *Brookings Papers on Economic Activity,* n° 2, 1994, p. 1-74.

[52] Ce taux tient compte des impôts sur les bénéfices, de la taxe sur le capital, de la taxation des intrants et, le cas échéant, des crédits d'impôt à l'investissement et de la dépréciation accélérée. Les chiffres sont tirés de J. Mintz et coll., *The 2005 Tax Competitiveness Report: Unleashing the Canadian Tiger*, C.D. Howe Institute Commentary, n° 216, Toronto, 2005. Plusieurs petits pays comme l'Islande, le Portugal, l'Irlande, la Suisse, l'Autriche et la Belgique ont maintenant tous des taux de taxation de l'investissement inférieurs à celui de l'Angleterre (22 %).

[53] *MQL*, p. 8-9 ou annexe 2 du présent ouvrage p. 237-239.

prétendre être terriblement préoccupé par le bien-être des générations futures, mais sans paraître se soucier outre mesure du bien-être des personnes pauvres d'aujourd'hui.

Le gel actuel des droits de scolarité universitaires est une mesure fortement régressive. Seuls 25 jeunes Québécois sur 100 acquièrent un diplôme universitaire, et ils proviennent en grande majorité des classes les plus fortunées de la société. Pourtant, c'est l'ensemble des contribuables du Québec qui paient la différence entre les droits qu'ils déboursent et le coût moyen véritable de l'éducation universitaire, qui est dix fois plus élevé. Une hausse des droits de quelques milliers de dollars étalée sur quelques années, par exemple, permettrait d'atténuer cette iniquité. Elle pourrait s'accompagner d'une augmentation concomitante de l'aide financière aux étudiants destinée à contrecarrer son effet sur les étudiants moins fortunés. Un mécanisme de remboursement des prêts proportionnel au revenu (RPR) pourrait également être envisagé.

La subvention du Québec aux tarifs d'électricité est également régressive. En payant actuellement son électricité 7 cents le kilowattheure plutôt que 10 cents comme ailleurs en Amérique du Nord, une famille québécoise reçoit une subvention annuelle de 400 dollars si son revenu est de 25 000 dollars, mais une subvention de 700 dollars si son revenu est de 100 000 dollars. Une hausse de quelques cents étalée sur quelques années nourrirait le Fonds des générations et un crédit d'impôt intelligemment conçu empêcherait le revenu des personnes pauvres d'en être frappé.

Le fardeau des taxes à la consommation au Québec est parmi les plus bas des pays industrialisés, tandis que celui de l'impôt sur le revenu est parmi les plus élevés[54]. Comme le revenu est soit consommé, soit épargné, cela veut dire que l'épargne, base de financement de la croissance économique, est plus taxée au Québec qu'ailleurs. Si, afin de relever l'épargne, les taxes à la consommation étaient haussées en contrepartie d'une baisse de l'impôt sur le revenu, on pourrait envisager, entre autres moyens, de bonifier le crédit d'impôt pour la TVQ afin de protéger adéquatement le pouvoir d'achat des personnes pauvres.

Toute mesure fiscale a une incidence sur la répartition des revenus dans la société. Mais il est toujours possible de modifier cette incidence par des mesures complémentaires appropriées. Contrai-

---

[54] Voir L. Godbout, « Une fiscalité à repenser » [chapitre 7 du présent ouvrage].

rement à l'affirmation, la logique ne conclut pas qu'augmenter les droits de scolarité universitaires, les tarifs d'électricité et les taxes à la consommation réduise le niveau de vie des personnes pauvres. Quand on veut, on peut.

Conclusion

D'ici quelques années, les baby-boomers nés entre 1945 et 1965 vont partir à la retraite en très grand nombre et laisser peu d'enfants et de petits-enfants derrière eux. Le nombre de travailleurs qui font avancer l'économie et qui soutiennent les services publics avec leurs impôts et taxes va diminuer, et le nombre d'aînés qui seront à la retraite et auront besoin de soins de santé et de services sociaux va exploser.

Le manifeste *Pour un Québec lucide*, publié à l'automne 2005, a placé ce bouleversement démographique au cœur de ses préoccupations et de ses recommandations. Le *MQL* juge que le choc démographique aura une importance majeure et des conséquences économiques et financières sérieuses. Il souligne l'urgence d'accélérer la croissance et de rembourser la dette par solidarité intergénérationnelle. Il souhaite que les mesures proposées soient conçues de manière à protéger le revenu des personnes pauvres. L'accent est donc mis sur deux formes de solidarité : d'une part, avec les jeunes de demain et, d'autre part, avec les personnes pauvres d'aujourd'hui.

Tout de suite après la publication du *MQL*, un antimanifeste intitulé *Pour un Québec solidaire* est venu présenter une vision diamétralement opposée du problème démographique. Contrairement au *MQL*, le *MQS* ne s'énerve pas avec le vieillissement de la population. Il n'y voit aucune raison supplémentaire de pousser sur la croissance et de s'empresser de rembourser la dette. Il craint que la priorité accordée à la solidarité avec les jeunes de demain se fasse aux dépens de la solidarité avec les personnes pauvres d'aujourd'hui. Si toutefois le problème financier dû au changement démographique s'avérait plus grave que prévu, il résoudrait l'impasse en augmentant les impôts, comme en Scandinavie. Sa priorité immédiate et future est de taxer plus les riches et les entreprises afin de combattre les inégalités et de financer l'expansion des programmes sociaux.

Après avoir brièvement présenté la position du *MQL*, dont je suis cosignataire, j'ai longuement critiqué le point de vue du *MQS* en soulignant les erreurs de mesure, de logique et de faits dont il est rempli. Ces erreurs discréditent son argumentation et rendent son discours irrecevable dans sa forme actuelle.

Au sortir de cet exercice, ma conclusion est qu'adhérer au diagnostic et aux recommandations du *MQL* sur la question démographique est la bonne stratégie à suivre. Même si les « lucides » avaient tort et que le problème démographique n'était pas vraiment sérieux, adopter leur stratégie d'accélération de la croissance et de remboursement rapide de la dette, tout en épargnant les personnes pauvres et en protégeant l'environnement bien sûr, ne serait pas une stratégie perdante. Au contraire, nous y gagnerions nous-mêmes, avec une croissance plus rapide, et nos enfants encore plus, avec une dette moins lourde à supporter.

Chapitre 3

Relever les vrais défis

Pierre Paquette[1]

J'ai signé le manifeste « *Pour un Québec solidaire* » parce que j'ai été choqué de voir que des personnes que j'estime et qui ont une crédibilité certaine, ont produit le document « *Pour un Québec lucide* », truffé de demi-vérités, d'arguments d'autorité et de solutions discutables présentées comme des dogmes.

Il faut aussi reconnaître que le ton provocateur et moraliste du manifeste ne permettait pas d'initier un débat serein sur des questions que tout le monde (à gauche comme à droite, souverainistes comme fédéralistes) considère pertinentes (défi démographique, état des finances publiques, concurrence des pays émergents, ...).

Un autre élément m'a amené à m'associer au document « *Pour un Québec solidaire* » : c'est l'utilisation de la dette publique pour tenter d'imposer des choix présentés par les « lucides » comme inéluctables.

Je représentais la CSN avec son président d'alors, Gérald Larose, au Sommet sur l'avenir de l'économie et de l'emploi du Québec en 1996. Les finances publiques étaient dans un état de fragilité beaucoup plus grave qu'aujourd'hui et le Premier ministre de l'époque, Lucien Bouchard, travaillait à dégager un consensus social

---

[1] L'auteur est économiste et député à la Chambre des communes. Il est également un des signataires du manifeste *Pour un Québec solidaire*.

pour l'atteinte du « déficit zéro » dans le contexte de l'après-référendum.

Or, dans le cadre de cet exercice, Norbert Rodrigue, ancien président de la CSN et alors président du Conseil des affaires sociales, avait proposé un Fonds du patrimoine, du même type que le Fonds des générations créé par le ministre Audet lors du dernier budget, pour rembourser la dette publique du Québec. Cette proposition fut écartée du revers de la main par monsieur Bérard, à l'époque P.D.G. de la Banque Nationale, qui nous expliqua que dès que l'équilibre budgétaire serait rétabli, la dette ne serait plus un problème parce que la croissance économique la réduirait par rapport à la richesse collective. De plus, je me rappelle que le ministère des Finances avait produit un document démontrant l'inutilité d'un tel fonds. En fin de compte, cette proposition ne fut pas retenue par le Sommet de 1996. « Autre temps, autres mœurs » comme le dit le vieil adage.

Et c'est justement ce qui me questionne : pourquoi ce qui n'était pas un problème alors que le Québec était en déficit, le devient alors que nous équilibrons depuis quelques années, difficilement il est vrai, le budget et qu'il existe aussi une loi antidéficit.

J'y reviendrai, mais commençons par examiner quelques affirmations des « lucides ».

> Au plan du niveau de vie, notamment, le Québec fait encore partie des 25 % les moins riches parmi les provinces et les États d'Amérique du Nord.
>
> Extrait du manifeste *Pour un Québec lucide*[2]

Cette affirmation mérite d'être nuancée parce qu'elle ne reflète pas la réalité vécue par la majorité des Québécoises et des Québécois. La dernière étude[3] sur le sujet date de l'année 2000 et analysait l'évolution des revenus de 1974 à 1997. On constate qu'aucune province canadienne ne se trouve parmi les 50 % des plus riches juridictions d'Amérique du Nord. Le Québec se situe au cinquième rang des provinces canadiennes quant au revenu moyen en parité du pouvoir d'achat (PPA). On observe aussi que c'est au Québec que la progression du revenu médian a été la plus forte de

---

[2]   Manifeste *Pour un Québec lucide*, p. 2, ou annexe 2 du présent ouvrage p. 230.
[3]   Canada, Statistique Canada, *Canadian Economic Observer*, Ottawa, août 2000.

1974 à 1997 (1 300 $) parmi les provinces canadiennes, bien au-dessus de la moyenne canadienne (300 $) et légèrement en deçà de la progression étatsunienne (1 600 $) (graphique 3-1).

GRAPHIQUE 3-1
Progression du revenu médian à la parité du pouvoir d'achat (PPA) – 1974-1997
(en dollars)

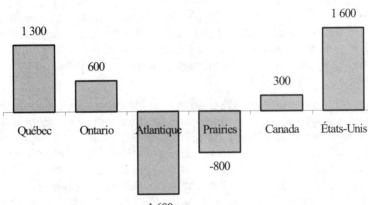

Source :   Statistique Canada, *Canadian Economic Observer*, août 2000.

Lorsque tous les ménages sont classés en ordre de revenu, la médiane indique le revenu du ménage positionné au milieu du classement. Le revenu médian reflète mieux le niveau de vie de la classe moyenne que le revenu moyen. Comme le rappelait l'économiste américain Paul Krugman, lorsque Bill Gates entre dans un bar, le revenu moyen augmente substantiellement sans que le niveau de vie des autres clients en soit amélioré.

Ainsi, si le revenu moyen est plus grand aux États-Unis, le revenu médian des familles québécoises est presque égal (49 891 $ en 2000) à celui des familles étatsuniennes (50 673 $ en 2000). En d'autres termes et contrairement à ce que laissent entendre les « lucides », <u>sur le plan du niveau de vie, le Québec a une situation comparable à celle des États-Unis</u>.

De plus, le Québec est la région d'Amérique du Nord où les revenus sont les moins polarisés et les inégalités les plus faibles. Signalons enfin que le Québec a connu une croissance économique par habitant plus importante que l'Ontario au cours des huit dernières années.

> (...) notre dette publique par habitant étant la plus élevée du continent (...)
>
> Extrait du manifeste *Pour un Québec lucide*[4]

La dette brute du gouvernement du Québec atteignait 116,6 milliards de dollars (31 mars 2005) dont 80,3 milliards de dollars sont des emprunts que le gouvernement doit rembourser à des tiers, le reste soit 26,3 milliards de dollars, représente les engagements de l'État en matière de retraite aux employés du secteur public et parapublic. Même si depuis quelques années ces montants sont comptabilisés, il est clair que les retraites ne sont pas de la dette proprement dite, puisque ces sommes ne sont pas empruntées et ne portent pas intérêts.

Le gouvernement du Québec a tout de même mis en place un fonds de capitalisation pour minimiser l'impact des prises à la retraite de ses employés. Ce fonds (fonds d'amortissement des régimes de retraite) doit être comptabilisé comme actif pour l'État, c'est pourquoi une mesure plus exacte de l'endettement public est la dette directe qui soustrait de la dette brute les actifs de l'État. La dette directe du Québec atteignait 97,9 milliards une fois soustraits les actifs du gouvernement du Québec.

Lorsqu'on compare la dette nette entre provinces et avec le fédéral, on s'aperçoit que même si la dette publique du Québec est élevée et mérite d'être contrôlée de façon responsable, il n'y a pas lieu de paniquer.

On constate (tableau 3-1), en effet, que la dette par habitant du Québec est légèrement supérieure à celle de l'Ontario et nettement inférieure à celle du fédéral. Quant aux comparaisons sur la base du rapport entre la dette et le produit intérieur brut (PIB), une mesure de la richesse collective, on constate qu'au moins deux provinces canadiennes (Terre-Neuve et la Nouvelle-Écosse) sont relativement plus endettées ainsi que le fédéral. <u>Il est donc inexact d'avancer comme les « lucides » le font que notre dette publique par habitant est la plus élevée du continent.</u>

---

[4] Manifeste *Pour un Québec lucide*, p. 2, ou annexe 2 du présent ouvrage p. 230.

TABLEAU 3-1
Comparaison dette nette – 2004-2005

	Dette par habitant (en $)	Dette en % du PIB
Québec	12 977	37,4 %
Ontario	11 463	25,7 %
Fédéral	15 398	38,7 %
Terre-Neuve		55,3 %
Nouvelle-Écosse		38,4 %

Source :   Institut de la Statistique du Québec.

D'autre part, on constate (tableau 3-2) que le rapport entre la dette nette et le PIB diminue depuis 1998 (l'année de l'atteinte du déficit zéro) de 47,0 % à 37,4 % du PIB en 2005, soit une réduction du ratio de 20,4 %. On remarque aussi qu'au cours de ces sept ans, la réduction du ratio a été plus importante au Québec (20,4 %) qu'en Ontario (18,1 %).

TABLEAU 3-2
Évolution de la dette nette en % du PIB – 1998-2005

	1998	2005	Réduction en %
Fédéral	63,5 %	38,7 %	39,1 %
Québec	47,0 %	37,4 %	20,4 %
Ontario	31,4 %	25,7 %	18,1 %
Canada	93,0 %	59,0 %	36,6 %

Source :   Ministère des Finances du Québec.

On nous rétorquera que la réduction a été plus importante au fédéral grâce aux remboursements à la suite des surplus systématiquement « imprévus ». On constate que de 1997-1998 à 2004-2005, la diminution de la dette fédérale par rapport au PIB a été de 28,4 points de pourcentage. Sur ce résultat, le remboursement de 63 milliards de dollars représentait 4,9 points de pourcentage, soit moins de un cinquième de la baisse. Est-ce que cela a valu la peine de réduire les transferts aux provinces et créer le problème de déséquilibre fiscal ainsi que d'avoir restreint l'accessibilité à l'assurance-emploi pour une réduction aussi marginale de la dette relative?

On sait qu'aujourd'hui, seulement 4 cotisants sur 10 ont droit à des prestations de l'assurance-emploi ce qui a permis au fédéral de détourner 48 milliards de dollars (mars 2005), ce qui constitue l'essentiel des surplus « imprévus ». Ces restrictions sont à l'origine d'une partie de l'accroissement des inégalités constatées au Canada depuis la fin des années 1990.

Si le PIB augmente de 1,7 % et que l'inflation se situe à 2 %, la dette du Québec tombera à 29 % du PIB en 2025. Avec le plan du gouvernement Charest, et son fonds des générations, elle atteindra 25 % dans 20 ans. La différence vaut-elle la peine de mettre en danger les véritables déterminants de la croissance économique à moyen et long terme?

À l'heure actuelle, le gouvernement du Québec consacre 16 % de ses dépenses au service de la dette.

Extrait du manifeste *Pour un Québec lucide*[5]

Deux problèmes peuvent découler d'une mauvaise gestion de la dette publique : sa propriété par des étrangers qui amène à des sorties d'actifs et le gonflement des frais d'intérêt qui crée une pression sur les autres missions de l'État.

Or, 87 % de la dette fédérale est détenue par des Canadiens, on peut donc faire l'hypothèse que la très grande majorité de la dette québécoise est détenue par des Québécois. Il faut pourtant que le gouvernement du Québec continue les efforts amorcés par Pauline Marois lorsqu'elle était ministre des Finances, pour diversifier les véhicules financiers et augmenter la part de la dette publique détenue par les Québécois, les Québécoises ou les institutions québécoises.

Quant au service de la dette, c'est-à-dire les frais d'intérêt payés sur la dette, on constate que la situation est comparable à celle des autres juridictions et loin des 16 % avancés par les « lucides ».

TABLEAU 3-3
Comparaison du service de la dette (2005)

	En milliards de dollars	En % du PIB	En % des recettes
Québec	6,9	2,57 %	12,9 %
Ontario	9,6	1,78 %	12,5 %
Fédéral	34,1	2,60 %	17,2 %

Source :   Ministère des Finances du Québec, ministère des Finances de l'Ontario, ministère des Finances du Canada.

---

[5]   Manifeste *Pour un Québec lucide*, p. 7, ou annexe 2 du présent ouvrage p. 236.

Par rapport aux recettes totales des deux gouvernements, il n'y a pas une très grande différence entre le Québec (12,9 %) et l'Ontario (12,5 %) qui sont en meilleure posture que le gouvernement fédéral (17,2 %) (tableau 3-3).

Par rapport au PIB, la différence entre le Québec et l'Ontario s'explique par la différence entre la taille des dépenses publiques dans l'ensemble de l'économie. Là aussi, il ne faut pas oublier que la plus grande place de l'État s'accompagne d'une plus grande gamme de services et de programmes[6].

(...) on a qu'à penser à l'augmentation rapide des dépenses en santé, que nos gouvernements n'arrivent pas à juguler (...)

Extrait du manifeste *Pour un Québec lucide*[7]

Même si la préoccupation concernant l'évolution des dépenses en santé est tout à fait valable, la situation n'est pas aussi périlleuse que ce que les lucides laissent entendre.

Le Conference Board a calculé qu'en 2020, les dépenses en santé au Québec atteindraient 40 milliards de dollars. Il s'agit d'une hausse importante, qui ferait passer les dépenses de santé au Québec de 7,4 % à 8,8 % du PIB, dans un contexte de déséquilibre fiscal. Selon le rapport, cette variation provient d'une augmentation annuelle moyenne des coûts de santé de 4,8 % dont moins du quart résulte du vieillissement de la population, l'essentiel provenant de la hausse du prix des médicaments. Rappelons que le choix du fédéral de couper unilatéralement ses transferts aux provinces a des effets bien réels. On sait que la proportion des transferts au Québec par rapport aux revenus d'Ottawa est passée en 1994-1995 d'un peu plus de 6 % à 4 % en 2004-2005 (graphique 3-2). Le règlement du déséquilibre fiscal dont le manque à gagner est évalué à 3,9 milliards par année pour le Québec, atténuerait la hausse des dépenses en santé en proportion des dépenses publiques.

---

[6]   Pierre Paquette, *Fiscalité : Les idées admises et la réalité*, 29 septembre 2005.
[7]   Manifeste *Pour un Québec lucide*, p. 4, ou annexe 2 du présent ouvrage p. 233.

GRAPHIQUE 3-2
Transferts au Québec (TCSPS* et péréquation) en proportion des revenus d'Ottawa

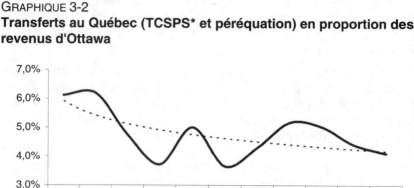

* TCSPS : Transfert canadien pour la santé et les programmes sociaux.

Source :   Ministère des Finances du Canada.

Il est vrai que les dépenses publiques en santé du Québec en fonction du PIB sont supérieures à la moyenne canadienne. Mais celles-ci s'en rapprochent de plus en plus, parce que, contrairement à l'affirmation des lucides, <u>la croissance des dépenses en santé québécoise non seulement est contrôlée, mais est inférieure à celle de la moyenne canadienne</u> comme le montre le graphique 3-3.

GRAPHIQUE 3-3
Croissance moyenne des dépenses publiques en santé, 1990-2005

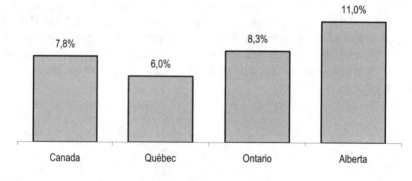

Source :   Institut canadien d'information sur la santé.

Les « lucides » tombent aussi dans le piège de la « démographie d'apocalypse »

D'abord, constatons que le rapport de dépendance de la population québécoise atteint actuellement son plus bas niveau de l'histoire. Évidemment, l'évolution du rapport de dépendance entre les personnes âgées (65 ans et plus) et la population des actifs sera en hausse d'abord lente jusqu'en 2031 puis plus rapide.

Au moins trois aspects doivent être soulignés : le premier élément, c'est le caractère artificiel de l'âge de 65 ans comme seuil de la vieillesse. En utilisant ce critère, on exagère la dépendance bien avant qu'elle ne soit réelle. Le second, c'est qu'après 65 ans, on est aujourd'hui plus souvent en bonne santé, actif et utile que dépendant au sens usuel du terme. À mesure qu'augmente l'espérance de vie, nous sommes plus jeunes que nos ancêtres à notre âge. Le troisième aspect est la relativisation du lien entre activité productive et les seuils d'âge utilisés en démographie. Si on ne tient pas compte de l'évolution de la relation entre l'activité productive, les différentes formes de retraite et d'emploi ainsi que des allers-retours de la retraite, des études au marché du travail, on exagère les effets du vieillissement.

Il ne faut pas oublier que si l'âge de la retraite s'est effectivement réduit au cours des dernières années, c'est en grande partie sous la pression du sous-emploi, des restructurations dans le secteur public comme privé et des transformations technologiques rapides qui ont dévalué les compétences des travailleurs plus âgés. Qui ne se rappelle les mises à la retraite dans le secteur public et parapublic de plus de 30 000 personnes dans le cadre de l'atteinte du déficit zéro en 1997-1998?

On constate de plus en plus qu'on devient retraité mais on ne le reste plus. « Presque la moitié des quinquagénaires et des sexagénaires qui ont mis fin à leur carrière à plein temps vers la fin des années 1990 étaient de retour au travail deux ans plus tard; parmi les plus jeunes, ceux de 50-54 ans, près de 60 % avaient pris un nouvel emploi à plein temps, et seulement 26 % ne travaillent pas[8] ». Il s'agit là d'une tendance généralisée en Amérique du Nord à tout le moins.

---

[8] Susan A. McDaniel, « Politiques sociales, changements économiques et démographiques et vieillissement de la population canadienne : leurs interactions », *Cahier québécois de démographie*, printemps 2003, p. 94.

Pourtant, il faudra pour combler les besoins en main-d'œuvre, des politiques flexibles concernant la retraite, le travail, la formation (en particulier chez les travailleurs et les travailleuses adultes) et la conciliation famille-travail. Il est intéressant de remarquer qu'alors que le taux d'activité des femmes baisse dans l'Ouest, il continue de croître au Québec. Parmi les éléments d'explication, Michèle Boisvert signale que « le facteur le plus déterminant expliquant l'écart entre la population active des femmes du Québec et celles de l'Ouest est la différence d'accès à des places en service de garde! La mise en place d'un programme universel de garderie dès 1997 était un choix à la fois social et économique qu'il faut consolider pour l'avenir du Québec[9] ».

Mais comme le rappelle Martine Poulin[10], « en 2001, 47 % de l'ensemble de la population du Québec était en emploi. Pour que ce ratio soit équivalent en 2026, il faut 3 825 000 personnes sur une population d'environ 8 100 000, soit seulement 140 000 personnes en emploi de plus qu'en 2004 sur un horizon de vingt ans ». C'est peu étant donné que le Québec connaît encore un chômage élevé et qu'une bonne partie du bassin de main-d'œuvre potentielle n'est pas utilisée.

Un dernier aspect sur le vieillissement que je veux aborder, c'est l'effet sur les finances publiques de ce phénomène. D'abord, s'il y a environ autant de personnes qui travaillent en 2031 qu'aujourd'hui, il n'y a aucune raison que les revenus de l'État diminuent à moins que les gouvernements baissent délibérément les impôts.

Deuxièmement, une bonne partie des prestations à être versées est capitalisée, ce qui fait que le coût global des retraites sera moindre au Canada et au Québec que dans la plupart des pays industrialisés. Troisièmement, au Québec et au Canada, la fiscalité est très incitative pour l'épargne retraite privée (REER et régimes complémentaires). Ainsi, le Canada (et le Québec) est le pays où les dépenses fiscales en rapport avec la retraite sont les plus élevées et de loin, comme on peut le voir au tableau 3-4.

---

[9]   Michèle Boisvert, « Garderies et pénurie », *La Presse*, 20 juin 2006.
[10] Martine Poulin, « Pour un Québec lucide : une analyse tronquée des impacts du déclin de la population » *La Presse*, 28 octobre 2005.

TABLEAU 3-4
Dépenses fiscales liées à la retraite en pourcentage des revenus fiscaux

Allemagne	0,2 %
Canada	8,4 %
États-unis	3,8 %
Irlande	2,7 %
Finlande	1,8 %
Espagne	0,1 %
Suède	1,3 %
Royaume-Uni	3,8 %

Source :   Régie des rentes du Québec.

En 2001, selon la Régie des rentes du Québec, les actifs des Québécoises et des Québécois placés dans les REER équivalaient à 36 % du PIB, soit une somme de 83 milliards de dollars. De plus, les actifs placés dans des régimes de retraite équivalaient à 60 % du PIB, soit 139 milliards de dollars. Au total, ces actifs placés hors de la portée de l'impôt représentaient en 2001, 96 % du PIB québécois. Si on fait l'hypothèse que ces actifs seront dépensés et donc imposés et taxés au cours de la retraite à la hauteur de 40 %, cela signifie des revenus annuels pour les gouvernements de 5,5 milliards de dollars pendant 20 ans!

Cela montre bien que les Canadiens et les Québécois épargnent globalement de façon importante pour leur retraite. Il est aussi vrai que cette épargne est inégalement répartie ce qui pose le problème de la redistribution de la richesse.

L'équité intergénérationnelle : le véritable legs

Osberg rappelle que l'équité entre les générations d'aujourd'hui et celles de demain dépend « du stock d'actifs productifs réels qu'elles recevront en héritage, moins les obligations nettes envers l'étranger[11] ». En effet, ces générations devront combiner leur travail avec les actifs qu'elles recevront selon des choix qu'ils leur appartiendront pour assurer leur bien-être. Les actifs productifs incluent le stock (privé et public) des biens d'équipement et

___
[11] Lors Osberg, « Équité entre les générations--signification et mesure », *Les finances publiques et l'équité intergénérationnelle*, Ottawa, Statistique Canada, 1995.

d'infrastructure physique ainsi que le patrimoine des familles. Mais dans une économie où la production de services domine, il est clair que l'héritage en termes de capital humain, de compétences sociales, de culture et de recherche et développement, ainsi que l'état global de l'environnement, représentera des éléments déterminants. Le potentiel des générations futures dépendra aussi de la cohésion sociale dont elles hériteront. Ces éléments sont difficilement mesurables, mais bien réels, tout le monde en conviendra.

Comme l'écrit Osberg « … les générations à venir ne nous remercieront sans doute pas si nous ne tentons pas de régler nos problèmes sociaux et que nous leur cédons une société en pleine désagrégation sociale et marquée par la violence et une criminalité endémique, et ce, même si nous leur laissons également un stock de capital plus riche sur le plan des établissements carcéraux[12] ». Ceux qui mettent l'accent sur le remboursement de la dette, comme les lucides, ont tendance à considérer les dépenses publiques comme de la consommation sans effet positif possible sur la croissance. Si on va jusqu'au bout de cette logique, il est bien évident que la taille optimale du secteur public tend à être zéro.

Une comptabilité d'entreprise qui ne prendrait en compte que le passif sans référence à l'actif, serait considérée comme incomplète. C'est pourtant ce que font beaucoup d'idéologues conservateurs. Selon eux, l'endettement public n'est qu'un fardeau des générations futures.

Au premier abord, ce genre de proposition semble relever du bon sens et je sais que beaucoup de personnes et pas seulement des jeunes, la croient vraie. Lorsqu'on raisonne au niveau d'un pays, d'une nation tout entière, comme le font ceux qui parlent de « génération », il faut alors tenir compte du fait que les créanciers (ceux qui ont payé) et les débiteurs (ceux qui ont emprunté) sont en grande partie de la même « famille ».

Il faut aussi se rappeler que cette famille a une durée de vie pratiquement infinie (parents, enfants, petits-enfants, arrière-petits-enfants…). L'État d'un pays pour financer un déficit budgétaire émet des titres comme les obligations ou les bons du Trésor qui sont achetés par d'autres agents économiques pour qui il s'agit là d'un moyen de placer leur épargne de façon relativement sûre.

---

[12] *Id.*, p. 147.

Ceux qui ont acquis les titres deviennent des créanciers de l'État et font partie de la même « génération » que ceux qui bénéficient des dépenses à l'origine de cet endettement public. En fait, il s'agit tout simplement d'une redistribution au sein d'une même génération.

Il en est de même pour les générations futures : si celles-ci « héritent » globalement de la dette publique, certains de leurs membres « héritent » aussi des créances correspondantes. Le problème est donc bien plus celui de la répartition des ressources au sein de chaque génération qu'entre générations.

Si par contre une « génération » s'endette auprès d'autres pays, elle utilise plus de ressources qu'elle n'en produit et donc laissera aux générations qui la suivent une dette (envers d'autres pays) qu'ils devront rembourser.

Dans ce cas, on peut dire qu'effectivement, la génération présente, prise dans son ensemble, vit « aux dépens des générations futures » et leur laisse un « fardeau ». C'est le cas des États-Unis qui, depuis le milieu des années 1990, accumulent les déficits budgétaires et commerciaux, année après année.

Il existe pourtant un lien étroit entre l'équité au sein d'une génération et l'équité entre les générations. Les inégalités au sein d'une génération laissent des traces au sein des générations futures. Il est évident qu'un enfant qui vit dans la pauvreté maintenant (parce que ses parents sont pauvres) aura plus tard moins de chance d'accéder à l'éducation supérieure et à des emplois rémunérateurs. De même, un enfant qui n'aurait pas accès facilement aux soins préventifs et curatifs a une plus grande incidence d'avoir des problèmes de santé adulte et cela se répercutera nécessairement sur la santé future de ses enfants.

Or, le Canada fait piètre figure au plan international quant à la pauvreté des enfants, comme le montre le graphique 3-4 avec une proportion de près de 15 % d'enfants vivant sous le seuil de pauvreté, soit près d'un enfant sur 6. Parmi les pays riches, le Canada est en queue de peloton, et s'il y a des enfants pauvres, c'est qu'il y a des parents pauvres. Donc, refuser de s'attaquer à la pauvreté d'aujourd'hui au nom de l'équité intergénérationnelle est une erreur.

GRAPHIQUE 3-4
Proportion d'enfants vivant sous les seuils nationaux de pauvreté

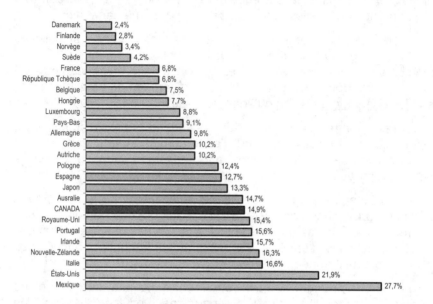

Source :   UNICEF, *La pauvreté des enfants dans les pays riches, 2005*, Bilan
            Innocenti, n° 6, Centre de recherche Innocenti de l'UNICEF, 2005.

Ce qui est inquiétant, c'est que nous venons de connaître une période de croissance soutenue et que pourtant, les inégalités sociales se sont intensifiées. Selon le Conseil canadien de développement social, en 2003, les 10 % des familles avec enfants les plus riches gagnaient 13 dollars pour chaque dollar gagné par les familles les plus pauvres. Il y a dix ans, l'écart de revenu était moins grand : les familles les plus riches gagnaient environ 10 dollars pour chaque dollar gagné par les familles les plus pauvres, confirmant ainsi que la lutte contre la pauvreté ne peut s'appuyer exclusivement sur la croissance économique et l'emploi, mais doit comporter des programmes de redistribution des revenus.

C'est une question d'équité pour les générations d'aujourd'hui, mais aussi un moyen d'assurer l'équité intergénérationnelle, beaucoup plus efficace que le remboursement de la dette publique, en particulier à partir du moment où l'équilibre budgétaire assure sa réduction relativement à la richesse collective (PIB).

Certes, il faut adapter l'État et améliorer l'efficacité des dépenses publiques pour favoriser la croissance et la cohésion sociale. Dans le contexte des finances publiques actuelles, rembourser la dette publique signifie investir moins en éducation, dans la recherche, dans les programmes sociaux au risque de diminuer la qualité de la main-d'œuvre et d'insécuriser toute la société. Le risque aujourd'hui est qu'à réduire la dette publique tout en continuant à faire des cadeaux fiscaux aux plus aisés, on en vienne à sacrifier l'avenir de tout le monde.

Investir pour l'État, cela veut dire, entre autres, dépenser pour élever le niveau d'éducation et de formation de la population, améliorer la santé publique notamment en luttant contre la pauvreté et assurer le développement de tout le territoire. Cela suppose évidemment de construire des écoles, des hôpitaux et des routes (qui sont des investissements au sens comptable), mais surtout de payer le personnel enseignant et médical ainsi que les employés qui entretiennent toutes ces infrastructures (qui sont des dépenses courantes). Opposer ces deux types de dépenses n'a donc pas de sens parce que l'actif de l'État québécois, comme celui de tous les États, c'est la richesse collective qui dépend de la productivité de la main-d'œuvre, donc de sa formation et de sa santé et de l'efficacité des infrastructures, donc de leur entretien. Couper dans les dépenses courantes au moment de récession revient donc à se tirer dans le pied puisque cela revient à hypothéquer les déterminants de la croissance et de la création de la richesse, source des revenus de l'État.

La dette actuelle, c'est-à-dire les déficits accumulés, n'est pas le résultat d'un soi-disant « party des baby-boomers », mais du fait que le Québec a vécu trois récessions en vingt ans donc des problèmes de croissance économique avec leurs effets négatifs sur les rentrées fiscales. De plus, le gouvernement fédéral a coupé des milliards en transfert aux provinces au cours des années 1990, ajoutant aux difficultés du gouvernement québécois celle du déséquilibre fiscal.

Il faut se demander dans quelle situation serait le Québec aujourd'hui si on avait sabré davantage que ce qui a été fait. Il faut rappeler que les dépenses publiques de l'ensemble des administrations au Canada sont passées de 49,7 % du PIB en 1994 à 39,4 % en 2004. C'est donc dire que les administrations publiques ont dépensé 134 milliards de dollars de moins en 2004 que si elles avaient maintenu le niveau de 1994. Pour le Québec, ça représente une baisse de 34 milliards de dépenses publiques par année. Ça explique bien des difficultés de nos réseaux publics. Dans ce contexte, l'enjeu pour diminuer la dette n'est pas de réduire les dépenses publiques, mais bien de les rendre plus efficaces.

Pour un terrain d'entente...

Peut-être pourrions-nous trouver un terrain d'entente, les lucides et les solidaires, sur au moins une question fondamentale. Les lucides affirment en effet que le Québec pourrait être beaucoup plus riche. C'est vrai. Je rajouterais que le Québec pourrait aussi être plus solidaire, moins violent, moins pollué et plus libre. Il suffit d'envisager l'avenir autrement, dans un Québec souverain.

Le Québec pourrait être plus riche s'il contrôlait l'ensemble de ses impôts et taxes. Le seul fait d'envoyer des milliards de dollars qui sont dépensés à Ottawa plutôt qu'au Québec suffirait à soutenir mon propos. En matière d'innovation, le Canada fait piètre figure sur la scène internationale avec des dépenses beaucoup trop faibles en recherche et développement en comparaison avec les pays de l'OCDE et contrairement à ce que fait le Québec.

Dans deux secteurs névralgiques de l'économie, le transport et l'énergie, le Canada nuit considérablement au Québec : concentration du transport aérien à Toronto, insuffisance du financement pour les axes routiers (autoroute 30, 50 et 185), les aéroports, les ports, les postes frontaliers désuets, etc.; en matière d'énergie, le gouvernement fédéral a versé des subventions de 66 milliards de dollars à l'industrie des hydrocarbures de l'Alberta, de la Saskatchewan, de Terre-Neuve, et pour le charbon et le nucléaire en Ontario, alors que l'hydroélectricité québécoise n'a pas reçu un sou. Oui, le Québec pourrait être riche, bien plus riche s'il était souverain.

Le Québec pourrait être plus efficacement solidaire si Ottawa acceptait de mettre fin au déséquilibre fiscal, si le gouvernement fédéral cessait de piller la caisse d'assurance-emploi, s'il cessait de pomper l'argent des régions pour le remettre aux grands centres, s'il cessait de priver les personnes âgées et les handicapés de sommes auxquelles ils ont droit en vertu des lois fédérales!

Le Québec pourrait être une société moins violente si les Québécois et les Québécoises faisaient leurs lois, comme tous les pays souverains; si le Canada n'imposait pas une Loi sur les jeunes contrevenants dont personne ne veut (ni les policiers, ni les juges, ni les avocats, ni les travailleurs sociaux) au Québec.

Le Québec pourrait être une société moins polluée si nous pouvions, comme État souverain, ratifier le Protocole de Kyoto, nettoyer les sites contaminés par le gouvernement fédéral, préserver les berges du Saint-Laurent en contrôlant la vitesse des navires sur le fleuve et en évitant les dédoublements et la confusion qui règnent dans le domaine environnemental.

Le modèle québécois n'est pas parfait, loin de là. Il nous ressemble. Il évolue, comme nous, au même rythme que nous. Il est sans cesse modifié. Et il atteint ses limites rapidement. Ces limites, ce sont aussi et surtout les limites imposées au Québec par le cadre fédéral canadien. Dans un contexte où nous ne contrôlons ni tous nos impôts, ni toutes nos lois et où notre présence internationale est tellement limitée, le modèle qui est le nôtre a produit des résultats inespérés, qui se comparent très avantageusement avec les modèles ontarien ou albertain préférés par certains.

Maintenant, il est sûrement temps d'aller plus loin et relever les vrais défis.

Chapitre 4

Gouverner c'est prévoir

Bernard Élie[1]

Mise en contexte

Ce chapitre n'est pas une réaction ou une réponse au manifeste « *Pour un Québec lucide* ». Plusieurs mois se sont écoulés depuis sa parution et le manifeste « *Pour un Québec solidaire* » en a été une réponse. Il faut maintenant avancer dans le débat, puisque ces deux positions ne sont pas totalement antagoniques, bien que les fondements idéologiques soient bien différents.

Lors de l'adoption du dernier budget du gouvernement du Québec, fut créé le Fonds des générations[2] destiné à rembourser la dette publique du Québec. Le gouvernement espérait ainsi satisfaire certains groupes qui voyaient dans la dette une hypothèque pour les générations à venir. La question de la dette est devenue un débat

---

[1] L'auteur est professeur au Département des sciences économiques de l'Université du Québec à Montréal. Il est également un des signataires du manifeste *Pour un Québec solidaire*.
[2] Ce nom même de *Fonds des générations* a quelque chose de conflictuel. La dette publique est-elle vraiment une question d'antagonisme ou d'opposition entre générations?

d'importance qui a pris une tournure acrimonieuse chez plusieurs. Nous aborderons donc ici ce sujet.

Les priorités

Loin de nous l'idée de nier l'importance de la dette publique et de minimiser le poids de son service sur les finances publiques du Québec. Mais, nous voulons remettre en question la stratégie du gouvernement, celle de faire du problème de la dette la priorité économique du Québec, alors que d'autres questions plus déterminantes, pour notre avenir et pour les futures générations, se présentent à nous. L'opération actuelle de réduction de la dette nous semble être beaucoup plus une simple démarche comptable opportuniste qu'une vision d'avenir. L'existence d'une dette publique n'est pas nécessairement une tare.

La dette, quelle dette?

Tant qu'à parler de la dette, pourquoi se limiter à *la dette brute* du gouvernement du Québec de près de 120 milliards[3]? Ne devrions-nous pas ajouter la part du Québec de la dette du gouvernement fédéral et celles des entreprises du secteur public? Cette dette représenterait peut-être la véritable contrainte financière pour les Québécois (sans doute plus de 250 milliards de dollars). Sommes-nous en difficulté ou en faillite? Par contre, si l'on ne considère que *la dette directe* du gouvernement du Québec (elle correspond aux emprunts contractés sur les marchés financiers pour les besoins financiers du Fonds consolidé), le total n'est plus que de 83 milliards. Quelle dette pendre? Il est bien difficile de trouver la bonne base.

---

[3]   Au 31 mars 2005, selon les données des *Comptes publics du gouvernement du Québec*.

TABLEAU 4-1
Résultats de l'année financière 2004-2005 – Québec

en millions de dollars	au 31 mars 2005	
2004-2005	57 297	**21,1% du PIB**
Dépenses	57 961	
Déficit	(664)	

	43,7% du PIB		
Dette totale (le passif)	119 765	*moins les avoirs financiers*
Dette nette	99 042	*moins les immobilisations*
Immobilisations	11 818	
Déficits cumulés	87 224	*pour les dépenses courantes*
Dette directe	83 479	
		30,5% du PIB

Source : Québec. 2005. Comptes publics, vol.1, pp. 31 et 38.

Est-il possible de réduire le service de la dette? Comment alléger ce fardeau, dans une perspective de long terme? Le faut-il? Quel est le niveau idéal d'une dette pour que son poids soit acceptable? Quel est le seuil raisonnable pour notre niveau de richesse, mesuré habituellement par le PIB?

À Ottawa, Monsieur Martin avait fixé ce seuil à 20 % du PIB pour 2020. Notons ici qu'il s'agissait de *la dette nette* du gouvernement fédéral, c'est-à-dire le déficit budgétaire cumulé. Au Québec, la dette nette s'élève à environ 99 milliards de dollars, soit ±36 % du PIB et la dette directe du gouvernement à 30,5 % du PIB. Mais, le gouvernement du Québec n'a pas fixé d'objectif en termes de PIB. Certains veulent augmenter à terme la « marge de manœuvre de l'État » par la réduction de la dette. Fort bien, cette éventualité se produira quand la baisse du service de la dette sera supérieure au montant consacré annuellement à la réduction de la dette. Techniquement, ce délai est constant à un même taux d'intérêt, quel que soit le montant versé. De 10 à 15 ans, pour des taux variant de 6 % à 9 %. Mais pour avoir une marge de manœuvre significative dans 15 ans, il faudrait des versements importants de l'ordre de 2 à 3 milliards de dollars par année. Avec le montant que le gouvernement du Québec se propose de verser dans le Fonds des générations, nous serons loin d'avoir une marge de manœuvre acceptable en 2020. En

2006 une somme de 74 millions de dollars (sic) sera versée dans ce Fonds, en espérant une accumulation de 30 milliards de dollars dans 20 ans! Pendant ce temps, la dette continuera à augmenter année après année, de 3 milliards de dollars dès l'an prochain. Dans 20 ans, grâce au Fonds, on nous promet que la dette brute ne sera plus que de 138 milliards de dollars, soit 25 % du PIB. Mais si rien n'était fait, selon les prévisions du ministre, la dette en 2025 serait alors de 168 milliards de dollars et elle n'aura qu'un poids de 30 % du PIB. Voilà beaucoup de vacarme pour bien peu de choses!

La réalité des faits

Le budget du Québec, pour 2006-2007, augmente de 3,9 %. La part de la santé croît de plus de 6,3 % (+1,3 G$) et celle de l'éducation de 5,4 % (+660 M$). Il s'agit de 43,5 % et 25,2 % des dépenses de programmes respectivement, soit plus des deux tiers. Pas nécessaire d'être très doué en arithmétique pour savoir que les autres ministères et les autres programmes connaîtront des baisses relatives importantes.

En sachant que les dépenses de santé augmenteront au moins de 2 milliards de dollars[4] l'an dans les prochaines années, doit-on comprendre que l'État du Québec se déchargera de ses autres responsabilités? Se contentera-t-il de maintenir à flot la santé et l'éducation, tout en faisant semblant de réduire la dette? D'autant plus que ce gouvernement veut toujours réduire les impôts et qu'il n'y aura peut-être plus de déficit important. Mais, assisterons-nous à de fortes augmentations de la tarification des services publics?

Voilà notre préoccupation : comment le Québec va-t-il faire face aux défis actuels et futurs, en ne se souciant que de la dette, du déficit et de la réduction du fardeau fiscal? Le patrimoine à transmettre aux générations futures sera-t-il ainsi sauvegardé?

Ce fameux fardeau fiscal

Le fardeau fiscal des Québécois nous est aussi présenté comme une calamité, tout est bien relatif. Certes, les Québécois versent une part importante de leurs revenus à l'État; pour faire plaisir à certains,

---

[4]   Cette augmentation provient aux deux tiers des coûts des médicaments.

cette part est même la plus grande en Amérique du Nord. Bien sûr, les Ontariens payent leur électricité à un prix 50 % plus élevé que nous, les pauvres New-yorkais eux doivent débourser le triple. Plusieurs Canadiens aimeraient bien avoir nos centres de la petite enfance, même à 7 $ par jour. Pour nos voisins, les Québécois doivent êtres bénis des déesses et des dieux pour bénéficier d'un enseignement postsecondaire gratuit ou à faibles frais, sans oublier notre système unique de prêts et bourses en Amérique du Nord. Que pensent ces 45 millions d'Américains de notre système de santé universel même avec ses imperfections, eux qui n'ont pas d'accès à un service minimal de santé. Notre régime public d'assurance automobile fait des jaloux au Canada. Des impôts au service du plus grand nombre, voilà une vision saine de nos rapports sociaux, une vision solidaire qui est à parfaire. Notre fardeau est-il si lourd[5]?

Pour en finir avec la dette

Mais, revenons à la dette. On nous la présente trop souvent comme immorale (sans doute un vieux relent judéo-chrétien). Pourtant, l'endettement de l'État peut-être fort utile. Au début des années 1990, les déficits budgétaires ont permis de soutenir la demande, à court terme, dans un contexte de ralentissement économique et de la baisse des revenus autonomes du gouvernement. De plus, ces dépenses n'ont pas toutes été des gaspillages, une bonne partie de ces dépenses ont servi à l'entretien des investissements publics, même si elles se retrouvent dans les dépenses courantes, surnommées péjorativement les *dépenses d'épicerie*. De plus, à cette époque, la dette a été amplifiée par la réduction des transferts du gouvernement fédéral, après 1994 (par exemple, sa part du financement de la santé est passée de 50 % à 12 %).

Les transferts fédéraux représentent une part décroissante des revenus du gouvernement du Québec depuis le début des années quatre-vingt. En 2000-2001, cette part ne

---

[5] Un ancien collègue qui réside maintenant aux États-Unis me faisait part de la réalité de ses coûts de santé. « Le coût total y compris la part de l'employeur est d'environ 13 000 $ pour une famille de 4. Ça varie selon l'entreprise (en fonction de l'âge des employés, les coûts des années précédentes, etc.). D'autre part, je paye aussi 1,5 % de mon salaire brut en Medicare tax », soit un total de 1 250 $ par mois.

représente plus que 16 % des revenus du Québec alors qu'elle en représentait plus de 28 % en 1983-1984[6].

La solution serait-elle de conclure un règlement sur le déséquilibre fiscal avec Ottawa? Au mieux, le Québec obtiendrait 2,5 à 3 milliards de dollars, soit bien moins que ses besoins. Le meilleur moyen de réduire le poids de la dette reste la croissance économique. Cette croissance n'est pas automatique, il y a beaucoup à faire dans un monde comme le nôtre. À n'avoir comme objectif que la réduction de la dette, nous risquons de nous retrouver avec une économie délabrée et peu concurrentielle dans quinze ou vingt ans. En un mot, nous aurions raté le bateau!

Les vrais défis

N'y a-t-il pas d'autres priorités, peut-être plus importantes pour l'avenir du Québec? Laisser libre cours à l'individualisme et au hasard de la conjoncture économique serait une erreur. Les pays scandinaves et même le Japon n'ont pas suivi le modèle américain, ils ont mis en place une économie encadrée en acceptant l'économie capitaliste abusivement surnommée « économie de marché ». Il est possible d'avoir une gestion raisonnée de l'économie qui conduit à de meilleurs équilibres globaux, au minimum de pauvres et d'exclus. Dans le contexte international actuel, ne faudrait-il pas prendre des mesures pour restructurer notre économie, pour augmenter notre productivité et pour soutenir la croissance de notre richesse? La formation de la main-d'œuvre et la recherche sont les armes de l'avenir, surtout pour assurer une croissance économique qui est la seule garante de la réduction relative de la dette. Pour la maintenir, cette croissance doit s'appuyer sur une classe moyenne importante en nombre et sur un revenu croissant. Nous nous limiterons à ces deux derniers thèmes, même si nous sommes interpellés par plusieurs autres, nous n'avons que peu de temps.

La formation et la recherche

La dégradation de notre réseau scolaire est, selon nous, le principal handicap du Québec. L'école primaire et secondaire forment

---

[6] Commission sur le déséquilibre fiscal (le rapport Séguin), *Les programmes de transferts fédéraux aux provinces*, document d'information pour la consultation publique, 2001, p. 4.

surtout des illettrés qui sont conduits au décrochage, surtout pour les garçons, ou à des apprentissages limités et peu porteurs.

Si les mauvais résultats des élèves du secondaire aux derniers examens du ministère de l'Éducation vous inquiètent, attendez, vous n'avez encore rien vu[7].

Les institutrices et les instituteurs n'en peuvent plus et eux aussi décrochent.

Selon les données du ministère de l'Éducation, 15 % [des institutrices et des instituteurs] quittent les rangs avant de compter cinq années de carrière. Il y a bel et bien un problème de rétention. Celui-ci s'ajoute à une pénurie d'enseignants dans certaines disciplines qui force le ministère de l'Éducation à assouplir ses critères d'entrée dans la profession[8].

Le réseau postsecondaire est mal financé et la recherche bat de l'aile. Les cégeps et les universités multiplient les déficits. Pourtant, nous savons que les bons emplois biens rémunérés sont corrélés avec la formation, avec une formation.

En principe, toute la population diplômée peut compter sur une formation permettant l'accès à un emploi bien rémunéré. Mais, les individus originaires d'un milieu défavorisé ont moins tendance à poursuivre des études supérieures et rencontrent plus de difficultés dès le début de leur processus d'apprentissage[9].

Les inégalités de revenus

L'augmentation des inégalités, dans le partage de la richesse, est de plus en plus évidente au Canada, comme au Québec. Elles constituent le deuxième handicap, toujours selon nous, de la poursuite

---

[7]   Jean-Philippe Pineault, « Le pire est à venir », *Le Journal de Montréal*, 14 avril 2006.

[8]   Brigitte Breton, « Au secours des enseignants », *Le Soleil*, 15 mai 2006.

[9]   Conférence régionale des élus de Montréal (CRÉ), Forum régional sur le développement social de l'île de Montréal, « Quand le travail n'empêche plus d'être pauvre », *Rapport sur la pauvreté à Montréal*, document de recherche et de réflexion, 2006, p. 40.

de la croissance économique. En 2003[10], pour ce qui est du *revenu du marché*, le cinquième des familles ayant le revenu le plus élevé (le quintile supérieur) accaparait 51,7 % de tous les revenus au Québec. Ainsi, 20 % de la population disposait de plus de la moitié des revenus. De plus, cette part est croissante depuis 1989, début de notre période d'observation. Ce sont les autres cinquièmes des revenus qui ont subi des chutes de leur part des revenus. Cette tendance se retrouve également aussi pour le revenu total et pour le revenu après impôt (voir l'annexe). Nous ne sommes pas encore dans certains pays en développement où parfois les 10 % les plus riches accaparent plus de 80 % de la richesse.

GRAPHIQUE 4-1
Part du revenu de marché selon le quintile de revenu de marché au Québec – 1989 et 2003
(en pourcentage)

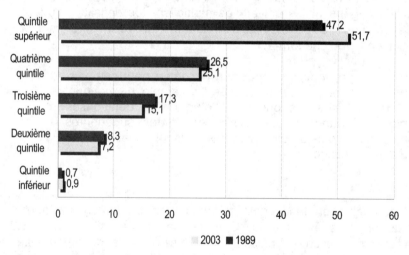

Source :   Statistique Canada, CANSIM tableau 202-0701.

Les revenus monétaires, de tous types, de 1989 à 2003 et pour l'ensemble des unités familiales au Québec, ont diminué pour les revenus intermédiaires ou moyens (deuxième, troisième et quatrième

---

[10] Canada, Statistique Canada, *Banque de données CANSIM,* tableau 202-0701 : Revenu du marché, total et après impôt, selon le type de famille économique et les quintiles de revenu, dollars constants 2003, Ottawa. Voir l'annexe.

quintiles) qui ont vu la réduction de leurs revenus réels. Alors que le quintile supérieur (le cinquième) a connu une nette augmentation de ses revenus, comme le cinquième le plus pauvre, mais eux ont bénéficié des transferts des gouvernements.

Un comité de la Conférence régionale des élus de Montréal révélait récemment le bas niveau des salaires à Montréal et la pauvreté.

> Plus de 341 000 travailleurs montréalais gagnaient moins de 20 000 $ par année en 2001, selon une étude divulguée hier par le Forum régional sur le développement social de l'île de Montréal. Cela revient à dire que 40 % de la population qui travaille ne dispose pas des revenus nécessaires pour subvenir à ses besoins de base[11].

Le tiers de ces 341 000 salariés travaillaient à temps plein (pour gagner moins de 20 000 $!) et 700 000 personnes au total étaient touchées sur l'île par cette pauvreté. Pour les 15-24 ans, les faibles revenus atteignaient 42,2 % de ce groupe d'âge[12]. Pour une cohésion sociale et pour une solidarité véritable entre tous les Québécois, cette distorsion doit être atténuée. L'existence d'une classe moyenne importante et relativement aisée est la garantie d'un développement économique sain. Au contraire, sa réduction, en renforçant les plus pauvres (le quintile inférieur et une bonne partie du deuxième quintile), est le signe d'un mal développement que l'on retrouve dans les pays en développement ou émergents. Plus la classe moyenne est réduite, moins la demande sera forte, les pauvres achètent peu et les riches exportent leurs capitaux. La Floride n'est-elle pas devenue une « colonie » des riches latino-américains?

---

[11] Brian Myles, « 40 % des travailleurs montréalais gagnent moins de 20 000 $ », *Le Devoir*, 2 mai 2006.
[12] Conférence régionale des élus de Montréal (CRÉ), *op. cit.*, p. 45.

TABLEAU 4-2
Revenu de marché, revenu total et revenu après impôt, selon le quintile, Québec – 1989 et 2003
(en dollars constants de 2003 et en pourcentage du revenu total)

Types de revenu	Revenu moyen et part du rev. total		Quintile inférieur	Deuxième quintile	Troisième quintile	Quatrième quintile	Quintile supérieur
du marché	$	1989	1 400	18 400	38 100	58 400	104 100
	$	2003	2 100	16 100	33 900	56 100	115 700
	%	1989	0,7	8,3	17,3	26,5	47,2
	%	2003	0,9	7,2	15,1	25,1	51,7
total	$	1989	12 500	26 900	44 000	62 900	107 900
	$	2003	12 000	26 100	40 900	61 400	119 000
	%	1989	4,9	10,6	17,3	24,8	42,4
	%	2003	4,6	10,1	15,8	23,7	45,9
après impôt	$	1989	12 100	24 000	37 000	50 700	81 400
	$	2003	11 600	23 700	35 400	50 600	89 400
	%	1989	5,9	11,7	18,1	24,7	39,6
	%	2003	5,5	11,3	16,8	24,0	42,4

Source :   Statistique Canada, CANSIM tableau 202-0701.

De 1989 à 2003, pour l'ensemble des unités familiales au Québec, ce sont les revenus moyens (deuxième, troisième et quatrième quintiles) qui ont vu une réduction de leurs revenus et une baisse de leurs parts du revenu total. Alors que le quintile supérieur (le cinquième plus fortuné) a connu une forte augmentation de ses revenus et de sa part du revenu total.

La précarité de l'emploi des jeunes

Ce défi, bien qu'il devrait être inclus dans le précédent, a des particularités telles qu'il est bon de le présenter brièvement de façon distinctive. Même si les « baby-boomers » seront la première classe de retraités à avoir une certaine autonomie financière, la génération qui suit sera la première, depuis deux cents ans, à être moins riche que la génération qui l'a précédée.

La nouvelle « gouvernance » des entreprises, depuis quinze ans, visait à augmenter la souplesse du fonctionnement et à avoir un recours plus grand aux travailleurs atypiques. La précarité de l'emploi en sera la conséquence, surtout pour les jeunes. Cette précarité est l'une des principales causes de l'inégalité entre Québécois.

D'ordre à la fois organisationnel et technique, fonctionnel, financier, numérique et temporelles, ces stratégies de flexibilité permettent surtout aux entreprises d'adapter leurs coûts d'investissements aux fluctuations du marché notamment par une modification des formes d'emploi, une réduction de la main-d'œuvre (personnel à temps plein) ou de la quantité d'heures de travail et une utilisation de plus en plus accrue de travailleurs à temps partiel ou temporaires[13].

D'autres défis

Le principal problème de santé publique à venir au Québec ne sera pas causé par le vieillissement de la population, mais par la croissance de l'obésité, donc par la dégradation de l'état physique de la population, en particulier chez les plus jeunes. Le diabète, les problèmes cardio-vasculaires ont un bel avenir.

Selon Statistique Canada, 56 % des Québécois souffrent d'embonpoint et d'obésité. Depuis 1979, le taux d'obésité a triplé chez les moins de 18 ans[14].

Le déclin des secteurs économiques traditionnels, surtout manufacturiers, et des régions dites ressources nécessite une restructuration de notre économie en la basant sur l'économie du savoir à haute valeur ajoutée, tout en respectant un développement soutenable.

En guise de conclusion

De toute façon, à quoi bon réduire la dette ou travailler à augmenter notre richesse si dans 20 ans, notre environnement devenait invivable? L'environnement qui nécessite une vraie vision à long terme est de toute évidence la variable la plus négligée. Laisser un patrimoine aux générations futures passe par un respect actuel de la planète. Le déplacement de l'attention de la population vers le problème de la dette n'est-il pas une façon d'éluder les vrais problèmes pour l'avenir du Québec et de retirer l'État de son rôle dans notre économie?

---

[13] CRÉ (2006), *op. cit.*, p. 77.
[14] Éric Yvan Lemay, *Le Journal de Montréal*, 13 mars 2006.

Annexe

Revenu de marché, revenu total et revenu après impôt* de l'ensemble des familles, Québec – 1983 à 2003

en dollars constants de 2003   **en pourcentage du total**

Revenu du marché

en $	Quintile inférieur	Deuxième quintile	Troisième quintile	Quatrième quintile	Quintile supérieur
1989	1 400	18 400	38 100	58 400	104 100
1990	900	14 100	33 300	56 400	102 500
1991	500	12 200	31 700	53 000	100 000
1992	400	11 500	30 400	52 800	97 900
1993	100	10 600	29 400	50 900	95 100
1994	400	10 900	30 000	52 900	100 100
1995	500	11 200	29 900	52 000	100 200
1996	500	11 300	30 000	52 000	100 000
1997	400	10 800	29 300	52 100	103 600
1998	300	11 900	30 200	53 800	108 900
1999	1 000	14 000	32 500	55 100	108 900
2000	1 100	14 700	32 900	56 700	115 000
2001	1 500	15 100	33 000	55 900	117 100
2002	1 800	16 000	33 600	55 600	118 100
2003	2 100	16 100	33 900	56 100	115 700

en %	Quintile inférieur	Deuxième quintile	Troisième quintile	Quatrième quintile	Quintile supérieur
1989	0,7	8,3	17,3	26,5	47,2
1990	0,5	6,8	16,1	27,2	49,5
1991	0,2	6,2	16,1	26,9	50,6
1992	0,2	6,0	15,8	27,3	50,7
1993	0,1	5,7	15,8	27,4	51,0
1994	0,2	5,6	15,5	27,2	51,5
1995	0,2	5,8	15,4	26,9	51,6
1996	0,2	5,8	15,5	26,9	51,6
1997	0,2	5,5	14,9	26,5	52,8
1998	0,1	5,8	14,7	26,2	53,1
1999	0,5	6,6	15,4	26,0	51,5
2000	0,5	6,7	14,9	25,7	52,1
2001	0,7	6,8	14,8	25,2	52,6
2002	0,8	7,1	14,9	24,7	52,5
2003	0,9	7,2	15,1	25,1	51,7

Revenu total

en $	Quintile inférieur	Deuxième quintile	Troisième quintile	Quatrième quintile	Quintile supérieur
1989	12 500	26 900	44 000	62 900	107 900
1990	11 500	24 200	40 400	61 600	106 200
1991	10 700	23 500	39 400	58 900	104 700
1992	10 900	23 100	38 700	58 900	102 100
1993	10 700	22 500	37 500	56 800	99 300
1994	10 900	22 600	38 500	58 400	104 300
1995	10 500	22 600	37 600	57 600	104 100
1996	10 500	22 400	37 900	57 800	104 100
1997	10 200	22 300	37 000	57 900	107 400
1998	10 600	23 300	37 900	59 100	112 300
1999	10 900	24 600	39 900	60 000	112 100
2000	10 900	24 800	39 900	61 400	118 000
2001	11 600	25 400	40 500	61 400	120 700
2002	12 100	26 100	40 900	61 200	121 600
2003	12 000	26 100	40 900	61 400	119 000

en %	Quintile inférieur	Deuxième quintile	Troisième quintile	Quatrième quintile	Quintile supérieur
1989	4,9	10,6	17,3	24,8	42,4
1990	4,7	9,9	16,6	25,3	43,5
1991	4,5	9,9	16,6	24,8	44,1
1992	4,7	9,9	16,6	25,2	43,7
1993	4,7	9,9	16,5	25,1	43,7
1994	4,6	9,7	16,4	24,9	44,4
1995	4,5	9,7	16,2	24,8	44,7
1996	4,5	9,6	16,3	24,8	44,7
1997	4,3	9,5	15,8	24,7	45,8
1998	4,3	9,6	15,6	24,4	46,1
1999	4,4	9,9	16,1	24,2	45,3
2000	4,3	9,7	15,7	24,0	46,3
2001	4,5	9,8	15,6	23,7	46,5
2002	4,7	9,9	15,7	23,3	46,4
2003	4,6	10,1	15,8	23,7	45,9

Revenu après impôt

en $	Quintile inférieur	Deuxième quintile	Troisième quintile	Quatrième quintile	Quintile supérieur
1989	12 100	24 000	37 000	50 700	81 400
1990	11 100	22 100	34 300	49 000	79 100
1991	10 400	21 500	33 300	46 900	77 500
1992	10 700	21 400	33 600	47 600	76 800
1993	10 500	20 700	32 600	45 500	74 000
1994	10 700	20 900	32 900	46 600	76 100
1995	10 400	20 700	32 200	46 100	76 300
1996	10 300	20 800	32 200	46 100	77 100
1997	9 100	20 600	31 500	46 200	80 000
1998	10 200	21 300	31 900	46 300	81 000
1999	10 700	22 200	33 800	47 700	81 600
2000	10 600	22 300	33 800	48 800	86 200
2001	11 200	23 200	35 000	50 400	90 700
2002	11 800	23 700	35 400	50 500	91 400
2003	11 600	23 700	35 400	50 600	89 400

en %	Quintile inférieur	Deuxième quintile	Troisième quintile	Quatrième quintile	Quintile supérieur
1989	5,9	11,7	18,1	24,7	39,6
1990	5,7	11,3	17,6	25,0	40,4
1991	5,5	11,3	17,6	24,8	40,8
1992	5,7	11,2	17,7	25,0	40,4
1993	5,7	11,3	17,5	24,9	40,5
1994	5,7	11,2	17,6	24,9	40,7
1995	5,6	11,2	17,3	24,8	41,1
1996	5,5	11,1	17,3	24,8	41,3
1997	4,9	11,0	16,8	24,7	42,7
1998	5,4	11,1	16,7	24,3	42,5
1999	5,4	11,3	17,3	24,3	41,6
2000	5,3	11,0	16,7	24,2	42,7
2001	5,3	11,0	16,6	24,0	43,1
2002	5,5	11,1	16,6	23,7	42,9
2003	5,5	11,3	16,8	24,0	42,4

Le concept de revenu englobe les revenus que touche un résident du Canada ou qui sont pertinents aux fins de l'impôt sur le revenu au Canada.
Le revenu du marché est la somme des revenu d'emploi (provenant d'un travail salarié ou travailleur autonome (montant net)), du revenu de placements, du revenu de retraite (régime privé de pension) et des éléments compris dans autre revenu. Il correspond au revenu total moins les transferts gouvernementaux.
Le revenu total est le revenu de toute provenance (y compris les transferts gouvernementaux) avant déduction des impôts fédéral et provincial. Le revenu total est aussi appelé revenu avant impôt (mais **après transferts**).
Le revenu après impôt est le revenu total moins l'impôt sur le revenu.

Source : Statistique Canada, CANSIM tableau 202-0701.

DEUXIÈME PARTIE

Les défis du Québec de demain

Chapitre 5

L'avenir des finances publiques du Québec face aux changements démographiques

Éléments factuels sur la démographie

Mario Albert[1]

Avec la collaboration de
Nicolas Mazellier, Marc Sirois, Charles Duclos,
Simon Bergeron, Michel Dionne, Brigitte Dufort,
Sylvie Riopel et Geneviève Clément

Mise en contexte

Le Québec vit déjà des changements démographiques majeurs qui auront des répercussions importantes sur l'évolution de la société. En effet, si la démographie influence directement l'évolution de l'économie, elle influence également le financement et l'organisation des services publics.

---

[1] L'auteur est sous-ministre adjoint, Secteur de la politique budgétaire et de l'économique, ministère des Finances du Québec. Ce document n'engage pas le ministère des Finances.

Plusieurs pays industrialisés affichent les mêmes tendances démographiques que celles du Québec. Cependant, le Québec se distingue par la rapidité avec laquelle ces changements sont susceptibles de se produire et le peu de temps dont il disposera pour s'adapter.

Il est par conséquent essentiel de cerner les effets qu'aura l'évolution démographique, plus particulièrement sur l'activité économique et les finances publiques.

L'objectif du présent chapitre est ainsi de décrire les tendances démographiques et les conséquences qu'elles auront sur l'économie, le marché du travail et les finances de l'État.

1. La démographie du Québec

Des tendances lourdes

La démographie québécoise est avant tout caractérisée par trois tendances lourdes. Héritière de l'évolution sociale et économique du Québec, la situation démographique actuelle est le résultat d'une faible natalité et de mouvements migratoires peu favorables, mais aussi de l'allongement de l'espérance de vie.

La diminution de l'accroissement naturel : résultat d'une faible natalité

Le Québec compte actuellement plus de 7,5 millions d'habitants, le cap des 7 millions ayant été franchi en 1989. La croissance annuelle de la population s'est établie en moyenne à 2,1 % de 1935 à 1965, stimulée par l'avènement du baby-boom de l'après-guerre. Depuis, la croissance annuelle de la population a ralenti, pour avoisiner aujourd'hui 0,7 % en moyenne.

GRAPHIQUE 5-1
Population du Québec
(en nombre et variation en pourcentage)

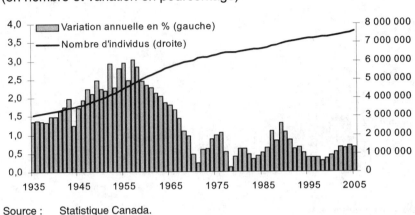

Source :   Statistique Canada.

L'augmentation de la population a découlé essentiellement de l'accroissement naturel[2], dont la contribution a été particulièrement forte entre 1945 et 1965 avant de graduellement ralentir depuis la fin des années 1980. L'accroissement naturel de la population est aujourd'hui cinq fois plus faible qu'à la fin des années 1950. Ainsi, l'évolution du solde migratoire représente maintenant une part de plus en plus significative dans la hausse totale de la population.

Ce phénomène s'explique par le fait que le Québec connaît depuis 1960 un déclin tendanciel du nombre de naissances alors que le nombre de décès ne cesse de croître.

Au cours des 50 dernières années, les naissances ont diminué de moitié au Québec, pour tomber à environ 75 000 en 2005. Le reste du Canada a également connu un fléchissement du nombre des naissances. Toutefois, celui-ci a été, toutes proportions gardées, de plus faible amplitude, de telle sorte que le poids des naissances en sol québécois a chuté dans l'ensemble du Canada. En 2005, le Québec comptait pour 22 % des naissances au Canada alors que son poids démographique au sein du Canada s'élevait à 23,5 %.

---

[2]   Le nombre de naissances réduit du nombre de décès.

GRAPHIQUE 5-2
Naissances, décès et accroissement naturel
(en nombre)

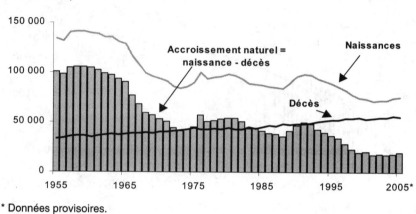

* Données provisoires.

Source :   Statistique Canada.

L'augmentation du nombre de décès est également en cause dans le ralentissement de l'accroissement naturel. Depuis quinze ans, le nombre de décès augmente régulièrement au Québec en raison du vieillissement de la population. En 1991, on comptait 48 000 décès par année contre plus de 55 000 en 2005.

L'indice synthétique de fécondité

Afin de connaître le nombre de naissances nécessaires au renouvellement de la population, on se réfère à l'indice synthétique de fécondité. Cet indice indique le nombre moyen d'enfants par femme âgée entre 15 et 49 ans. Au Québec, l'indice a atteint 1,99 naissance par femme en 1970, passant ainsi sous le seuil de renouvellement des générations qui est de 2,1.

GRAPHIQUE 5-3
Évolution de l'indice synthétique de fécondité au Québec
(nombre d'enfants par femme de 15 à 49 ans)

Source :   Statistique Canada.

Depuis 1970, l'indice synthétique de fécondité n'est jamais remonté au-dessus du seuil de renouvellement des générations. Au contraire, il a même continué à diminuer, pour se situer à 1,48 en 2003.

Aussi, on constate que la baisse de la natalité que connaît actuellement le Québec se produit dans la majorité des pays industrialisés. En effet, depuis les années 1950, on assiste à une baisse des taux de natalité dans les pays développés[3]. Néanmoins, l'indice de fécondité du Québec est l'un des plus faibles parmi les pays industrialisés.

Par ailleurs, la natalité dans les autres provinces canadiennes n'est guère plus élevée qu'au Québec, même si l'Île-du-Prince-Édouard, le Manitoba, la Saskatchewan et l'Alberta ont des indices de fécondité légèrement supérieurs. Au Canada, l'indice synthétique de fécondité a atteint 1,53 naissance par femme en 2003, ce qui est très similaire à celui du Québec.

---

[3]   Comprennent l'Europe (dont la Russie), les États-Unis, le Canada, l'Australie, la Nouvelle-Zélande et le Japon.

GRAPHIQUE 5-4
Indice synthétique de fécondité des pays industrialisés – 2003
(nombre d'enfants par femme de 15 à 49 ans)

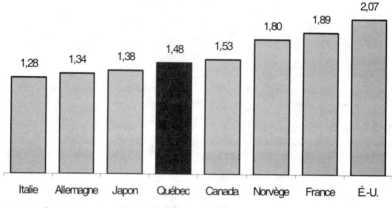

Sources :   Statistique Canada et Eurostat.

GRAPHIQUE 5-5
Indice synthétique de fécondité par province – 2003
(nombre d'enfants par femme de 15 à 49 ans)

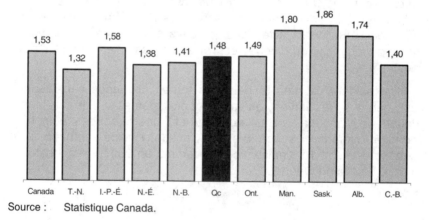

Source :   Statistique Canada.

De faibles variations de l'indice synthétique de fécondité peuvent avoir des répercussions importantes sur le nombre de naissances. Dans le cas du Québec, une hausse de l'indice de 1,48 à 2,1 représenterait quelque 35 000 nouvelles naissances chaque année. Il s'agit là d'une hausse de près de 50 % par rapport aux naissances récemment enregistrées.

Des mouvements migratoires peu favorables : résultat d'une émigration interprovinciale

Les faibles mouvements migratoires expliquent aussi la croissance plus lente de la population du Québec par rapport à celle de ses partenaires commerciaux.

Depuis 1962, des déficits dans les échanges migratoires interprovinciaux ont été enregistrés chaque année au Québec. En revanche, le solde international est toujours demeuré positif depuis 1972. Ces surplus ont généralement permis d'atténuer les déficits migratoires interprovinciaux et d'enregistrer des soldes migratoires nets positifs.

En outre, la migration nette est plus importante au Québec depuis quinze ans. Alors que la migration nette a été légèrement négative en moyenne au cours des décennies 1950 à 1980, un renversement important est constaté depuis 1991, avec une migration nette moyenne de près de 19 000 personnes annuellement.

Néanmoins, la part québécoise dans le solde migratoire international canadien est, depuis longtemps, beaucoup plus faible que le poids de la population du Québec. Ce phénomène persiste depuis au moins 1972.

À l'opposé, l'Ontario a le solde migratoire international le plus important parmi les provinces canadiennes. Depuis 1972, plus d'un immigrant sur deux choisit l'Ontario.

GRAPHIQUE 5-6
Soldes migratoires international et interprovincial du Québec
(en nombre)

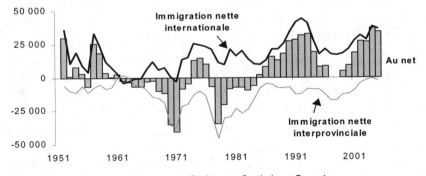

Sources :   Institut de la statistique du Québec et Statistique Canada.

Entre 2001 et 2005, l'Ontario a enregistré au net 56 % des mouvements migratoires au Canada, tandis que le Québec s'est contenté d'une proportion de 14 %. L'Ouest canadien, qui a attiré au net 30 % des migrants canadiens, est l'unique région canadienne à détenir en moyenne un solde migratoire interprovincial positif. Il convient de souligner que même l'Ontario perd des travailleurs attirés par la prospérité économique de l'Ouest, dont celle de l'Alberta.

TABLEAU 5-1
Mouvements migratoires des provinces canadiennes
(moyenne 5 ans, 2001-2005)

	International	Interprovincial	Total	
Maritimes	2 811	-5 022	-2 211	-1 %
Québec	34 234	-3 388	30 846	14 %
Ontario	121 825	-2 333	119 492	56 %
Ouest	53 787	11 099	64 886	30 %
Canada*	212 773	-	212 773	

* Comprend les trois territoires.

Sources :   Institut de la statistique du Québec et Statistique Canada.

En somme, comparé au reste du Canada, le Québec, en matière de démographie, se caractérise par sa faible natalité mais surtout par ses faibles mouvements migratoires. Cependant, les mouvements migratoires contribuent davantage à l'accroissement démographique au Québec depuis une quinzaine d'années.

Un allongement de l'espérance de vie

Par ailleurs, même si la hausse de l'espérance de vie contribue positivement au maintien de la population québécoise, elle favorise aussi son vieillissement.

En 2003, l'espérance de vie à la naissance était estimée à 77,1 ans pour les Québécois et à 82,5 ans pour les Québécoises. Depuis 1961, on estime les gains d'espérance de vie à la naissance à près de dix ans tant pour les hommes que pour les femmes.

Conjugué à la baisse des naissances, l'allongement de l'espérance de vie a entraîné une augmentation de l'âge moyen au Québec. En 1971, l'âge moyen a atteint 29,9 ans. En 2001, il s'élevait à 38,4 ans. Cet accroissement de l'âge moyen sur une période de trente ans illustre bien le vieillissement graduel de la population au Québec.

GRAPHIQUE 5-7
Espérance de vie à la naisance
(nombre d'années)

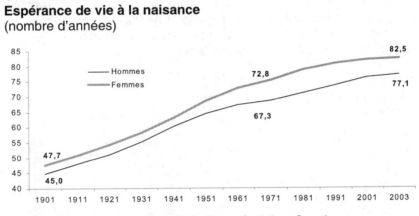

Sources :   Institut de la statistique du Québec et Statistique Canada.

Les scénarios de l'Institut de la statistique du Québec

Au printemps 2004, l'Institut de la statistique du Québec (ISQ) a publié plusieurs scénarios de projections couvrant la période 2001-2051. Parmi eux, le scénario dit « de référence » est celui qui reflète le mieux les tendances lourdes que nous venons de voir.

L'objectif de l'utilisation de ce scénario n'est pas de prédire l'avenir, mais de fournir une certaine mesure des incidences des changements démographiques sur l'économie ainsi que sur les finances publiques du Québec si les tendances se maintenaient.

Plus précisément, le scénario démographique de référence de l'ISQ table sur de légers ajustements des tendances lourdes de la démographie québécoise présentées précédemment :

- une remontée de l'indice synthétique de fécondité à 1,5 enfant par femme, comparativement à 1,47, entre 2000 et 2003;
- une poursuite de la hausse de l'espérance de vie à la naissance;
- un solde migratoire net positif d'environ 19 000 individus par année, soit un solde légèrement supérieur à la moyenne des 15 dernières années, qui était de plus de 16 000 individus.

Le déclin attendu de la population

Selon le scénario démographique de référence de l'ISQ, le rythme d'augmentation de la population devrait diminuer rapidement au cours de la période 2005-2051. Ce ralentissement de la croissance de la population mènerait même, à compter de 2032, à une diminution de la population, de telle sorte qu'en 2051, la population du Québec risque d'être à peine supérieure à celle d'aujourd'hui.

GRAPHIQUE 5-8
Projection de la population au Québec
(en nombre)

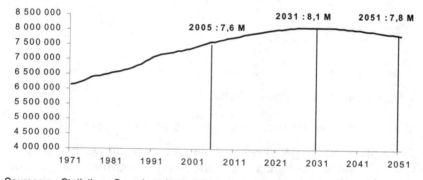

Sources :   Statistique Canada et Institut de la statistique du Québec.

Le Québec continuerait à faire face à long terme à une baisse tendancielle du nombre de naissances mais, aussi, à un nombre croissant de décès. En fait, les décès pourraient presque doubler entre 2005 et 2051, passant de plus de 55 000 à plus de 103 000.

Ainsi, à compter de 2021, le nombre des décès devrait excéder celui des naissances. Cela fera en sorte que l'accroissement naturel de la population québécoise deviendra de plus en plus négatif et que l'augmentation de la population du Québec serait, dès lors, entièrement tributaire des flux migratoires.

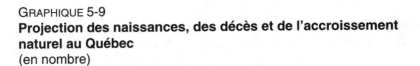

GRAPHIQUE 5-9

Projection des naissances, des décès et de l'accroissement naturel au Québec

(en nombre)

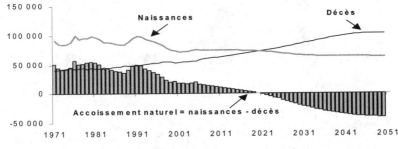

Sources :   Statistique Canada et Institut de la statistique du Québec.

Jusqu'en 2031, l'anticipation d'un solde migratoire net total positif d'environ 19 000 individus par année permettra à la population du Québec de continuer à croître. Après cette date, l'apport du solde migratoire ne sera plus suffisant et la population devrait commencer à baisser. Ainsi, le nombre d'habitants devrait atteindre un sommet en 2031, avec une population de 8,1 millions, soit 510 000 personnes de plus qu'actuellement. En 2051, la population du Québec serait de 7,8 millions, c'est-à-dire seulement 300 000 de plus qu'actuellement.

Un ralentissement de la croissance de la population plus prononcé qu'ailleurs

Le ralentissement de la croissance de la population que devrait connaître le Québec sera observé aussi dans d'autres pays industrialisés. Néanmoins, par son ampleur, le ralentissement du Québec risque de s'apparenter davantage à celui du Japon et de certains pays d'Europe.

La croissance de la population de nos principaux partenaires commerciaux, c'est-à-dire le reste du Canada et les États-Unis, devrait également ralentir légèrement. Toutefois, ces juridictions devraient être en mesure d'éviter un déclin de leur population.

GRAPHIQUE 5-10

Croissance de la population de partenaires commerciaux
(variation annuelle en pourcentage, scénario de base)

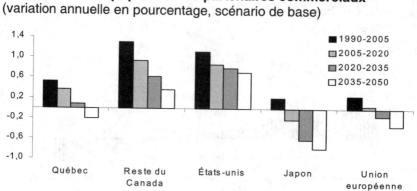

Sources :   Institut de la statistique du Québec, Statistique Canada, US Census Bureau
et Organisation des Nations unies.

Un vieillissement qui s'accélérera et qui sera plus rapide qu'ailleurs

Le ralentissement tendanciel de la croissance de la population québécoise s'accompagnera d'un vieillissement de la population. En effet, la proportion des 65 ans ou plus, qui est de 13,8 % en 2005, frôlera 30 % en 2051, alors qu'elle était inférieure à 5 % en 1931.

Ce phénomène s'explique, en partie, par l'allongement de l'espérance de vie de l'ensemble de la population et par les cohortes issues du baby-boom, qui, à compter de 2011, franchiront la barre des 65 ans. Le vieillissement de la population ressort clairement lorsque l'on examine l'évolution des grands groupes d'âge.

Le scénario de référence prévoit un déclin de la population des jeunes au rythme d'environ 8 000 individus par an, au cours des 50 prochaines années. Le nombre de jeunes de moins de 20 ans au Québec pourrait ainsi passer de 1,8 million, qu'il était en 2001, à 1,4 million en 2051.

Pour les personnes âgées, ce serait le phénomène inverse. On constate déjà une augmentation à peu près constante de leur nombre depuis 1961. Sous l'influence de la génération des baby-boomers, la croissance du nombre de personnes âgées devrait s'accélérer jusqu'en 2031. Plus d'un million de personnes ont déjà rejoint les rangs des 65 ans ou plus. En 2027, ce chiffre devrait avoir doublé.

GRAPHIQUE 5-11
Proportion des 65 ans ou plus dans la population québécoise
(en pourcentage)

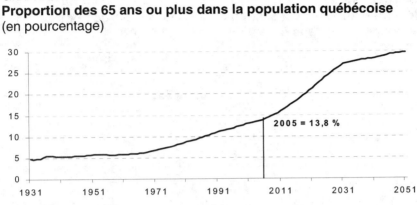

2005 = 13,8 %

Source :   Institut de la statistique du Québec.

Par ailleurs, le vieillissement de la population a commencé à se manifester plus tardivement au Québec que dans d'autres pays industrialisés. Avant 1997, la part des 65 ans ou plus a toujours été moindre au Québec que dans le reste du Canada, surtout en raison de la natalité québécoise plus forte par le passé. La part des 65 ans ou plus au Québec a atteint 12 % en 1996, et 13,8 % en 2005.

Toutefois, puisque le renouvellement de la population québécoise a ralenti considérablement, le vieillissement de la population sera alors plus rapide au Québec. Si la tendance se maintient, la part des 65 ans ou plus dans la population doublera, passant de 12 % à 24 % :

• en 29 ans au Québec;
• en 40 ans dans le reste du Canada;
• en 62 ans en Allemagne;
• en plus de 62 ans aux États-Unis;
• en 68 ans en France.

Parmi les pays industrialisés, seul le Japon connaîtra un vieillissement plus rapide que le Québec, alors que la part des 65 ans ou plus dans la population passera de 12 % à 24 % en 22 ans.

GRAPHIQUE 5-12
Nombre d'années nécessaires pour que la proportion des personnes de 65 ans ou plus passe de 12 % à 24 %
(en années)

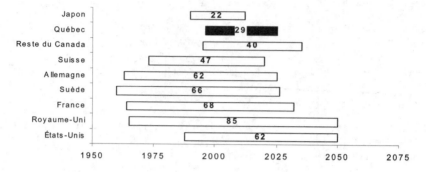

Sources :   Institut de la statistique du Québec et Organisation des Nations unies.

2. Les conséquences sur le marché du travail et l'économie

Les changements démographiques importants qui sont susceptibles de se produire au Québec pourraient avoir un effet négatif sur la croissance économique.

En effet, le vieillissement, puis la décroissance de la population entraîneraient une diminution de la population en âge de travailler, ce qui risque de se solder par un ralentissement de la croissance économique.

La démographie, source de ralentissement de la croissance économique

Afin de mieux comprendre les répercussions probables de la démographie sur la croissance du PIB réel, il convient de décomposer la croissance économique en contributions provenant des facteurs suivants :

* la productivité, c'est-à-dire le rendement économique de chaque travailleur;
* la variation du taux d'emploi, c'est-à-dire la variation du nombre de travailleurs en fonction de la population active;

- la variation de la population active ou encore du taux d'activité, c'est-à-dire la variation de la population active en fonction de la population âgée de 15 ans ou plus;
- la variation de la population de 15 ans ou plus.

GRAPHIQUE 5-13
Principales composantes du PIB réel
(en pourcentage)

$$\text{PIB} = \text{Productivité} + [1 - \text{taux de chômage}] + \text{Taux d'activité} + \text{Profil démographique}$$

$$\text{PIB} = \frac{\text{PIB}}{\text{Travailleurs}} + \frac{\text{Travailleurs}}{\text{Pop. active}} + \frac{\text{Pop. active}}{\text{Pop. 15 ans ou plus}} + \text{Pop. 15 ans ou plus}$$

Source :   Ministère des Finances du Québec.

Au cours des vingt dernières années, l'évolution du profil démographique et de la productivité ont été les deux éléments qui ont eu le plus d'incidence sur la croissance économique.

Plus précisément, le profil démographique et la productivité ont ajouté chacun 0,9 point de pourcentage à la croissance économique entre 1981 et 2005, laquelle s'est établie à 2,1 % en moyenne.

Toutefois, dans les années à venir, la démographie ne sera plus source de croissance économique, mais plutôt source de diminution de la croissance du PIB réel. La décroissance de la population québécoise fera en sorte que le bassin de travailleurs potentiels, ou la population en âge de travailler, diminuera à moyen terme.

La taille du bassin de travailleurs potentiels ou la population en âge de travailler peut être mesurée à partir de deux indicateurs :

- un indicateur plus large qui comprend la population âgée de 15 ans ou plus;
- un indicateur plus restreint qui comprend la population âgée de 15 à 64 ans.

GRAPHIQUE 5-14
Évolution de la population du Québec en âge de travailler
(nombre de personnes)

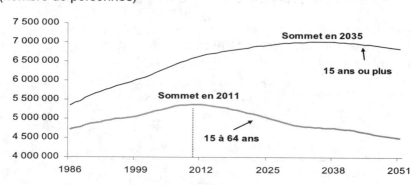

Source :   Institut de la statistique du Québec.

Selon le scénario de référence de l'ISQ, la population de 15 ans ou plus devrait atteindre un sommet en 2035 et diminuer par la suite. Le Québec ne pourra donc plus compter sur une augmentation de la population en âge de travailler pour alimenter sa croissance économique. Il convient de souligner que la projection des personnes âgées de 15 ans ou plus prend en compte tous les travailleurs potentiels dont les plus âgés, ceux de 65 ans ou plus, qui, à l'heure actuelle, sont très peu présents sur le marché du travail.

Une approche plus conservatrice serait de considérer seulement la population des 15-64 ans. Celle-ci connaîtrait un sommet dès 2011, ce qui se traduirait par un effet à la baisse plus important sur la croissance économique. En effet, entre 2011 et 2051, la population des 15-64 ans chuterait de près d'un million d'individus.

Pour mesurer l'ampleur du défi démographique qui attend le Québec, il convient d'estimer isolément l'impact négatif des changements démographiques à venir sur la croissance du PIB réel.

Un tel exercice ne prend donc pas en compte les autres facteurs économiques qui réagiront au nouveau contexte démographique et qui compenseraient, du moins en partie, le choc démographique. Les principaux facteurs compensatoires sont le taux de chômage, le taux d'activité et la croissance de la productivité, qu'on suppose constants.

Dans un tel contexte, l'évolution attendue du profil démographique retrancherait 1,4 point à la croissance économique de

1981-2005 à 2041-2050. Ainsi, au cours de la décennie 2040, la croissance annuelle du PIB réel ne s'élèverait qu'à 0,7 % en moyenne.

GRAPHIQUE 5-15

Projection de la croissance du PIB réel sans facteurs compensatoires
(en pourcentage)

1981-2005	2006-2010	2011-2020	2021-2030	2031-2040	2041-2050
2,1	1,8	1,3	1,1	0,9	0,7

Source :   Statistique Canada.

La progression de l'emploi et de la productivité pourrait compenser le déclin démographique

Néanmoins, les déterminants reliés à l'emploi et à la production pourraient limiter l'impact du choc démographique sur l'économie.

Amélioration du marché du travail

Comme on l'a vu, les changements démographiques attendus pourraient entraîner des bouleversements sur le marché du travail. Le bassin de travailleurs plafonnera puis diminuera, ce qui tarira la source principale d'accroissement de la population active[4]. Les gains à ce chapitre ne pourront être faits qu'en puisant chez les inactifs[5].

À cet égard, la hausse de la scolarisation de ceux qui, aujourd'hui, ont entre 15 et 54 ans favorisera l'activité sur le marché du travail. De plus, les besoins grandissants de main-d'œuvre devraient créer des occasions d'emploi plus nombreuses. Ainsi, le taux d'activité des 15 à 54 ans, qui se situera en moyenne à 86 % dans la décennie 2000, devrait progresser davantage d'ici 2050.

---

[4]   Personnes âgées de 15 ans ou plus détenant ou cherchant un emploi.
[5]   Personnes à la retraite, aux études ou ne se cherchant pas d'emploi.

Enfin, la rareté de la main-d'œuvre, conjuguée à un contexte plus favorable au retour au travail des retraités, devrait exercer une pression à la hausse sur le taux d'activité des personnes âgées de 55 ans ou plus. En outre, les retraités seront de plus en plus instruits et en meilleure santé que leurs prédécesseurs. Mais surtout, leur espérance de vie s'allongeant, les personnes âgées se préoccuperont davantage de leurs revenus de retraite. Elles seront plus intéressées à rester plus longtemps sur le marché du travail ou à y retourner, et leur taux d'activité devrait par conséquent augmenter substantiellement.

Toutefois, puisque le taux d'activité des cohortes plus âgées restera inférieur à celui des plus jeunes, le premier groupe devenant plus nombreux dans l'avenir, le taux global d'activité ne progressera que de deux points d'ici 2050.

GRAPHIQUE 5-16
Taux d'activité chez les Québécois âgés de 15 ans et plus
(taux en pourcentage)

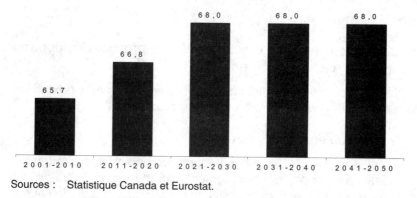

Sources :   Statistique Canada et Eurostat.

GRAPHIQUE 5-17
Un recul du taux de chômage est attendu
(taux en pourcentage)

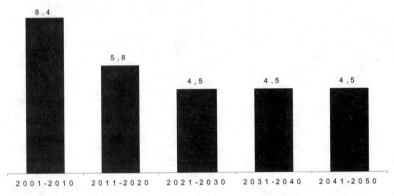

| 2001-2010 | 2011-2020 | 2021-2030 | 2031-2040 | 2041-2050 |

Source : Statistique Canada.

Au chapitre de l'emploi, la demande de travail étant toujours présente, les nouveaux emplois créés devraient réduire le nombre de chômeurs au cours des prochaines années. Il en résultera un taux de chômage qui diminuera rapidement dès le début des années 2010.

Cependant, la réduction graduelle du nombre de travailleurs potentiels incitera les entreprises à substituer le capital au travail. Ainsi, à compter de la décennie 2020, l'emploi cessera de croître plus rapidement que la population en âge de travailler. Cela devrait se traduire par la stabilisation du taux de chômage à 4,5 %.

À compter de 2035, la hausse du taux d'activité ne pourrait ainsi compenser la chute du nombre de personnes en âge de travailler. Par conséquent, sans fluctuation migratoire plus favorable, le nombre d'emplois dans l'économie pourrait même décliner en fin de période.

Accélération de la productivité

Aux prises à la fois avec la réduction du bassin de travailleurs et les pressions potentielles sur les salaires qui en découleront, avec une demande intérieure qui se modèrera et une pression sur les marchés extérieurs qui s'accentuera, les entreprises québécoises ne pourront rester compétitives qu'en améliorant la productivité du travail. Ainsi, elles opteront pour une utilisation accrue de machines et d'équipements en investissant davantage. Cela devrait entraîner une progression importante du stock de capital par travailleur.

Cette substitution accroîtra graduellement la productivité des travailleurs. Ainsi, alors que la production par emploi devrait progresser de 0,8 % annuellement de 2001 à 2010, elle devrait s'accroître deux fois plus rapidement dès la décennie 2030.

GRAPHIQUE 5-18
Une croissance constante du stock de capital par travailleur
(indice 2001 = 100)

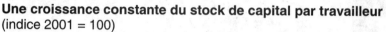
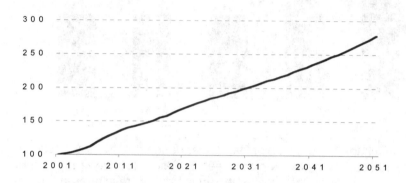

Sources :   Statistique Canada et ministère des Finances du Québec.

GRAPHIQUE 5-19
Un accroissement de la productivité du travail
(variation annuelle du PIB réel par travailleur, en pourcentage)

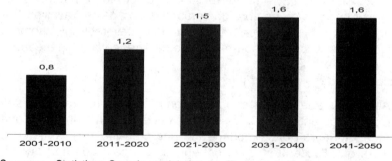

Sources :   Statistique Canada et ministère des Finances du Québec.

Une croissance économique qui pourrait néanmoins être réduite de 1 %

Malgré l'amélioration du marché du travail et l'accélération de la productivité, le ralentissement démographique attendu se répercutera sur la croissance du PIB réel, qui se modérera. La croissance du PIB réel estimée à 2,4 % pour les cinq prochaines années diminuerait ainsi de 1 %, pour passer à 1,4 % au cours de la décennie 2040.

GRAPHIQUE 5-20
Projection de la croissance du PIB réel
(en pourcentage)

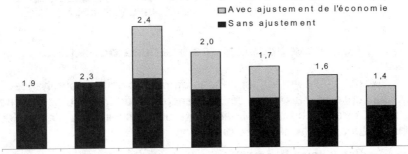

Sources :   Institut de la statistique du Québec et ministère des Finances du Québec.

Augmentation possible du nombre d'heures travaillées

Il faut toutefois préciser que, dans le cadre des simulations sur les effets de la contraction du bassin de main-d'œuvre sur la croissance économique, il n'a pas été tenu compte d'un possible revirement de la tendance à la baisse du nombre d'heures travaillées.

En effet, cette tendance, généralisée au Canada mais plus accentuée encore au Québec, pourrait s'inverser compte tenu de la rareté prévue de la main d'œuvre. Un tel revirement aurait pour effet de limiter le ralentissement appréhendé de la croissance économique.

TABLEAU 5-2
Semaine moyenne de travail
(en heures)

	Québec	Ontario	Canada	États-Unis
1976	35,5	34,8	35,3	36,4
1986	33,8	35,0	34,7	37,1
1996	33,8	35,0	34,8	37,5
2003	32,4	33,8	33,5	37,5

Sources :   Statistique Canada et Bureau of Labour Statistics (États-Unis).

3. Les conséquences sur les finances publiques

Comme on l'a vu, les tendances démographiques appréhendées sont susceptibles d'avoir des conséquences importantes sur le marché du travail et sur l'économie. Elles sont aussi susceptibles d'avoir des conséquences sur les finances publiques.

En effet, le ralentissement de la croissance économique aura des conséquences directes sur les revenus du gouvernement, dont le rythme de croissance diminuera. En parallèle, le gouvernement devra continuer à assurer le financement des services publics alors que les coûts liés à la santé et aux services sociaux seront en hausse en raison du vieillissement de la population.

Une croissance des revenus en baisse

De façon générale, sans modifications au régime fiscal, les revenus autonomes croissent à un rythme sensiblement similaire à celui du PIB nominal. Le vieillissement de la population aura donc des effets importants sur les revenus autonomes du gouvernement du Québec, en raison notamment du ralentissement de la croissance économique.

Les écarts constatés sur une base annuelle entre la croissance des revenus autonomes et le PIB sont généralement attribuables à l'effet des mesures fiscales. Par exemple, sur la période 2006 à 2010, les baisses d'impôt des particuliers annoncées dans les budgets 2004-2005, 2005-2006 et 2006-2007, ainsi que la réduction progressive de la taxe sur le capital jusqu'en 2010, viennent réduire la croissance des revenus en deçà de celle du PIB nominal.

Au-delà de cette période, la prévision étant faite en situation de *statu quo* fiscal et budgétaire, les revenus autonomes devraient augmenter sensiblement au même rythme que le PIB nominal. Après s'être établi à 3,8 % au cours des cinq prochaines années, celui-ci diminuera, pour passer de 3,1 % en 2011-2020 à 2,3 % en 2041-2050. Ainsi, la croissance annuelle des revenus autonomes devrait décliner de plus d'un point de pourcentage d'ici 2050.

GRAPHIQUE 5-21
Croissance des revenus autonomes et du PIB
(taux de croissance annuel moyen, en pourcentage)

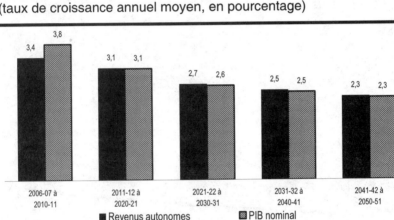

Source :   Ministère des Finances du Québec.

Par ailleurs, les projections prennent en compte certains facteurs qui viendront tempérer l'impact négatif de ce ralentissement et qui permettront de soutenir la progression des revenus autonomes.

Ainsi, les revenus de retraite (RRQ, RPC et autres transferts aux aînés) de même que le décaissement des REER, FERR et autres régimes de pensions agréés (RPA), seront plus élevés en raison de l'afflux de nouveaux retraités qui ont contribué davantage que leurs prédécesseurs à ces régimes. Cela contrebalancera en partie les effets négatifs d'une dépendance accrue aux revenus de retraite, qui sont généralement inférieurs aux revenus de travail.

Les résultats de prévisions indiquent que les cotisations à ces régimes de retraite augmenteront de 2 % en moyenne au cours de la période 2005-2050, ce qui tient compte de l'augmentation du salaire moyen et de la diminution du nombre de contributeurs. En revanche, les retraits faits à même ces régimes augmenteront de 3,8 % en moyenne au cours de cette période, compte tenu de l'arrivée massive de nouveaux retraités.

Ce phénomène, qui augmente de 0,1 % le rythme moyen de croissance annuelle de l'ensemble des revenus autonomes sur tout l'horizon de prévision, ne suffit cependant pas à infléchir son ralentissement.

GRAPHIQUE 5-22
Évolution des cotisations et des retraits aux régimes privés de retraite (REER et RPA)
(en milliards de dollars)

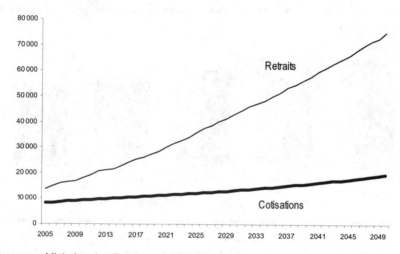

Source :   Ministère des Finances du Québec.

Une accélération de la croissance des dépenses

En parallèle, le rythme de croissance des dépenses de programmes devrait s'accélérer, notamment en raison de l'augmentation des dépenses en santé.

Santé

En effet, le vieillissement de la population accentuera les pressions sur les dépenses en santé, étant donné que les dépenses en santé par habitant augmentent avec l'âge et que la proportion de la population de 65 ans ou plus ira grandissant.

Plus précisément, selon l'Institut canadien d'information sur la santé (ICIS), la dépense moyenne par habitant en services de santé est :

- près de trois fois plus importante pour les personnes âgées entre 65 et 74 ans que pour celles âgées entre 45 et 64 ans;
- neuf fois plus élevée pour les personnes âgées de 85 ans ou plus que pour les personnes âgées entre 45 et 64 ans.

GRAPHIQUE 5-23
Dépenses moyennes en santé du gouvernement du Québec selon l'âge – 2003
(en millions de dollars)

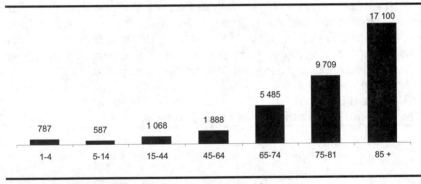

787	587	1 068	1 888	5 485	9 709	17 100
1-4	5-14	15-44	45-64	65-74	75-81	85 +

Source :   Institut canadien d'information sur la santé.

La corrélation entre l'âge et les coûts de santé s'explique, entres autres facteurs, par le nombre plus élevé d'actes médicaux que requiert la condition des personnes âgées. De plus, la consommation de médicaments s'accroît avec l'âge. Par ailleurs, la demande augmentera pour les services à domicile et les soins de longue durée reliés à la perte d'autonomie.

Ainsi, les dépenses en santé et en services sociaux seront celles qui augmenteront le plus rapidement au cours des prochaines années. Selon les projections, les dépenses sociosanitaires devraient croître en moyenne de 5,1 % annuellement pour les cinq prochaines années. Au cours des années suivantes, le rythme de croissance des dépenses en santé et en services sociaux devrait s'accélérer, pour avoisiner les 5,5 % en moyenne par année jusqu'en 2050.

Ainsi, alors qu'elles représentent actuellement 43 % des dépenses de programmes, les dépenses gouvernementales en santé et en services sociaux pourraient atteindre près de 75 % des dépenses de programmes d'ici 2050 si rien n'est fait pour corriger la situation.

Éducation

En éducation, la diminution prévue de plus de 100 000 élèves aux niveaux primaire et secondaire au cours des dix prochaines années entraînera une réduction de la pression sur les dépenses. Toutefois, ces économies pourraient être limitées.

En effet, malgré la baisse de 10 % de l'effectif scolaire entre 1980 et 2002, le nombre d'écoles n'a pas été réduit et le nombre d'élèves utilisant le transport scolaire a légèrement augmenté.

Par ailleurs, même si le nombre d'élèves diminue, les dépenses en éducation continuent à augmenter en raison de la croissance des dépenses par élève, s'expliquant notamment par la présence de coûts fixes devant être assumés par l'État et par la nécessité de maintenir des établissements scolaires sur l'ensemble du territoire québécois.

GRAPHIQUE 5-24
Effectif régulier au primaire et au secondaire

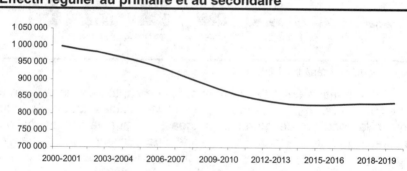

Source :   Ministère de l'Éducation, du Loisir et du Sport du Québec.

Il reste aussi qu'investir en éducation devient de plus en plus important pour soutenir la croissance de la productivité québécoise dans un contexte de globalisation des marchés et d'une économie de plus en plus axée sur le savoir.

Infrastructures publiques

L'État devra également investir dans les infrastructures publiques au cours des prochaines années. Les besoins en matière de transport, plus particulièrement pour le réseau routier et le transport en commun, sont en effet particulièrement importants puisqu'il faut remettre à niveau, sur un horizon de plusieurs années, les infrastructures construites dans les années 1960 et 1970.

D'autres infrastructures devront aussi être mises en place, puisque le vieillissement de la population devrait entraîner une demande accrue pour les logements et les transports adaptés.

Autres dépenses de programmes

Enfin, le gouvernement ne pourra laisser de côté ses autres grandes missions. Comme nous le savons, il devient de plus en plus important d'investir dans la protection de l'environnement ou dans le développement des régions par exemple.

Globalement, les autres dépenses de programmes, exception faite des dépenses en santé et en services sociaux, devraient croître à un rythme de 2,6 % jusqu'en 2010. Par la suite, le rythme de croissance de ces dépenses devrait ralentir et atteindre un niveau légèrement supérieur à 2 % jusqu'en 2050.

Un écart de plus en plus grand entre la croissance des revenus du gouvernement et celle des dépenses de programmes

En définitive, même si la croissance des autres dépenses de programmes devrait demeurer relativement stable, la croissance des dépenses de programmes totales sera de plus en plus importante, en raison des pressions exercées par le secteur de la santé.

Plus précisément, l'ensemble des dépenses de programmes devraient augmenter à un rythme de 3,7 % au cours des prochaines années. Par la suite, leur croissance devrait atteindre 3,9 % pour la période de 2011 à 2030 et 4,4 % pour les vingt années subséquentes.

Les projections révèlent ainsi qu'un écart prononcé s'établirait graduellement entre la croissance annuelle des revenus budgétaires, incluant les transferts fédéraux, et celle des dépenses de programmes.

Pour la période de 2006 à 2010, la croissance des dépenses de programmes devrait se maintenir au-dessus de celle des revenus budgétaires de 0,2 % par année, soit à 3,7 % en moyenne par année pour les dépenses, comparativement à 3,5 % pour les revenus budgétaires.

Par la suite, l'écart entre le rythme de croissance des revenus budgétaires et celui des dépenses de programmes devrait se creuser progressivement, pour atteindre 0,9 % par année au cours de la période de 2011 à 2030 et 1,9 % durant les vingt années subséquentes.

GRAPHIQUE 5-25
Pressions croissantes sur le cadre financier
(variation annuelle moyenne, en pourcentage)

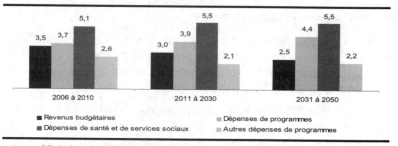

Source :   Ministère des Finances du Québec.

En somme, ces résultats démontrent l'importance pour le gouvernement de contrôler la croissance des dépenses en santé et de poursuivre une gestion rigoureuse des finances publiques.

Conclusion

Face aux tendances de la démographie québécoise et à leurs conséquences appréhendées, plusieurs actions ont déjà été entreprises, mais d'autres avenues restent encore à explorer.

En premier lieu, le gouvernement a mis en place diverses mesures en faveur des familles. L'objectif de 200 000 places à contribution réduite en garderie a été atteint, le régime québécois d'assurance parentale a été introduit et plusieurs mesures fiscales, comme le Soutien aux enfants qui offre aux familles une aide plus généreuse et universelle, ont été mises en place.

Par ailleurs, le gouvernement s'est fixé une cible exigeante en matière d'immigration avec une augmentation du nombre d'immigrants reçus qui devront être 48 000 en 2007. En parallèle, le gouvernement du Québec s'est engagé à mieux reconnaître la formation et les diplômes des personnes formées à l'étranger afin de leur permettre de mieux s'intégrer au marché du travail.

En outre, toutes les mesures prises au cours des trois dernières années en matière d'assainissement des finances publiques seront de nature à mieux préparer le Québec face au choc démographique attendu. En effet, aussi bien le maintien de l'équilibre budgétaire que la gestion serrée des dépenses ou encore la création du Fonds des générations destiné à réduire le poids de la dette, permettront au Québec, dans les prochaines années, de mieux s'adapter à sa réalité démographique.

Néanmoins, d'autres avenues restent encore à explorer. Dans le domaine de la natalité par exemple, il faut viser une hausse. Mais les facteurs qui influencent le choix d'avoir des enfants sont difficiles à cerner et il faut être conscient qu'une hausse de la natalité prend du temps à avoir des effets tangibles. Toutefois, la France, les pays scandinaves ou le Royaume-Uni, qui ont mis sur pied des politiques familiales généreuses, ont obtenu des résultats concrets avec une fécondité soutenue.

Enfin, en ce qui a trait aux finances publiques, une seule avenue s'offre au Québec : garder le cap sur la rigueur budgétaire. En effet, seule la poursuite d'une gestion serrée des dépenses et un contrôle des dépenses en santé permettront d'atténuer les conséquences attendues du choc démographique.

Chapitre 6

Des finances publiques sous haute tension

Luc Godbout[1]

Avec la collaboration de Suzie St-Cerny

Mise en contexte

Le budget du Québec 2006-2007 a annoncé la création du Fonds des générations[2], le débat qui a entouré sa création a permis de mettre en lumière la problématique du vieillissement de la population québécoise. Cette perspective doit amener le gouvernement du Québec le plus rapidement possible à envisager une politique de long terme en matière de finances publiques. L'analyse du passé récent et les appréhensions futures portent à croire qu'il y a une urgence d'agir. D'une part, parce que malgré la bonne croissance économique qui assure une augmentation soutenue des recettes fiscales québécoises depuis plus de 10 ans, l'atteinte de l'équilibre budgétaire demeure toujours précaire. D'autre part, parce que même sans être alarmiste, le vieillissement rapide que connaîtra la population québécoise au cours des prochaines années ne pourra qu'empirer cette situation pourtant déjà difficile.

---

[1] L'auteur est professeur à la Chaire de recherche en fiscalité et en finances publiques de la Faculté d'administration de l'Université de Sherbrooke.
[2] En réduisant le poids de la dette, il vise à améliorer l'équité envers les générations futures et à assurer la pérennité du financement des programmes sociaux.

Pour cela, la création du Fonds des générations constitue incontestablement une bonne nouvelle. Or, même une fois sa pertinence admise, pour être véritablement utile l'exercice nécessite qu'on détermine si les sommes que le gouvernement entend y consacrer seront suffisantes.

Comment le Québec en est-il arrivé là? Même si certains prétendent que le Québec n'est pas exempt de tout reproche dans sa gestion des dépenses publiques et qu'il est vrai qu'au cours des 10 dernières années le Québec s'est payé le « luxe » de nouveaux programmes spécifiques, pensons aux garderies à 7 $ et à l'assurance médicaments, cela n'explique pas tout. Le Québec, qui a la responsabilité constitutionnelle des principaux programmes de services à la population difficilement compressibles, a dû aussi jongler simultanément avec une pression soutenue sur certaines de ses dépenses — comme la santé — et une évolution de ses transferts fédéraux inférieure aux charges qu'ils sont censés combler[3].

Que nous réserve l'avenir?

1. Le portrait budgétaire du Québec

Le budget du Québec 2006-2007 prévoit l'équilibre budgétaire. Il est prévu que tant les dépenses que les recettes s'élèveront à près de 58 milliards de dollars. Du côté des recettes, environ les trois quarts représentent des recettes fiscales autonomes du gouvernement du Québec, 19 % constituent des transferts fédéraux alors que les sociétés d'État contribuent à la hauteur de 8 % aux recettes du Québec. Du côté des dépenses, le ministère de la Santé et des services sociaux accapare, à lui seul, 38 % du budget total. Au second rang, le poids du budget du ministère de l'Éducation est de 22 %. Mises ensemble, les dépenses pour la santé et pour l'éducation représentent près de 60 % des dépenses totales du Québec. En ajoutant à ces deux postes de dépenses les incontournables intérêts sur la dette qui représentent 12 %, il ne reste plus que 27,5 % pour couvrir l'ensemble des autres missions de l'État québécois.

De plus, non seulement, les dépenses pour la santé et pour l'éducation sont importantes, mais il faut également préciser qu'elles augmentent généralement plus vite que la croissance économique.

---

[3]   Voir M. Joanis, « Un test crucial pour les institutions du fédéralisme canadien » [chapitre 12 du présent ouvrage], où le fédéralisme canadien est abordé plus en détail.

L'année en cours ne fait pas exception. Alors que la croissance du PIB devrait atteindre 4,1 % en 2006-2007, le budget du ministère de la Santé et des services sociaux[4] augmente de 6,3 % et celui de l'Éducation de 5,4 %. Cependant, les autres ministères voient, eux, leurs dépenses compressées de 0,2 %. Ces chiffres révèlent que tous les efforts du gouvernement québécois sont consacrés à la santé et à l'éducation.

En l'espace de 4 ans, le budget de la santé est passé de 17,8 milliards de dollars en 2002-2003 à 22,1 milliards de dollars en 2006-2007. Il s'agit de 4,3 milliards de dollars de plus annuellement qui est consacré au budget de la santé. De son côté, l'éducation a vu son budget augmenter de 11,1 milliards de dollars à 12,8 milliards de dollars au cours de la même période. Entre 2002-2003 et 2006-2007, la santé et l'éducation ont accaparé plus de 88 % de la hausse des dépenses de programmes du Québec. Toutes les autres missions de l'État québécois, que l'on pense notamment à l'aide sociale, au développement économique, à l'environnement, à la sécurité publique ou encore au transport, ont dû se partager le 12 % restant. Tôt ou tard, ces autres ministères auront aussi besoin de sommes additionnelles pour remplir leurs missions.

Pour assurer la pérennité de certains programmes publics, pensons à la santé, dans un contexte de vieillissement de la population, les sommes peuvent provenir d'une réallocation budgétaire entre les différents ministères ou encore d'un désengagement partiel de l'État à l'égard de certains services publics, d'un recours aux déficits et à l'endettement ou encore à l'augmentation des impôts et taxes[5]. Dans tous les cas, il s'agit de choix douloureux.

2. Le vieillissement de la population au Québec et les finances publiques du Québec

À la lumière du chapitre 5 de Mario Albert portant sur les changements démographiques qui a déjà permis de constater que la pyramide des âges se transformera rapidement et qu'elle aura des impacts importants sur l'économie québécoise, la présente section

[4] Pour le reste du chapitre, lorsqu'on mentionne le budget de la santé, les données comprennent la santé et les services sociaux.
[5] Pour y voir plus clair à l'égard d'une fiscalité accrue, le chapitre 7 du présent ouvrage portera spécifiquement sur le fardeau fiscal au Québec et notre positionnement en regard de la moyenne du G7 et de l'OCDE.

cherche à illustrer les effets du vieillissement de la population tant sur la structure des recettes que sur la structure des dépenses. Dans un contexte où le choc démographique est inévitable et qu'il aura des effets négatifs sur les revenus autonomes du Québec et qu'il générera des pressions à la hausse sur ses dépenses, il est facile d'anticiper une détérioration imminente des finances publiques québécoises. Ainsi, on peut se poser de légitimes questions : D'où proviendra l'argent? Sommes-nous en train de confiner les générations futures à des déficits chroniques? Sommes-nous en train de transférer la facture des services publics futurs à nos enfants? Est-il juste que ces derniers aient à assumer un fardeau fiscal nettement plus élevé pour simplement être en mesure de conserver les services à leur niveau actuel de qualité, sans bonification aucune?

Pour illustrer les impacts du vieillissement de la population du Québec sur les recettes et les dépenses, les données budgétaires de 2004 sont utilisées. À l'aide de ces données, l'analyse cherche à illustrer les effets du vieillissement de la population québécoise en maintenant les autres paramètres inchangés. Pour situer nos calculs, seules la population québécoise et la pyramide des âges établie selon le scénario de référence de l'Institut de la statistique du Québec varient selon les perspectives démographiques du Québec[6]. Avec cet exercice, nul besoin de comparer des dollars d'aujourd'hui avec des dollars de demain, ni procéder à une série d'hypothèses sur la croissance économique ou sur l'évolution du marché de travail. Les résultats obtenus permettent d'observer l'impact qu'aurait eu sur le budget du Québec de 2004 l'application des perspectives démographiques du Québec jusqu'en 2051.

Quoi qu'il en soit, les résultats exposés ne constituent pas des prévisions de ce qui va se produire dans les années à venir, ni même de ce qui se serait produit en 2004 avec une population plus vieille. Pour que ces résultats se concrétisent, il faudrait supposer que les gouvernements n'entreprennent aucune action pour infléchir les tendances escomptées. Or, cette hypothèse n'est pas réaliste. L'objectif du présent exercice n'est donc pas de prédire l'avenir.

Toutefois, l'exercice reste tout à fait pertinent, car malgré sa simplicité, il n'est pas simpliste pour autant. Il permet d'illustrer l'ampleur de l'incidence qu'auront les changements démographiques

---

[6] Québec, Institut de la statistique du Québec, *Perspectives démographiques, Québec et régions, 2001-2051*, édition 2003.

sur les finances publiques du Québec, afin que tous saisissent bien le défi qui attend le Québec avec le vieillissement de la population.

Cela dit, examinons les résultats obtenus.

Comme on peut s'en douter, une population plus vieille implique moins de gens qui travaillent. Alors, en conservant les revenus de travail actuellement gagné par groupe d'âge et en appliquant la pyramide des âges de 2031, le tableau 6-1 indique qu'en 2004, il y aurait eu 9,1 milliards de dollars de moins en revenu de travail à imposer au Québec. Avec la pyramide de 2051, la diminution des revenus de travail imposé au Québec aurait été de 17 milliards de dollars. *A contrario*, une population plus vieille implique plus de retraités. Ainsi, en conservant les revenus des régimes privés de retraite nets des cotisations actuellement gagnés et en leur appliquant encore une fois la pyramide des âges de 2031, il aurait eu, en 2004, 9,3 milliards de dollars de plus en revenus de retraites à imposer au Québec. Avec la pyramide de 2051, l'augmentation des revenus de retraites nets des cotisations aurait été de 11 milliards de dollars.

En appliquant la pyramide des âges future à la structure des revenus de travail et de retraite, on constate que l'augmentation des revenus de retraite semble compenser totalement la diminution des revenus de travail avec la pyramide de 2011, de 2021 et de 2031. Pour la pyramide de 2041 et 2051, l'augmentation des revenus de retraite ne compense que partiellement la diminution des revenus de travail. Ainsi, malgré le stock imposant amassé par les contribuables dans leurs régimes d'épargne retraite, qui de toute évidence constituera une source future de revenus pour les gouvernements, il ne compenserait pas complètement pour la diminution des revenus de travail. De plus, il faut savoir que le rendement de l'impôt varie selon l'âge des contribuables. Selon les statistiques fiscales de 2003, le taux moyen d'imposition au Québec des contribuables âgés de 20 à 64 ans est significativement supérieur au taux d'imposition des contribuables de 65 ans et plus.

Alors, non seulement l'augmentation des revenus de retraite ne compense pas complètement pour la diminution des revenus de travail selon les années choisies, mais les recettes fiscales qu'elles génèrent sont plus faibles. Quoi qu'il en soit, en appliquant les taux d'imposition sur les revenus de travail et de retraite, on constate un léger manque à gagner de moins de 300 millions de dollars avec la pyramide des âges de 2031 et de moins d'un milliard de dollars avec la pyramide de 2051. Même si ces sommes sont, certes, importantes, ce manque à gagner demeure gérable. Ce n'est donc pas vraiment du côté de l'impôt sur le revenu que le problème du vieillissement de la population se pose[7].

TABLEAU 6-1

Évolution des revenus d'emploi et des revenus de retraite basée sur la pyramide des âges projetée et en supposant que les revenus moyens par groupe d'âge demeurent égaux à ceux de 2003
(en milliards de dollars)

	Revenus d'emplois et de profession	Revenus de REER et de RPA moins cotisations REER et RPA	Total
Population de 2004	120,6	4,4	125,1
Population de 2011	121,7	7,1	128,8
Population de 2021	116,8	11,5	128,3
Population de 2031	111,5	13,7	125,3
Population de 2041	108,1	14,9	123,1
Population de 2051	103,5	15,4	118,9
Variations			
2031-2004	-9,1	9,3	0,2
2051-2004	-17,1	11,0	-6,1

Note :   Nos calculs à partir de statistiques fiscales des particuliers pour l'année d'imposition 2003 du ministère des Finances du Québec et des données sur la population du scénario de référence de l'Institut de la statistique du Québec.

Du côté des dépenses, les résultats sont moins encourageants. L'application de la pyramide des âges future montre que les pressions accrues sur les dépenses proviendront notamment de la plus grande importance de la population âgée.

Pour les dépenses de santé, le ratio de dépendance plus élevé envers les personnes âgées implique que les dépenses en santé par habitant augmenteront. Pour cela, il faut savoir qu'en 2003, selon les données de l'Institut canadien d'information sur la santé[8], les dépenses moyennes en santé sont près de trois fois plus importantes

---

[7]   Toutefois, il faut noter ici que l'impact sur les autres revenus fiscaux du gouvernement n'a pas été pris en compte. Car s'il y a moins de revenu de travail, c'est qu'il y aurait moins de travail tout court et donc moins d'activités économiques. Pris intégralement, c'est l'ensemble des recettes fiscales qui pourrait diminuer. Ici, seul l'impôt sur le revenu a été considéré.
[8]   Canada, Institut canadien d'information sur la santé, *Tendances des dépenses nationales de santé, 1975 à 2005*, Ottawa, 2005.

pour le groupe des 65-74 ans (5 485 $) que pour le groupe des 45-64 ans (1 888 $). Pour les personnes âgées de 85 ans et plus, elles sont huit fois plus importantes (17 100 $). Incontestablement, le vieillissement de la population a un lien direct avec les coûts de la santé. Évidemment, il y aura une demande accrue de services à domicile et de soins de longue durée. On note aussi une croissance anticipée de la demande de certains services médicaux. À cet égard, le vieillissement de la population augmenterait, par exemple, la demande de services pour la gériatrie de 161 % lorsqu'on compare 2051 à 2004[9].

Ainsi, le tableau 6-2 montre qu'en appliquant les dépenses de santé actuelles selon les groupes d'âge et en faisant uniquement appliquer la pyramide des âges future, le budget de la santé augmente rapidement avec le vieillissement de la population. Avec la structure de dépenses de 2004 et la pyramide des âges de 2031, le budget de la santé aurait été de 31,9 milliards de dollars au lieu de 20,1 milliards de dollars. Les 11,8 milliards de dollars de plus en dépenses de santé représentent une hausse de 58,7 %, entièrement liés aux perspectives démographiques. En appliquant la pyramide des âges de 2051 à la structure de dépenses de 2004, la hausse serait encore plus marquée avec 16 milliards de dollars de plus. Encore une fois, il faut rappeler que la présente analyse n'applique que des changements d'ordre démographique, ne sont nullement considérés l'ajout de nouvelles technologies, l'arrivée de nouveaux médicaments ou encore la meilleure rémunération attendue par le personnel de la santé.

En contrepartie, une population plus vieille impliquerait, théoriquement, moins de dépenses en éducation. Toutefois, il faut mentionner qu'il est loin d'être évident que les économies potentielles en éducation liées à un effectif scolaire plus faible se matérialiseront. Deux éléments justifient cette remarque. Premièrement, plusieurs disent que c'est dans l'économie du savoir que le Québec doit se positionner pour faire face à la mondialisation. Cela nécessite une main-d'œuvre qualifiée. Deuxièmement, certains coûts fixes, comme l'entretien et le chauffage des immeubles scolaires, ne diminuent guère, même lorsqu'ils ne sont pas remplis à pleine capacité.

---

[9] Nos calculs à partir des données de l'ISQ et des données fournies par la Direction de la main-d'œuvre médicale de la Direction générale des services de santé et médecine universitaire du ministère de la Santé et des Services Sociaux du Québec.

En conservant les dépenses en éducation actuelles par groupe d'âge[10] et en appliquant la pyramide des âges de 2031, le tableau 6-2 montre en 2004 que le budget de l'éducation aurait été de 9,6 milliards $ au lieu de 11,1 milliards de dollars. Les 1,5 milliard de dollars en dépenses en éducation représenteraient une économie de 13,5 %, entièrement liés au vieillissement de la population. Avec la pyramide de 2051, la diminution serait encore plus marquée avec 2,6 milliards de dollars de plus.

La logique est la même pour les coûts des services de garde. L'évolution des coûts futurs est basée sur la somme de 1,4 milliard de dollars que le gouvernement du Québec a alloué en 2004 aux services de garde, qui est divisée par la population du Québec âgée de 0 à 4 ans. En utilisant ce coût par enfant d'âge préscolaire en 2004 et en appliquant la pyramide des âges de 2031, l'économie aurait été de 100 M$ en 2004. Avec la pyramide de 2051, l'économie aurait été de 174 M$.

Du côté des autres dépenses, même si le coût de ces dépenses n'est pas relié au vieillissement démographique, il fluctue néanmoins dans le temps. Bien sûr, certains de ces postes peuvent faire l'objet de compression. Toutefois, d'autres sont appelés à prendre de l'importance dans les années à venir, pensons notamment à l'environnement et au développement durable. En conséquence, les autres dépenses demeurent inchangées par habitant. L'augmentation de la population en appliquant la pyramide des âges de 2031 entraîne en 2004 une pression sur les dépenses de 1 milliard de dollars et de 591 millions de dollars avec la pyramide de 2051.

---

[10] En vue d'estimer le coût par enfant en âge d'aller à l'école, nous avons divisé le budget des commissions scolaires par la population du Québec âgée entre 0 à 14 ans. Du côté du coût par étudiant, nous avons utilisé le budget que le gouvernement du Québec consacre aux études postsecondaires auquel nous avons ajouté l'enveloppe de l'aide financière. Afin de déterminer le coût par étudiant pour les études postsecondaires, la somme obtenue a été divisée par la population du Québec ayant entre 15 et 24 ans.

TABLEAU 6-2

Évolution des dépenses pour le gouvernement du Québec basée sur la pyramide des âges projetée et en supposant que les coûts par habitant demeurent égaux à ceux de 2004-2005
(en millions de dollars)

	Santé	Éducation	Service de garde	Autres dépenses	Total
Population de 2004	20 071	11 148	1,4	14 170	45 391
Population de 2011	22 760	10 533	1,4	14 621	47 915
Population de 2021	27 030	9 901	1,4	15 087	52 020
Population de 2031	31 918	9 624	1,3	15 261	56 805
Population de 2041	35 393	9 126	1,2	15 093	59 612
Population de 2051	36 313	8 747	1,2	14 744	59 805
Variations					
2031-2004	11 847	-1 524	-0,1	1 091	11 414
2051-2004	16 242	-2 401	-0,2	574	14 414

Note :   Nos calculs à partir des dépenses de santé par habitant selon l'âge de l'Institut canadien d'information sur la santé, du budget de dépenses des ministères du gouvernement du Québec et des données sur la population québécoise selon le scénario de référence de l'Institut de la statistique du Québec.

Globalement, on aurait observé un manque à gagner en 2004 de 11,6 milliards de dollars avec la pyramide des âges qu'on aura dans 25 ans et de 15,2 milliards de dollars avec la pyramide des âges de 2051. Mis en proportion du budget global de 2004, le manque à gagner équivaut à 21,5 % en appliquant la pyramide des âges de 2031 et grimpe jusqu'à 28,1 % avec celle de 2051. Heureusement, le présent exercice ne tient pas compte des adaptations possibles de l'économie québécoise. Dans ce contexte, il est permis d'espérer que les effets du choc démographique seront moins grands notamment si la productivité des entreprises s'améliore et si le taux d'activités des travailleurs augmente pour tous les groupes d'âge y compris les 55 ans et plus.

Quoi qu'il en soit, ces sommes sont considérables. Pour avoir un aperçu de leur ampleur, elles peuvent être illustrées de deux manières : le manque à gagner est entièrement comblé par une diminution des autres dépenses ou le manque à gagner est entièrement comblé par une hausse des impôts.

Si en 2004, les autres dépenses avaient été coupées de 11,6 milliards $ pour équilibrer le budget lié à l'application de la pyramide des âges de 2031 aux structures de recettes et de dépenses de 2004, l'élimination de la totalité des autres dépenses gouvernementales (les affaires municipales, l'agriculture, la culture, le développement économique, l'environnement, la famille, l'immigration, la justice, les relations internationales, les ressources naturelles, la sécurité publique, le tourisme, le transport et le travail) n'aurait pas suffi pour garder intact les budgets de la santé, de l'éducation et de l'aide sociale.

Si au lieu de couper dans les dépenses, le choix avait été fait d'absorber les 11,6 milliards de dollars liés à l'application de la pyramide des âges de 2031 aux structures de recettes et de dépenses de 2004 par une hausse de la fiscalité, doubler le taux de la TVQ de 7,5 % à 15 % n'aurait pas été suffisant. Pour parvenir à augmenter les recettes fiscales suffisamment, il aurait aussi fallu, en plus de doubler la TVQ, doubler les taxes sur l'essence, les boissons alcoolisées et le tabac.

Bien évidemment, ces deux illustrations ne sont guères plausibles, mais elles ont pour seul objectif de montrer toute l'ampleur du défi qui attend le Québec avec le vieillissement de la population projeté en conservant les structures de revenus et de dépenses actuelles.

En guise de conclusion

Même si la création du Fonds des générations constitue une bonne nouvelle, elle ne constitue pas l'aboutissement de l'action gouvernementale, mais elle ne peut qu'être un premier pas sur le long chemin, rempli d'embûches, que le Québec aura à parcourir pour être prêt à faire face au choc démographique attendu.

Pour ce faire, le gouvernement doit d'abord envisager une perspective de long terme en matière de finances publiques. La bonne croissance économique qui prévaut depuis plus de 10 ans n'a pas permis, à ce jour, de dégager la moindre marge de manœuvre. Pour preuve, l'atteinte de l'équilibre budgétaire semble un exercice périlleux qui se fait toujours à l'arraché. En outre, contrairement au fédéral, le Québec n'a mis en place aucune réserve pour éventualités, alors, inutile d'indiquer que des conditions économiques moins favorables complexifieraient grandement la réalisation d'un budget équilibré.

Il faut ajouter à cela l'inévitable électrochoc que connaîtront les finances publiques québécoises, conséquence directe du vieillissement rapide de la population au cours des prochaines années.

Le présent chapitre a permis de constater qu'en ne changeant rien à la structure des recettes, à la structure des dépenses et à la structure du marché du travail (âge de retraite, productivité), mais en appliquant seulement la future pyramide des âges, le Québec connaîtrait une légère diminution des recettes jumelée à une forte hausse des dépenses. Simplement en appliquant en 2004 la pyramide des âges qu'on aura en 2031, soit dans 25 ans à peine, on observe un manque à gagner de 11,6 milliards de dollars, l'équivalent de 21,5 % du budget du Québec en 2004.

En outre, il faut impérativement indiquer que ce trou financier n'est lié qu'à l'augmentation des coûts générée par le vieillissement de la population. À l'intérieur de ces données, il faut bien comprendre qu'il n'est nullement question d'améliorer la qualité des services publics existants, pas plus qu'il est considéré d'en créer de nouveaux.

Par souci d'équité intergénérationnelle, il serait injuste que les changements qui surviendront sur le plan démographique empêchent le gouvernement d'offrir aux générations futures les services qui sont actuellement offerts au Québec. À l'instar qu'il est tout à fait normal que le Régime de rentes du Québec soit capable de faire face à ses obligations futures, il faut établir un principe de péréquation intergénérationnelle, afin que le gouvernement assure aux générations futures le maintien des services actuels à qualité et à niveau de taxation sensiblement comparables.

En cas d'inaction, c'est la pérennité des services publics qui sera compromise. Si nous voulons éviter que le gouvernement n'ait d'autres choix que de : a) sabrer dans les budgets de certains ministères pour se concentrer sur ses missions essentielles, b) procéder à un désengagement partiel de l'État, c) recourir aux déficits chroniques ou encore d) augmenter de manière démesurée le fardeau fiscal des générations futures simplement pour maintenir les services à leur niveau de qualité actuelle, il faut s'attaquer rapidement à pérenniser le financement de certains programmes publics.

Jouer à l'autruche au cours des prochaines années ne fera que rendre les choix encore plus difficiles au moment de s'y attaquer.

Chapitre 7

Une fiscalité à repenser

Luc Godbout[1]

Mise en contexte

On entend souvent dire que le fardeau fiscal est lourd au Québec et que conséquemment les Québécois sont les plus lourdement taxés en Amérique du Nord. Pour savoir ce qu'il en est exactement, le chapitre trace non seulement un portrait du fardeau fiscal au Québec, mais illustre également la manière de le prélever, le tout en regard de la moyenne des pays du G7 et de celle des pays de l'OCDE.

Une fois admise que l'importance des recettes fiscales totales perçues au Québec par rapport au PIB surpasse la moyenne du G7 et celle de l'OCDE, il faut dès lors en comprendre que cet état de fait rendra plus difficile l'utilisation accrue de la fiscalité pour faire face aux effets négatifs sur les finances publiques du choc démographique.

Dans ce contexte, avant de vouloir imposer davantage, il faut s'interroger s'il n'y a pas lieu de taxer mieux.

---

[1] L'auteur est professeur à la Chaire de recherche en fiscalité et en finances publiques de la Faculté d'administration de l'Université de Sherbrooke.

1. Le fardeau fiscal au Québec

Avant d'établir le fardeau fiscal du Québec et de le comparer, il faut savoir ce qui le compose. Pour y parvenir, l'Organisation de coopération et de développement économiques (OCDE) publie chaque année les statistiques des recettes publiques des pays membres. Afin de déterminer comment se positionne le Québec à l'échelle internationale, les données québécoises ont été insérées au sein des résultats des pays de l'OCDE.

D'entrée de jeu, la notion de prélèvements obligatoires entrant dans la détermination du fardeau fiscal global d'un État est énoncée par l'OCDE comme étant l'ensemble des versements obligatoires effectués sans contrepartie[2] par les agents économiques au profit des administrations publiques. Ces versements obligatoires effectués sans contrepartie par les agents économiques se subdivisent en deux grandes catégories de prélèvements : les impôts et les cotisations.

Les impôts désignent les impôts sur le revenu, les impôts sur le bénéfice des sociétés, les taxes à la consommation, les taxes foncières locales, etc. Par ailleurs, les cotisations prélevées par divers régimes sociaux sont également incluses dans la notion de pression fiscale. À cet égard, les cotisations sociales, comme celles du Régime de l'assurance-emploi, du Régime des rentes du Québec ou du nouveau Régime d'assurance parentale du Québec, y figurent dès lors qu'elles financent des régimes obligatoires de protection sociale. Cela est vrai que les versements soient à la charge des employeurs, des salariés ou des deux à la fois, que les cotisations soient versées au fonds consolidé du gouvernement ou directement affectées aux administrations publiques chargées de fournir ces prestations.

Une fois que les éléments devant entrer dans l'établissement du fardeau fiscal ont été identifiés, compte tenu des caractéristiques propres à chaque pays, la simple totalisation des recettes fiscales demeure difficilement comparable entre les pays. On comprend facilement qu'un pays de 300 millions d'habitants – comme les États-Unis – aura un total de recettes fiscales beaucoup plus élevé qu'un pays de 30 millions d'habitants – comme le Canada –, même avec une

---

[2]   Pour entrer dans la notion de prélèvements obligatoires, il faut qu'il y ait absence de contrepartie. En effet, lorsqu'il y a une contrepartie dont le montant est clairement lié au coût de la prestation fournie, il ne s'agit plus de prélèvements obligatoires entrant dans le fardeau fiscal, mais d'une tarification, par exemple les péages d'autoroute en France représentent une forme de tarification d'un service public rendu.

fiscalité beaucoup plus clémente[3]; d'où la nécessité d'établir un ratio favorisant la comparaison du fardeau fiscal global entre les États.

Pour procéder à des comparaisons internationales, le niveau de fardeau fiscal est mesuré, dans chaque pays, par le rapport existant entre le montant des recettes fiscales collectées et le produit intérieur brut (PIB). Ce rapport, appelé taux de pression fiscale, indique la part de la richesse nationale accaparée par la fiscalité. Il met en évidence le degré de fiscalisation d'un pays.

Dans les faits, la signification réelle du taux de pression fiscale doit être mise en perspective. D'abord, il faut savoir que les prélèvements entrant dans sa composition font abstraction des sommes redistribuées aux contribuables. Or, les prélèvements, une fois versés au coffre de l'État, ne disparaissent pas du circuit économique. La contrepartie en biens et en services publics offerte par l'État et financée à même les recettes fiscales n'apparaît pas dans la détermination du taux de pression fiscale. Pour illustrer ces propos, notons qu'au fil des années, le Québec, comme plusieurs autres États, s'est doté de programmes sociaux qui lui sont propres. Prenons l'exemple des garderies à 7 $; ce programme illustre bien les difficultés de comparaisons interprovinciales ou internationales. Même si le Québec a un taux de pression fiscale plus élevé que dans le reste du Canada, il faut garder à l'esprit que les services de garde à 7 $ n'existent pas dans les autres provinces canadiennes. De plus, le taux de pression fiscale de chaque pays demeure silencieux sur la répartition du fardeau fiscal entre les contribuables. Il ne permet d'ailleurs aucune précision sur le poids de l'imposition individuelle, ni sur le type d'impôts entrant dans sa composition. Alors, il faut toujours garder à l'esprit qu'avec le taux de pression fiscale, on ne sait pas qui paie les impôts, quels sont les impôts utilisés et quels services publics permettent-ils d'offrir en échange.

Une fois qu'on en connaît les limites, l'exercice reste tout à fait pertinent. Il s'agit d'un indicateur synthétique à la fois simple et facile à calculer. Il permet d'utiles comparaisons du poids de l'imposition dans le temps et d'un pays à l'autre. Sa simplicité fait en sorte qu'il est facile de comparer les résultats d'un État sur la scène internationale. Pour

---

[3]   OCDE, *Statistique des recettes publiques – 1965-2004*, Paris, 2005, tableau 23, p. 83. À cet égard, les statistiques fiscales de l'OCDE révèlent qu'en 2003 les recettes fiscales américaines s'élèvent à 30,3 % du total des recettes fiscales prélevées dans l'ensemble des pays de l'OCDE alors que celles du Canada ne représentent que 3,2 % de ce total.

cette raison, il est l'indicateur le plus fréquemment utilisé pour comparer le poids de la fiscalité.

L'évolution historique du taux de pression fiscale au Québec révèle qu'après avoir atteint un sommet historique en 2000, le taux de pression fiscale a diminué depuis. En 2003, le taux de pression fiscale québécois équivalait au taux qui était en vigueur entre 1990 et 1994. Alors qu'il était de 38,3 %, les projections indiquent qu'il serait plus faible encore en 2006. La diminution du taux de pression fiscale au Québec depuis 2000 provient essentiellement des réductions des impôts sur le revenu qui ont eu lieu tant au fédéral qu'au provincial.

On entend souvent dire que le fardeau fiscal est lourd au Québec. Pour le savoir, il faut se comparer. Le graphique 7-1 montre d'abord un taux de pression fiscale très variable d'un pays à un autre. Parmi les pays de l'OCDE, la dispersion est forte; le taux de pression fiscale variait en 2003 de 19 % au Mexique à plus de 50 % en Suède. Inséré dans les statistiques fiscales des pays de l'OCDE, le Québec se retrouve en milieu de peloton : 12 pays ont un taux plus élevé que le Québec, alors que 18 pays ont un taux plus faible. Lorsqu'on cible uniquement les grands pays industrialisés membres du G7, l'on s'aperçoit que le taux était d'environ 25 % aux États-Unis et au Japon, alors qu'il atteignait près de 45 % en France. Le Québec, où le taux de pression fiscale est de plus de 38 %, dépasse légèrement la moyenne des pays de l'OCDE de deux points de pourcentage. En outre, on peut aussi y constater qu'à l'exception du Québec, ce sont tous des pays européens qui ont un taux de pression fiscale supérieure à la moyenne des pays de l'OCDE.

GRAPHIQUE 7-1
Taux de pression fiscale – comparaison OCDE, 2003

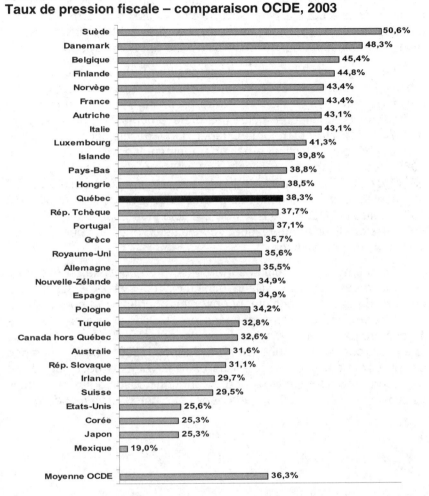

Sources : Organisation de coopération et de développement économiques (OCDE), *Statistique des recettes publiques – 1965-2004*, 2005; Institut de la statistique du Québec (ISQ), *Comptes économiques des revenus et des dépenses du Québec – édition 2005*, 2006.

Étant donné son taux de pression fiscale, la comparaison avec les pays de l'OCDE pourrait amener à conclure que le Québec a un niveau de fardeau fiscal « moyen ». Mais, à la lumière de cette grille, le Canada (hors Québec) et les États-Unis, nos principaux partenaires économiques ont, eux, un niveau de fardeau fiscal beaucoup plus faible se situant nettement sous la moyenne de l'OCDE. En outre, parmi les 60 États américains et provinces canadiennes, selon les dernières données disponibles, c'était au Québec que le taux de pression fiscale était le plus élevé. Notons aussi que parmi les États américains, la dispersion du taux de pression fiscale demeure relativement faible. Pour 40 États, il se situe entre 26 % et 30 %[4].

Le graphique 7-2 met en perspective l'évolution du taux de pression fiscale du Québec, de la moyenne des pays du G7 et de la moyenne des pays de l'OCDE. Notre première constatation concerne la croissance continue du poids des prélèvements, tant pour les pays du G7, de l'OCDE que pour le Québec. On y décèle cependant que le taux québécois se distingue par une augmentation plus marquée. En 1985, le taux de pression fiscale du Québec était similaire à celui du G7 et de l'OCDE, mais alors que le taux de pression fiscale du G7 augmentait d'un demi-point de pourcentage en comparant 2003 à 1985, celui de l'OCDE haussait de 2,8 points de pourcentage, le taux de pression fiscale du Québec connaissait une augmentation de 4,3 points de pourcentage.

Toutefois, sur une plus courte période, on constate un déclin du taux de pression fiscale. Cette diminution constatée au Québec, à compter de 2000, est également observée pour le G7 et pour l'OCDE. À cet égard, les dernières données de l'OCDE indiquent que dans 17 des 30 pays membres, le taux de pression fiscale a diminué lorsqu'on compare l'année 2003 à l'année 2000[5]. Ce phénomène s'expliquerait par une « vague » de baisses d'impôts découlant d'une réduction de l'impôt sur le revenu. Il faut donc observer les réductions fiscales du Québec et du Canada dans cette perspective mondiale.

---

[4] Selon les données de l'année 2002, Bureau of Economic Analysis, Department of Commerce, États-Unis.
[5] OCDE (2005), *op. cit.*

GRAPHIQUE 7-2
Évolution du taux de pression fiscale – comparaison internationale

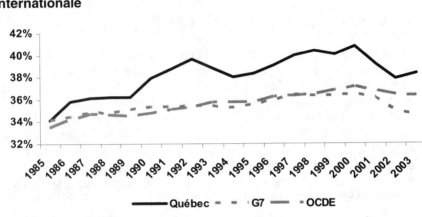

Sources :   OCDE (2005); ISQ (2006).

Toujours en vue de situer le Québec sur la scène internationale, même si le taux de pression fiscale de l'OCDE a connu une hausse dans le temps, son évolution varie grandement selon les zones de l'OCDE analysées. En 1975, les taux de pression fiscale étaient relativement similaires entre l'OCDE prise globalement, l'OCDE (zone Amérique) et l'OCDE (zone Union européenne[6]), l'écart entre ces deux zones n'était que de 4 points de pourcentage. Un quart de siècle plus tard, ce même écart atteignait un sommet avec plus de 14 points de pourcentage. Ainsi, la hausse du taux de pression fiscale de la moyenne des pays de l'OCDE cache une stabilité du taux de pression fiscale dans la zone Amérique et une augmentation beaucoup plus prononcée au sein de l'Union européenne.

En comparant l'évolution du taux de pression fiscale du Québec sur la scène internationale, avec la moyenne des pays de l'OCDE, sa situation géographique en Amérique peut être perdue de vue. En utilisant le taux global de l'OCDE, il est facile de se complaire en signalant que notre fardeau fiscal se compare avantageusement avec bon nombre de pays de l'OCDE. Toutefois, nos principaux partenaires

---

[6]   Il s'agit des données de l'Union européenne initialement formée des quinze pays suivants : l'Allemagne, l'Autriche, la Belgique, le Danemark, l'Espagne, la Finlande, la France, la Grèce, l'Irlande, l'Italie, le Luxembourg, les Pays-Bas, le Portugal, le Royaume-Uni et la Suède.

économiques se trouvent dans la zone Amérique de l'OCDE. C'est en se comparant à eux que notre fardeau fiscal apparaît élevé.

2. La manière de prélever l'impôt

Après avoir vu le poids de la fiscalité, il faut également comparer la structure fiscale qui sert à prélever nos recettes fiscales. Il existe différentes manières d'imposer. Bien sûr, un gouvernement peut taxer le revenu que ses citoyens gagnent annuellement, mais il peut aussi chercher à imposer les entreprises sur le bénéfice qu'elles réalisent, sur le capital qu'elles détiennent ou encore sur les salaires qu'elles versent. L'État peut aussi taxer la consommation, la richesse ou mettre en place des cotisations de sécurité sociale. Évidemment, ces différentes formes d'imposition n'ont pas nécessairement les mêmes contribuables comme cible, ni les mêmes impacts sur l'économie.

Mais, avant de comparer la structure fiscale en vigueur au Québec avec celle du G7, il faut signaler que la moyenne des structures fiscales des pays du G7 n'a aucune vertu en soi. Malgré cela, une structure fiscale pondérée offre un étalon de comparaison. Prises individuellement, les structures fiscales des pays du G7 demeurent encore aujourd'hui contrastées. Il faut en retenir qu'il n'existe donc pas de manière uniforme d'imposer, qui serait applicable d'un pays à un autre. On ne peut faire fi du fait que la structure fiscale d'un pays donné demeure intimement liée à sa propre évolution historique. Toutefois, même si certaines disparités semblaient jusqu'à tout récemment liées à une évolution isolée des politiques fiscales nationales, l'évolution récente de la manière d'imposer au sein des pays du G7 indique néanmoins une certaine convergence, qu'il faut prendre en compte.

L'imposition des particuliers et des sociétés

Sachant que le taux de pression fiscale québécois a augmenté entre 1985 et 2003, il est intéressant de savoir quel type de contribuable a été le plus visé par la hausse du fardeau fiscal. Pour ce faire, le taux de pression fiscale du Québec a été subdivisé en deux : la fiscalité touchant les particuliers et la fiscalité touchant les sociétés[7].

---

[7]   Le partage a été fait de la manière suivante : la fiscalité applicable aux sociétés comprend l'imposition sur le bénéfice, l'imposition sur le capital ainsi que l'imposition sur la masse salariale et les cotisations sociales imputables aux employeurs. Pour la

Autrement dit, qui a été mis le plus à contribution, les particuliers ou les sociétés?

Le graphique 7-3 montre l'évolution des prélèvements obligatoires rattachés à la fiscalité des particuliers. D'abord, on remarque que le taux de prélèvements a augmenté tant dans la moyenne des pays du G7 qu'au Québec. Aussi, on constate que leur poids au Québec a toujours été plus élevé pour les années comparées que la moyenne des pays du G7. On peut dire sans se tromper que l'écart est demeuré relativement stable au cours des 20 dernières années, alors que, l'écart du Québec à la moyenne du G7 était de 3 points de pourcentage du PIB en 1985 et en 2003.

GRAPHIQUE 7-3
Évolution des prélèvements auprès des particuliers en pourcentage du PIB

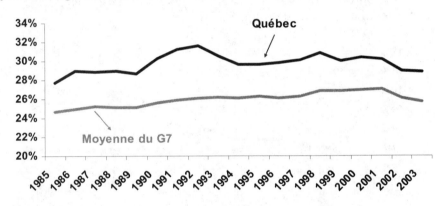

Sources : OCDE (2005); ISQ (2006).

Puisque ce n'est pas auprès des prélèvements touchant les particuliers que l'écart de pression fiscale du Québec avec le G7 s'est accru, nécessairement, ce sont les sociétés et les employeurs qui ont écopé. Le graphique 7-4 indique qu'en 1985 les prélèvements auprès des sociétés et des employeurs au Québec avaient un écart favorable de 3,1 points de pourcentage du PIB, cet écart s'est progressivement estompé pour devenir nul à partir de 1998. Ainsi, le poids des prélèvements touchant les sociétés et les employeurs est passé de 6,4 % du PIB en 1985 à 9,7 % en 2004, une augmentation de

---

fiscalité touchant les particuliers, la fiscalité des sociétés et des employeurs a simplement été soustraite du taux de pression fiscale globale.

3,3 points de pourcentage. Pendant que le poids des prélèvements perçus auprès des sociétés et des employeurs augmentait au Québec, il diminuait légèrement pour la moyenne des pays du G7, passant de 9,5 % en 1985 à 8,9 % en 2003. En l'espace de moins de 20 ans, le Québec a perdu son avantage comparatif face à la moyenne des pays du G7. À cet égard, il faut savoir que cela s'est fait par un alourdissement de notre fiscalité des sociétés et des employeurs, bien davantage que par une réduction du poids moyen de la fiscalité qui prévaut dans les pays du G7. En d'autres mots, si la fiscalité des sociétés et des employeurs au Québec est moins attrayante qu'elle ne l'était auparavant, ce n'est pas la conséquence d'une concurrence fiscale féroce, mais bien parce que les gouvernements successifs ont fait le choix de mettre davantage les sociétés à contribution.

GRAPHIQUE 7-4
Évolution des prélèvements auprès des sociétés et des employeurs en pourcentage du PIB

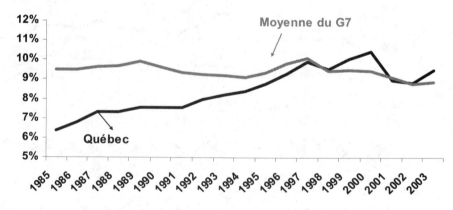

Sources :   OCDE (2005); ISQ (2005).

Prélèvements fiscaux versus prélèvements sociaux

Le graphique 7-5 subdivise le taux de pression fiscale du Québec en deux catégories : les prélèvements fiscaux (les impôts et les taxes) ainsi que les cotisations sociales. On constate que le Québec obtient le taux de prélèvements fiscaux, hors cotisations sociales, le plus élevé, dépassant la moyenne de l'OCDE de 6 points de pourcentage. La subdivision du fardeau fiscal entre les prélèvements fiscaux et les cotisations sociales amène à constater que le Québec est l'endroit parmi tous les pays du G7 où le poids des impôts et taxes en pourcentage du PIB est le plus élevé. À l'inverse, au Québec, comme dans le reste du Canada, les prélèvements sociaux jouent un rôle bien moindre que dans la moyenne du G7 confirmant ainsi la nécessité au Québec de recourir à un plus grand financement de la protection sociale par l'intermédiaire des impôts et des taxes.

GRAPHIQUE 7-5
Utilisation des prélèvements fiscaux et sociaux en % du PIB – 2003
Prélèvements fiscaux   Prélèvements sociaux

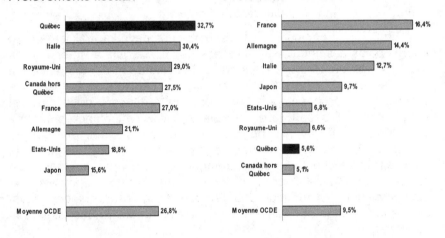

Sources :   OCDE (2005); ISQ (2006).

L'imposition du revenu et de la consommation

On entend à l'occasion certaines personnes proposer une révision du dosage des impôts qui impliquerait un usage accru de la taxe à la consommation au détriment de l'impôt sur le revenu. Sur le strict plan de la croissance économique, il est généralement admis que l'imposition du revenu serait une forme d'imposition plus dommageable que la taxation de la consommation. Les arguments souvent invoqués en faveur d'une telle révision du dosage des impôts portent sur l'incitation au travail et à l'épargne. D'une part, le caractère progressif de l'impôt sur le revenu démotive les travailleurs à faire des efforts pour gagner un revenu supplémentaire en raison des taux marginaux croissants. D'autre part, la taxe à la consommation a l'avantage d'être neutre quant aux choix des individus entre consommations immédiate et future, contrairement à l'impôt sur le revenu qui nuit à l'épargne.

Afin de constater le dosage de la charge fiscale entre les impôts sur le revenu des particuliers et les taxes à la consommation qui prévalent au Québec, le graphique 7-6 insère les données du Québec parmi les quatorze pays de l'OCDE ayant un taux de pression fiscale plus élevé que la moyenne des pays de l'OCDE. Pourquoi se comparer avec ces pays de l'OCDE alors qu'il a été précédemment mentionné qu'une comparaison avec l'OCDE fait fi de notre situation géographique? La raison est simple : la comparaison a pour objectif de vérifier si les pays à forte pression fiscale compensent leur fiscalité accrue par une manière différente de prélever.

En 2003, le Québec se situait, parmi ces pays, au troisième rang pour le poids des impôts sur le revenu des particuliers à l'intérieur des recettes fiscales. Seuls le Danemark et l'Islande ont une dépendance plus élevée aux impôts sur le revenu des particuliers. Par sa plus grande utilisation des impôts sur le revenu, le Québec devance ainsi notamment la France, la Belgique, la Suède et la Finlande parmi les pays de l'OCDE ayant une pression fiscale plus élevée que la moyenne. En refaisant le même exercice pour les taxes à la consommation, contrairement aux impôts sur le revenu, le Québec se situait en 2003 au 13e rang sur 15 pour le poids de ses impôts à la consommation à l'intérieur des recettes fiscales. Parmi ces pays, seules la Belgique et l'Italie ont une utilisation moindre des taxes à la consommation.

Le graphique 7-6 met également en lumière une utilisation des impôts sur le revenu des particuliers dans le total des recettes fiscales au Québec supérieur de 9,1 points de pourcentage à l'utilisation moyenne des pays de l'OCDE alors qu'à l'inverse l'utilisation des taxes à la consommation dans le total des recettes fiscales au Québec est de 6,6 points de pourcentage inférieur à l'utilisation moyenne des pays de l'OCDE.

GRAPHIQUE 7-6

Utilisation des impôts sur le revenu des particuliers et des impôts sur la consommation en % des recettes fiscales pour les pays ayant un taux de pression fiscale supérieur à la moyenne de l'OCDE – année 2003

Impôts sur le revenu   Impôts sur la consommation

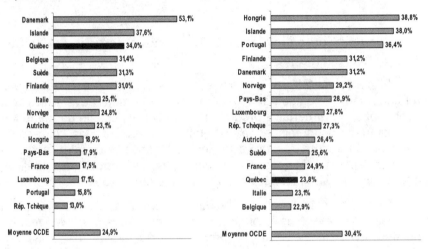

Sources :   OCDE (2005); ISQ (2006).

En guise de conclusion : Imposer mieux? Imposer davantage?

Une fois présenté, mis en perspective et comparé internationalement, le taux québécois de pression fiscale et la structure servant à le prélever doivent permettre de s'interroger sur les inflexions à apporter, si besoin il y a, à la politique fiscale québécoise.

Pour alimenter la réflexion, une série de questions est soulevée.

Le contexte actuel permet-il d'augmenter le taux de pression fiscale au Québec?

L'analyse a montré qu'avec une pression fiscale autour de 38 % en 2003, le Québec se trouvait légèrement au-dessus de la moyenne des pays de l'OCDE, ce qui pourrait nous amener à conclure que le

Québec a un niveau fiscal moyen. Toutefois, lorsque la comparaison fiscale ne porte que sur l'Amérique, là où se trouvent nos principaux partenaires économiques, le Québec a le taux de pression fiscale le plus élevé. La fiscalité ne s'appliquant pas en vase clos, le Québec doit demeurer sensible à son environnement fiscal. Dans le contexte où le Québec utilise déjà lourdement sa fiscalité, cela lui laisse, en conséquence, moins de marge de manœuvre, en cas de besoin, pour hausser le poids de ses impôts, taxes et cotisation en proportion du PIB.

Le choc démographique forcera-t-il le gouvernement du Québec à imposer davantage?

Si rien n'est fait, les pressions sur les dépenses publiques liées au choc démographique conduiront le gouvernement devant un choix déchirant : sabrer certains programmes de dépenses afin de réaffecter les sommes économisées à ses missions essentielles ou encore hausser les impôts, les taxes ou les cotisations pour faire face aux besoins accrus. En cas d'insuccès, c'est le retour aux déficits chroniques qui attend les finances publiques du Québec.

Or, même si les sections précédentes ont d'illustré abondamment le niveau déjà élevé de la pression fiscale qui prévaut au Québec, on ne peut éviter le thème de l'augmentation du fardeau fiscal avec le choc démographique à venir.

Dans ce contexte, il faut analyser les principales possibilités, en tenant compte de la manière de prélever actuelle au Québec. Bien évidemment, selon l'impôt, la taxe ou la cotisation que l'on choisit d'augmenter, ce ne sont pas nécessairement les mêmes contribuables qui sont visés, ni les mêmes impacts sur l'économie. À ce titre, il faut préciser que les chiffres avancés ci-dessous n'incluent pas les effets positifs ou négatifs que les modifications à la manière de prélever pourraient avoir sur l'économie tout comme ils tiennent pour acquis que ces modifications n'affecteraient pas le comportement des agents économiques, ce qui ne saurait être réellement le cas.

Peut-on accroître l'impôt sur le revenu demandant une contribution accrue aux riches?

On l'a vu précédemment, le Québec arrive déjà 3ᵉ sur quinze, parmi les pays de l'OCDE ayant un taux de pression fiscale supérieur à la moyenne de l'OCDE, pour la dépendance de ses recettes fiscales aux impôts sur le revenu. Dit autrement, dans 12 des 14 pays de l'OCDE à forte pression fiscale, le poids de leurs impôts sur le revenu est inférieur à celui du Québec. La fiscalité au Québec utilise donc déjà beaucoup l'imposition du revenu.

Malgré cela, on entend souvent dire que l'on pourrait faire payer davantage les contribuables à revenu élevé.

Avant de vouloir en demander davantage aux contribuables à revenu élevé, soulignons que la concentration de la charge fiscale selon certaines tranches de revenu d'imposition. Avec les données de 2003, on constate que seulement 2 %, soit 133 000 contribuables québécois sur les 5,7 millions de déclarations, avaient des revenus de plus de 100 000 $. Ces derniers même s'ils ne sont que 2 % des déclarants paient 25 % du total de l'impôt sur le revenu. Les contribuables gagnants entre 50 000 $ et 100 000 $ représentaient 13 % des déclarants, mais assumaient 39 % de l'impôt sur le revenu. A contrario, 84 % des contribuables ayant les revenus les plus faibles (moins de 50 000 $) payaient 36 % de l'ensemble de l'impôt à payer.

Nonobstant la concentration de l'impôt sur le revenu déjà existante auprès des contribuables gagnant plus de 100 000 $, analysons l'impact financier qu'aurait une augmentation de l'impôt du Québec sur le revenu. Supposons que le gouvernement du Québec décidait d'augmenter l'impôt sur le revenu pour les contribuables dont leur revenu excède 100 000 $. Pour notre exemple, la fiscalité applicable au premier 100 000 $ de revenu reste inchangée et pour tout son revenu excédentaire, le contribuable voit sa facture fiscale majorée de 10 %.

Cette fiscalité accrue auprès des personnes ayant déclaré des revenus au-delà de 100 000 $ aurait permis de générer, en 2003, 184 millions de dollars de plus au fisc québécois.

Ici, la triste réalité nous rattrape, on constate que pour aller chercher des sommes importantes à l'impôt sur le revenu, il faudrait soit hausser de manière draconienne l'impôt sur le revenu des personnes à revenu élevé, soit ratisser beaucoup plus large en augmentant également l'impôt sur le revenu des contribuables à revenu moyen.

Peut-on augmenter le fardeau fiscal des sociétés?

Il a aussi été déterminé plus tôt dans ce chapitre que les prélèvements effectués auprès des sociétés en pourcentage du PIB au Québec avaient une importance moindre en 1985 par rapport à la moyenne du G7, alors qu'en 2003, leur poids était plus lourd. Même si la fiscalité n'est pas le seul paramètre influençant la localisation des activités, il n'en demeure pas moins qu'elle peut influencer partiellement cette décision. À cet égard, la disparition de l'avantage comparatif du Québec à l'égard de l'imposition des sociétés n'a rien de réjouissant.

Quoi qu'en disent certains, il faut donc reconnaître que les entreprises paient des impôts au Québec. Non seulement elles en paient, mais contrairement à leur perception, elles contribuent plus qu'avant au financement de l'État et elles subissent un fardeau fiscal plus élevé que la moyenne du G7. Avec 9,7 % du PIB en 2004, la contribution des sociétés et des employeurs aux recettes de l'État a été plus importante depuis 2000 qu'en tout temps au cours des 20 dernières années[8]. Selon les données préliminaires des comptes économiques du Québec, l'ensemble de leurs contributions fiscales aux gouvernements du Canada et du Québec a atteint 25,7 milliards de dollars en 2004.

Malgré cet état de fait, analysons l'impact d'augmenter l'impôt des sociétés. Les dernières statistiques fiscales disponibles indiquent qu'il y avait 2 296 grandes entreprises, celles-ci représentaient 2 % du nombre de sociétés au Québec, mais payaient 57 % de l'impôt sur les profits en 2001. Supposons que le gouvernement du Québec décide d'augmenter l'impôt sur les profits pour ces grandes entreprises. Pour notre exemple, leur facture fiscale se verrait majorée par une surtaxe de 10 %.

Cette fiscalité accrue auprès des grandes entreprises aurait permis de générer, en 2001, 131 millions de dollars de plus au fisc québécois.

On constate que les sommes en jeu liées à l'augmentation de l'impôt sur le bénéfice pour les grandes sociétés ne sont peut-être pas aussi importantes que certains le croient. Pour aller chercher des sommes importantes, le gouvernement devrait hausser de manière significative l'impôt sur les profits de l'ensemble des entreprises, les grandes, les moyennes comme les petites. Étant donné que la fiscalité des entreprises est déjà élevée au Québec et qu'elle dépasse celle de la moyenne des pays du G7, cette option est-elle une véritable solution?

---

[8] Notre calcul a été fait à partir des données de l'Institut de la statistique du Québec, *Comptes économiques des revenus et des dépenses du Québec*, édition 2005.

De nouvelles cotisations sociales doivent-elles être envisagées?

Le Québec utilise beaucoup moins, presque moitié moindre, les cotisations sociales en pourcentage du PIB que la moyenne des pays de l'OCDE. En sous-utilisant les cotisations sociales pour assurer une partie du financement de certains programmes sociaux, le Québec doit recourir davantage aux impôts et aux taxes que tous les pays du G7 pour financer son budget.

Supposons que le gouvernement du Québec décidait d'instaurer une nouvelle cotisation sociale en appliquant un taux de 1 % selon les mêmes paramètres que le Régime de rentes du Québec existant, c'est-à-dire que seuls les revenus gagnés entre 3 500 $ et 42 106 $ y sont assujettis. Sur cette base, chaque point de pourcentage de cette nouvelle cotisation sociale aurait rapporté, en 2004, environ 850 millions de dollars. Si ce même point de pourcentage s'appliquait sur une base plus étendue, sans plancher ni plafond, la somme collectée pourrait doubler.

Même s'il est loin d'être évident que le Québec doive emprunter la voie d'une utilisation accrue des cotisations sociales pour financer certains programmes sociaux, advenant la nécessité pour le gouvernement d'augmenter les recettes fiscales, il faudra également prendre en compte que c'est ici parmi tous les pays du G7 que le taux de pression fiscale hors cotisations sociale est le plus élevé.

Augmenter les taxes à la consommation, est-ce notre meilleure solution?

On l'a vu précédemment, le Québec arrive 13e sur quinze, parmi les pays à forte pression fiscale, pour le poids de ses taxes à la consommation dans le total de ses recettes fiscales. Dit autrement, pour 12 des 14 pays de l'OCDE à forte pression fiscale, le poids de leurs taxes à la consommation est supérieur à celui du Québec. La fiscalité au Québec utilise donc moins les taxes à la consommation que plusieurs pays de l'OCDE.

Malgré cela, plusieurs demeurent réticents à accroître la taxation de la consommation. Il est souvent invoqué que la taxation de la consommation s'applique sans égard à la capacité de payer des contribuables. Même s'il est vrai que l'impôt sur le revenu facilite la personnalisation de la taxation en fonction de la situation économique et sociale du contribuable, la condamnation du caractère régressif de la taxe à la consommation doit être modérée, car plusieurs auteurs ont démontré que c'est autant du côté des dépenses que la redistribution de la richesse doit être faite que par le système d'imposition. Aussi, les crédits de taxe de vente réduisent le caractère régressif des taxes à la consommation.

Selon les données préliminaires des comptes économiques du Québec pour l'année 2004, supposons que le gouvernement du Québec décidait d'augmenter la taxe de vente du Québec d'un point de pourcentage, chaque point de pourcentage aurait alors permis de collecter environ 1 milliard de dollars.

Doit-on modifier notre manière de prélever afin de taxer mieux?

Compte tenu du poids déjà élevé des recettes fiscales par rapport au PIB au Québec, il faut, avant d'envisager de hausser les impôts, les taxes ou les cotisations, s'assurer à tout prix que notre manière de prélever soit la meilleure possible. Il a été indiqué plus tôt que sur le strict plan économique l'impôt sur le revenu serait plus dommageable qu'une taxe à la consommation.

Or, l'analyse a montré qu'en comparant le poids des impôts sur le revenu et des taxes à la consommation dans le total de ses recettes fiscales, le Québec se différencie d'une vaste majorité de pays de l'OCDE par une utilisation beaucoup plus prononcée de l'impôt sur le revenu et une utilisation beaucoup plus faible des taxes à la consommation. Dans ce contexte, l'idée de revoir le dosage des impôts se défend parfaitement. On ne parle pas ici de réduire le fardeau fiscal, mais uniquement de modifier la manière de le percevoir.

Une révision modérée du dosage des impôts est non seulement faisable, mais souhaitable. Les données de 2003 permettent d'établir qu'en réajustant le dosage des impôts jusqu'à la hauteur de 5 milliards $, c'est-à-dire une diminution du poids de l'impôt sur le revenu jumelé à une augmentation des taxes à la consommation, le Québec se repositionnerait en milieu de peloton parmi les pays de l'OCDE à forte pression fiscale. Quoi qu'il en soit, malgré ce réajustement non négligeable de 5 milliards de dollars, le Québec serait encore un plus grand utilisateur des impôts sur le revenu et un sous-utilisateur des taxes à la consommation en comparaison avec la moyenne des pays de l'OCDE.

Ce réajustement de 5 milliards de dollars, même s'il laisse inchangé le fardeau fiscal, offre au gouvernement une belle opportunité d'accroître l'efficacité du régime fiscal simplement en modifiant les poids relatifs des impôts sur le revenu et des taxes à la consommation. De plus, avec 5 milliards de dollars pour réduire l'impôt sur le revenu, le gouvernement du Québec a une occasion unique de s'attaquer à plusieurs critiques concernant son impôt sur le revenu. D'une part, on observe à l'impôt québécois sur le revenu une réduction très rapide de l'admissibilité de certains ménages à plusieurs programmes socio fiscaux. On pense ici notamment au crédit d'impôt pour TVQ et à la prime au travail. D'autre part, on observe également une progression rapide du barème d'imposition faisant en sorte que le taux d'imposition maximum est atteint très tôt[9].

L'effet cumulé de la perte rapide d'admissibilité aux programmes socio fiscaux et de la progression rapide du barème d'imposition fait en sorte qu'on souligne souvent que la classe moyenne québécoise est la vache à lait de l'impôt sur le revenu. Une comparaison Québec/Ontario le confirme[10]. Nul doute qu'un réajustement de l'impôt sur le revenu permettrait de faire un grand bout de chemin en ce sens. Avec 5 milliards de dollars, l'admissibilité aux crédits d'impôt pourrait s'appliquer plus longuement en fonction du revenu familial, le taux d'imposition maximum pourrait débuter à un niveau supérieur, par exemple à 100 000 $ au lieu de 57 430 $ et les taux des tranches d'imposition moyenne pourraient également être revus à la baisse. N'est-ce pas là une excellente manière de récompenser l'effort de travail, tout en réduisant le poids de l'impôt sur le revenu en ciblant la classe moyenne?

Néanmoins, si le Québec veut aller de l'avant avec cette idée, il devra le faire correctement. Au même titre que la réduction de l'impôt sur le revenu peut être modulée, la hausse de taxe à la consommation peut l'être également. Ainsi, afin que l'on ne reproche pas à la TVQ de ne pas tenir compte de la capacité de payer des contribuables, une utilisation accrue de la taxation de la consommation devrait se faire simultanément avec une majoration significative du crédit de la taxe de vente afin de ne pas affecter négativement les moins nantis.

Enfin, il est aussi pertinent de souligner ici que les pays de l'OCDE combinent rarement un taux de pression fiscale élevée et une forte utilisation des impôts sur le revenu, laissant supposer que les

---

[9] Pour l'année 2006, le barème d'imposition à l'impôt sur le revenu du Québec est le suivant : les premiers 28 730 $ sont imposés au taux de 16 %, le taux de 20 % s'applique aux revenus se situant entre 28 731 et 57 429 $ et le taux d'imposition maximum de 24 % s'applique au revenu excédant 57 430 $.

[10] Lorsqu'on enlève les 50 % des contribuables ayant les revenus les plus faibles et les 15 % des contribuables ayant les revenus les plus élevés, on constate que les 35 % des contribuables restants assument 34 % du total de l'impôt sur le revenu au Québec en comparaison avec 26 % en Ontario.

pays qui taxent beaucoup compenseraient leur lourd fardeau fiscal en utilisant davantage les taxes proportionnelles à la consommation que les impôts progressifs sur le revenu. Le Québec se distingue en faisant tout le contraire.

Chapitre 8

Mieux soutenir les bas salariés

Pierre Beaulne[1]

Le vieillissement de la population impliquera une baisse de la population en âge de travailler. Pour compenser cette plus faible proportion de la population totale qui travaillera, il faudra donc, entre autres, augmenter la proportion des personnes en âge de travailler qui participent au marché du travail.

En examinant les analyses produites par le Collectif pour un Québec sans pauvreté, il y a un aspect de l'évolution des revenus par quintile qui a retenu plus particulièrement mon attention. Le revenu disponible pour le quintile supérieur représentait 6,8 fois celui du quintile inférieur en 1997. En 2002, l'écart s'était élargi à 7 fois. Cet accroissement de l'écart n'est pas très marqué, mais ce qui est frappant, c'est qu'il s'est opéré en dépit des efforts chez les personnes à plus faible revenu pour améliorer leurs revenus de source propre. En effet, pour les personnes situées dans le quintile inférieur de la distribution des revenus, le revenu privé a augmenté deux fois plus vite que celui des gens du quintile supérieur, soit une progression de 75 % comparativement à 29 %, entre 1997 et 2002. En revanche, pour le quintile inférieur, les transferts ont à peu près stagné, enregistrant une hausse de seulement 11 %, tandis que l'impôt augmentait de 4 %.

---

[1]   L'auteur est économiste à la Centrale des syndicats du Québec.

En fin de compte, les écarts se perpétuent et même s'amplifient. Comment voulez-vous que ces personnes se sortent de la trappe de la pauvreté dans ce cadre?

C'est toute la question du taux marginal d'imposition effectif qu'il faut analyser. Dans une étude récente, il est abondamment illustré que dans certaines situations particulières, le régime fiscal et les programmes de transferts se chevauchent lorsque le revenu du citoyen atteint ou dépasse un certain seuil, faisant en sorte que pour un faible revenu additionnel que le citoyen obtient, il se voit privé d'une portion parfois très importante[2]. Le budget fédéral 2006-2007 reconnaît la situation et indique qu'une chef de famille monoparentale type qui accepte un emploi peu rémunéré peut perdre, sur chaque dollar gagné, jusqu'à 80 cents en impôt et en réduction des prestations de soutien du revenu. Elle peut aussi perdre des avantages en nature, comme un logement social ou des médicaments subventionnés, en plus de devoir engager des frais liés à son emploi.

Alors, je pense que, pour augmenter le taux d'activité des personnes en âge de travailler tout en contribuant à réduire la pauvreté, il faut que les gouvernements trouvent des façons de mieux articuler la jonction entre le régime des transferts et le régime d'imposition. Un des moyens consiste à améliorer l'incitation au travail, non pas en étouffant les gens, mais en améliorant leurs gains de revenus d'emploi. D'ailleurs, le budget fédéral rappelle que tant l'OCDE que le FMI ont indiqué qu'il était prioritaire pour le Canada d'améliorer les incitatifs au travail à l'intention des personnes à faible revenu.

Il y a un certain nombre d'initiatives qui ont été prises dans ce sens. Je dirais que cela a commencé il y a deux ans quand le ministre des Finances du Québec, M. Yves Séguin, a introduit une nouvelle politique d'incitation au travail visant à valoriser l'effort de travail. Lors de l'annonce de la « prime au travail », le ministre soulignait que :

> Trop de Québécoises et de Québécois ne participent pas au marché du travail. C'est notre devoir de les encourager à le faire. Pour y arriver, le passage de l'aide sociale au marché du travail doit être facilité et plus avantageux financièrement.

---

[2]   Luc Godbout et Suzie St-Cerny, « Impôt sur le revenu des particuliers : une ligne de conduite pour corriger la problématique des taux marginaux implicites de taxation », *Revue de planification fiscale et successorale*, publiée par l'Association de planification fiscale et financière, vol. 27, n° 2, 2006.

Il faut tout mettre en œuvre pour que les Québécoises et les Québécois entrent sur le marché du travail et y restent[3].

L'année dernière, le gouvernement du Québec a également introduit une déduction de 500 $ pour frais d'emploi. Cette année, il en double le plafond. Au fédéral, on a aussi emboîté le pas en réintroduisant une mesure similaire qui a pris effet le 1er juillet, et qui sera doublée à compter de l'année prochaine pour atteindre 1 000 $. Ces mesures permettent de prendre partiellement en compte les frais inhérents à l'occupation d'un emploi. Toujours à cet égard, le gouvernement du Québec a aussi introduit dans son dernier budget un petit incitatif pour les usagers du transport en commun, une mesure dont la forme peut néanmoins être questionnée puisqu'elle laisse l'initiative aux employeurs. Au fédéral, le gouvernement a introduit un crédit d'impôt pour les usagers du transport en commun, versé aux usagers, ce qui est plein de sens, plutôt qu'à leurs patrons, comme dans le schéma du gouvernement du Québec.

Mais là où les choses traînent, c'est en regard de l'équivalent fédéral de la prime au travail. Dans la *Mise à jour économique et financière* de novembre 2005, on proposait la création d'un crédit d'impôt remboursable sur le revenu gagné pour améliorer les incitatifs aux travailleurs à faible revenu. La mise à jour prévoyait que la mise en place d'une telle mesure se ferait en concertation avec les gouvernements provinciaux.

Cette initiative du gouvernement libéral, comprise dans son plan de réductions d'impôts, est passée tout à fait inaperçue. Elle a été noyée dans le flot de promesses contenues dans la mise à jour de novembre. Je rappellerai que ce qui était envisagé c'était de consacrer 500 millions à ce crédit d'impôt remboursable en 2008 et en 2009, puis de le porter à 1 milliard à compter de 2010. Malheureusement, le nouveau gouvernement conservateur s'est borné à dire qu'il continue à examiner cette proposition. Selon moi, il ne faut pas laisser une telle mesure tomber dans l'oubli. Il faut continuer à taper sur ce clou pour que le gouvernement fédéral introduise une telle mesure.

Il faudra aussi réfléchir à d'autres possibilités pour mieux articuler le régime des transferts avec le régime d'imposition, afin de parvenir à une meilleure efficience, mais aussi à une meilleure distribution des

---

[3] Québec, ministère des Finances, *Discours sur le budget 2004-2005*, 30 mars 2004.

revenus et un recul de la pauvreté. De manière plus générale, l'orientation à privilégier consiste à élargir la couverture des bénéfices des programmes sociaux au-delà des seules clientèles de l'assistance-emploi, afin de rendre plus neutre le choix d'occuper un emploi. Des progrès indéniables ont été réalisés au Québec dans cette direction depuis la fin des années 90, particulièrement en matière d'aide à la famille, pensons aux garderies à contribution réduite, au relèvement et à l'extension de la portée des allocations familiales ainsi qu'au nouveau régime d'assurance parentale. Par des crédits d'impôts aux bas salariés, les gouvernements peuvent augmenter l'attrait du travail, n'est-ce pas une bonne manière d'augmenter le taux d'activité des personnes en âge de travailler et parallèlement aider les faibles salariés à sortir de la trappe de la pauvreté?

Chapitre 9

Dette, équité et richesse du Québec : exporter notre électricité est-il souhaitable?

Nicolas Marceau[1]

Mise en contexte

La dette et l'état général des finances publiques du Québec ont fait couler beaucoup d'encre ces derniers mois. Notre dette est-elle trop importante? Quels sont les coûts et bénéfices qui sont associés à l'endettement? Faut-il réduire la dette ou agir sur d'autres déterminants des finances de l'État? Où trouver les revenus qui nous permettraient d'agir? Dans ce texte, je tenterai de répondre à ces questions.

Rappelons tout d'abord quelques faits pour 2006-2007. Selon le ministère des Finances du Québec, la dette totale du Québec s'établit à 121,1 milliards de dollars (G$) et représente 42,0 % de son PIB, alors que la dette nette — soit la dette totale moins les actifs — s'établit, elle, à 104,9 G$ ou 36,4 % du PIB. Les Québécois supportent également une portion de la dette fédérale. Établissant cette portion à

---

[1] L'auteur est professeur au département des sciences économiques de l'université du Québec à Montréal et est chercheur au CIRPÉE.

18,2 %[2] et sachant que la dette nette fédérale s'établit à 499,9 G$, on obtient que les Québécois supportent une dette nette totale de 195,8 G$, soit 68,4 % du PIB du Québec. Notons que les Québécois supportent également la dette des réseaux de l'éducation, de la santé et des services sociaux, des municipalités et d'Hydro-Québec. Un autre indicateur de l'importance de la dette est le service de la dette, c'est-à-dire le montant des intérêts que le gouvernement québécois doit verser à ses créanciers dans une année donnée. Ce service de la dette s'établit présentement à 7,2 G$, soit 12,4 % des dépenses de 58,0 G$ du gouvernement du Québec.

Quels sont les coûts et bénéfices de l'endettement?

Un premier critère utilisé par les économistes pour répondre à cette question est celui de l'efficacité économique, cette dernière et la prospérité allant de pair.

La plupart des économistes croient qu'une dette publique réduit l'investissement privé, mais l'ampleur du phénomène ne fait pas l'unanimité. Le débat sur l'impact de la dette en science économique a en effet ressurgi dans les années 70 en réponse à la publication par Robert Barro d'un texte important[3]. Dans ce texte, il développe l'hypothèse dite d'équivalence ricardienne selon laquelle une dette n'a aucun impact réel puisque les contribuables, comprenant que l'endettement ne fait que reporter dans le temps le moment où il faudra payer des impôts, réagissent à un accroissement de la dette de 1 dollar par un accroissement de leur épargne de 1 dollar, lequel leur permettra de payer les impôts reportés le moment venu. Dans un tel cas, la dette n'a aucun impact sur l'investissement puisque la baisse de l'épargne publique — l'endettement — est compensée par une hausse équivalente de l'épargne privée. Bien qu'en vogue pendant un certain temps, l'hypothèse d'équivalence ricardienne a été infirmée par la plupart des études menées depuis sur le sujet[4]. Il découle du rejet

---

[2]   Ce chiffre est tiré du document *Finances d'un Québec Souverain* publié en 2005 par le Parti québécois. La méthode de calcul permettant d'en arriver à une portion de 18,2 % est en fait une actualisation de celle développée par la Commission Bélanger-Campeau.

[3]   Robert J. Barro, « Are Government Bonds New Wealth? », *Journal of Political Economy*, 82, 1974, p. 1095-1117.

[4]   Une recension des études sur le sujet peut être consultée dans Doug Elmendorf et Greg Mankiw dans « Government Debt », dans J.B. Taylor et M. Woodford, éditeurs, *Handbook of Macroeconomics*, volume 1c, chapitre 25, 1999, North-Hollland.

de cette hypothèse que l'endettement public réduit l'investissement. Évidemment, un investissement plus faible a pour conséquence un stock de capital réduit et ultimement, une production et des revenus plus faibles. Le scénario le plus pessimiste en est un dans lequel chaque dollar de dette se traduit par une réduction équivalente de l'investissement. Selon mes calculs[5], dans ce scénario pessimiste, notre dette nette de 104,9 G$ réduit la production annuelle du Québec de 11,6 G$, soit 4,0 % du PIB québécois.

De plus, si la dette nette québécoise est maintenue constante en termes réels — à 104,9 G$ — pour l'éternité, il faut ajouter au coût déjà calculé le fardeau excédentaire des impôts requis pour financer le service de la dette. Avec un taux d'intérêt réel de 5 %[6] et un coût marginal des fonds publics de 1,50 $[7], le fardeau excédentaire d'un dollar de dette supplémentaire est de 2,5 cents — c'est-à-dire 5 % multiplié par 50 cents. Le coût économique du financement de notre dette nette de 104,9 G$ est donc de 2,6 G$.

Au total, dans le scénario pessimiste, le coût annuel de la dette nette du Québec est donc de 14,3 G$, soit 4,9 % du PIB.

Une dette procure par ailleurs des bénéfices sur le plan de l'efficacité économique. Premièrement, la dette peut agir comme mécanisme d'assurance sociale entre cohortes nées à différentes époques. En effet, certaines cohortes peuvent être plus malchanceuses que d'autres. C'est par exemple le cas de celles ayant eu à vivre un effort de guerre ou encore un choc économique important. Dans un monde où le bien-être d'une cohorte varie selon le moment de sa venue au monde, il est efficace d'utiliser l'endettement pour assurer à chaque cohorte un même niveau de bien-être. En d'autres termes, il est efficace que les cohortes malchanceuses s'endettent et fassent supporter aux cohortes plus chanceuses une portion de la malchance qui les a affligées. Il est certainement possible

---

[5] Ces calculs sont disponibles sur demande. La méthode que j'utilise est celle développée par Doug Elmendorf et Greg Mankiw dans « Government Debt », dans J.B. Taylor et M. Woodford, éditeurs, *Handbook of Macroeconomics*, volume 1c, chapitre 25, 1999, North-Hollland.

[6] Cela correspond au coût d'opportunité social calculé dans Pierre Fortin, « L'endettement du secteur public canadien : une introduction au problème », *Actualité Économique*, 70, 1994, p. 65-72.

[7] Il s'agit certainement du meilleur estimé disponible. Cet estimé est tiré de l'étude de Bernard Fortin et Guy Lacroix, « Labour Supply, Tax Evasion and the Marginal Cost of Public Funds: An Empirical Investigation », *Journal of Public Economics*, 55, 1994, p. 407-431.

de trouver dans la dette actuelle du Québec des dollars ayant été empruntés par des cohortes moins chanceuses — pensons à celles ayant eu à vivre les chocs pétroliers et la stagflation des années 70. Je note par ailleurs qu'une portion importante de notre dette actuelle a été contractée ces 25 dernières années lesquelles, sur une échelle historique, ne peuvent que difficilement être qualifiées de mauvaises.

Deuxièmement, l'endettement des gouvernements leur permet de lisser les taux des divers impôts et taxes à travers le temps même si les dépenses ou les recettes fiscales, elles, fluctuent. Pour les économistes, l'action gouvernementale est d'autant plus coûteuse qu'elle induit de grands changements de comportement. Comme le coût social de la taxation est moindre lorsque les impôts et taxes sont lisses plutôt que fluctuants, il en découle que l'endettement peut être avantageux sur le plan de l'efficacité économique. Je note cependant que dans le contexte économique récent du Québec, une dette atteignant périodiquement des sommets d'environ 10 G$ serait certainement suffisante pour permettre le lissage nécessaire de nos impôts et taxes.

Au net, sur le plan de l'efficacité économique, les avantages que je viens de décrire ne font probablement pas le poids devant les coûts importants découlant de l'investissement réduit et du fardeau excédentaire de la taxation permettant son financement, même dans un cas de figure moins défavorable que le scénario pessimiste.

Un deuxième critère utilisé par les économistes est celui de l'équité. Il y a lieu ici de distinguer l'équité intragénérationnelle de l'équité intergénérationnelle.

Le concept d'équité intergénérationnelle réfère à la distribution du bien-être entre les générations. Il y a amélioration de l'équité intergénérationnelle lorsque, par exemple, on redistribue d'une génération à bien-être élevé vers une génération à bien-être faible. Il est évident que l'endettement affecte l'équité intergénérationnelle puisqu'il s'agit en quelque sorte d'un report d'impôts et taxes aux générations futures. Sachant que depuis 100 ans au Québec, le PIB réel s'est accru de manière importante alors que la durée de la semaine de travail allait décroissante, il y a lieu de croire que les générations actuelles ont un niveau de bien-être — plus grande consommation et plus de loisirs — plus élevé que les générations passées. Il est dans ce cas possible d'affirmer que l'endettement contracté par les générations passées a mené à une amélioration de l'équité intergénérationnelle.

Le bien-être des générations futures sera-t-il plus élevé que le nôtre? Bien que je croie au progrès et que je sois généralement confiant en l'avenir, il y a un certain nombre de difficultés devant nous — réchauffement de la planète et autres grands problèmes environnementaux, vieillissement de la population, émergence de l'Asie — qui, dans un cas de figure pessimiste, pourraient faire en sorte que les générations futures aient un niveau de bien-être plus faible que le nôtre. Si on se laisse guider par le principe de précaution, notre désir d'équité intergénérationnelle nous impose de réduire la dette. Il est cependant raisonnable de croire que malgré les écueils, les générations futures auront un niveau de bien-être plus élevé que le nôtre. En même temps, je crois qu'il faut admettre que le niveau de la dette actuelle, élevé comme il est, redistribue suffisamment et possiblement trop en notre faveur. Il faudrait que l'écart de bien-être entre les générations soit énorme pour justifier la dette actuelle.

Le concept d'équité intragénérationnelle réfère, quant à lui, à la distribution du bien-être entre les membres d'une société à un moment précis dans le temps, par exemple aujourd'hui. L'impôt progressif sur le revenu et la fourniture de nombreux services publics furent mis en place au Québec en grande partie pour assurer un niveau acceptable d'équité intragénérationnelle. Bien que la dette elle-même puisse affecter l'équité intragénérationnelle, c'est son service qui est le plus susceptible d'influer sur son niveau. Par exemple, si les taux d'intérêt augmentaient ou qu'un ralentissement économique survenait, le service de la dette augmenterait, ce qui pourrait forcer le gouvernement à réduire d'autant ses dépenses de programme, par exemple en santé ou en éducation, au détriment de l'équité intragénérationnelle. La question est donc de savoir si le service de la dette actuel se situe à un niveau acceptable.

Il me semble que pour le savoir, un examen des données sur une échelle historique peut être utile. Je note tout d'abord que depuis la confédération de 1867, le gouvernement du Québec a eu recours aux emprunts de manière systématique et qu'il a donc toujours eu à payer des intérêts sur sa dette. En 1900, après un effort important dans la construction de chemins de fer dans la province, le service de la dette représentait 31,9 % des dépenses du gouvernement du Québec. Or, tout juste vingt ans plus tard, en 1920, ce même service de la dette avait chuté à 9,1 % des dépenses. En 1940, il s'établissait à 12,0 % et en 1960, à la fin de l'ère Duplessis, à 2,3 %[8]. Il a, de 1960 à 1997, continuellement augmenté et a, depuis, entrepris une diminution. Il faut également mentionner que pour les cent dernières années (1905-2005), le service moyen représentait 9,6 % des dépenses totales, alors que pour la période allant de la fin de la seconde Guerre à aujourd'hui, ce même service moyen s'établissait à 8,1 %. Je retiens de cette perspective historique que le service actuel, à 12,4 %, est élevé.

Ce service de la dette élevé est problématique parce que le niveau de nos impôts est nettement plus élevé aujourd'hui que dans le passé. En effet, accroître les impôts — en cas de coup dur — est aujourd'hui plus difficile qu'auparavant pour au moins deux raisons. Premièrement, il y a lieu de croire que les contribuables réagissent d'autant plus à la taxation — et qu'en conséquence le fardeau excédentaire est d'autant plus grand — que le niveau des impôts est élevé. Accroître les impôts est donc plus coûteux lorsque ceux-ci sont déjà élevés. Deuxièmement, parce que l'économie québécoise est plus fortement intégrée avec celles de ses voisins que dans le passé, certaines assiettes fiscales — sociétés, travailleurs qualifiés — sont plus mobiles et réagissent plus à des variations dans la lourdeur de la fiscalité les affectant. Or, le Québec est entouré de voisins ayant une préférence moins marquée que lui pour les services publics et donc, taxant moins lourdement leurs contribuables. Accroître nos impôts est aujourd'hui plus susceptible que dans le passé d'entraîner le départ — ou d'empêcher l'établissement ici — de sociétés ou de travailleurs qualifiés. Il est donc plus coûteux d'accroître nos impôts dans un contexte de plus forte intégration économique.

Comme il sera difficile et coûteux d'accroître nos impôts en cas de coup dur, il y a lieu de redonner au gouvernement une marge de manœuvre en réduisant le poste de dépenses le plus incompressible de tous : le service de la dette. Si on veut s'assurer de la pérennité de nos services publics et maintenir à un niveau acceptable le niveau de l'équité intragénérationnelle, il y a lieu de diminuer le service de la dette de manière telle que les aléas de la conjoncture économique n'aient qu'un impact limité et temporaire sur la capacité financière du gouvernement. Pour y parvenir, il n'y a pas véritablement d'autres choix que de réduire la dette.

---

[8] Ces chiffres sont tirés de d'une étude de Ruth Dupré, « Un siècle de finances publiques québécoises : 1867-1969 », *Actualité Économique,* 64, 1988, p. 559-583.

Il découle de ce qui précède qu'une réduction de la dette pourrait être avantageuse en termes d'efficacité économique, d'équité intergénérationnelle et d'équité intragénérationnelle. Cependant, je ne suis pas de ceux qui croient que cela doit être fait dans l'urgence. En particulier, je ne crois pas qu'il faille réduire la dette en coupant dans les services publics, pour favoriser l'efficacité économique ou l'équité intergénérationnelle, mais au détriment de l'équité intragénération-nelle. Je crois aussi, et l'histoire semble le confirmer, que le problème auquel nous faisons face n'est pas insurmontable. On a, dans le passé, réussi à réduire la dette et son service de manière substantielle.

Accroître notre richesse

Si réduire la dette est avantageux à de nombreux points de vue, il semble également clair qu'une stratégie de redressement de nos finances publiques ne peut se limiter qu'à ce seul élément. En fait, l'autre élément essentiel de cette stratégie est de faire des choix de politique publique susceptibles d'enrichir le Québec. Pour y parvenir, il est crucial d'agir sur les deux moteurs fondamentaux de la croissance économique : la scolarisation et l'investissement en capital physique.

Un grand nombre d'études ont confirmé l'impact favorable de la scolarisation sur la croissance économique. Par exemple, Card et Lemieux montrent qu'à un niveau d'instruction plus élevé correspondent un niveau de participation et d'emploi plus élevé, une productivité plus forte, et un taux de chômage plus faible[9]. Également, dans une étude sur 14 pays de l'OCDE entre 1960 et 1995, Coulombe, Tremblay et Marchand[10] ont montré que les indicateurs de capital humain — dont la scolarisation — avaient un impact positif sur le sentier de croissance et sur le niveau de long terme de la productivité du travail et du PIB per capita.

Par ailleurs, le rendement privé de l'éducation, bien qu'élevé, ne constitue qu'une fraction de son rendement social. Il en découle que l'État a clairement un rôle à jouer pour que s'accroisse la scolarisation au Québec. Pour y parvenir, il faut, entre autres, accroître de manière

---

[9] David Card et Thomas Lemieux, « Education, Earnings, and the Canadian G.I. Bill », *Canadian Journal of Economics*, 34, 2001, p. 313-344.
[10] Serge Coulombe, Jean-François Tremblay et Sylvie Marchand, « Performance en littératie, capital humain et croissance dans quatorze pays de l'OCDE », 2004, Statistique Canada, Ottawa.

substantielle le budget de l'éducation de l'État québécois. Et en plus de permettre au Québec de s'enrichir, les investissements en éducation peuvent contribuer à accroître l'équité, la scolarisation constituant le plus puissant des mécanismes de mobilité sociale.

Quant à l'investissement en capital physique, de nombreuses études ont montré qu'il était un facteur fondamental de la croissance économique[11]. Accroître l'investissement des entreprises au Québec doit donc être une de nos priorités. Faire en sorte que les entreprises investissent n'est cependant pas aussi simple qu'il y paraisse. L'investissement des entreprises est en effet fonction de nombreux facteurs — géographie et transport, accès aux marchés, accès aux ressources, prix relatifs des facteurs de production — à propos desquels les gouvernements sont essentiellement impuissants. Mais les gouvernements influent tout de même sur l'investissement à travers la fiscalité. En fait, il y a une littérature empirique qui tend à confirmer que l'investissement est plus faible dans les juridictions taxant plus fortement le capital. Par exemple, Chirinko, Fazzari et Meyer montrent qu'aux États-Unis, un accroissement du coût d'usage du capital — ajusté pour la taxation — de 1 % se traduit par une réduction du stock de capital de 0,25 %[12]. Également, Cummins, Hasset et Hubbard, dans une étude de plusieurs pays, montrent qu'un accroissement du coût d'usage du capital de 1 % — ce qui peut résulter d'une fiscalité plus lourde — se traduit par une réduction de l'investissement pouvant aller jusqu'à 1 %[13]. Enfin, Beaulieu, McKenzie et Wen trouvent qu'au Canada entre 1970 et 1997, un accroissement par une province de 10 % de son taux de taxe effectif sur le coût marginal a pour impact une réduction de 3 % des nouveaux établissements manufacturiers[14].

Parmi les nombreux paramètres de la fiscalité des entreprises, il semble que ce soit la taxe sur le capital qui affecte le plus fortement l'investissement. En effet, des simulations effectuées par le

---

[11] Voir par exemple Dale W. Jorgensen, Frank M. Gollop et Barbara M. Fraumeni, *Productivity and U.S. Economic Growth*, Cambridge: Harvard University Press, 1987.

[12] Robert S. Chirinko, Steven M. Fazzari et Andrew P. Meyer, « How Responsive is Business Capital Formation to its User Cost?: An Exploration with Micro Data », *Journal of Public Economics*, 74, 1999, p. 53-80.

[13] Jason G. Cummins, Kevin A. Hassett et R. Glenn Hubbard, « Tax reforms and investment: A cross-country comparison », *Journal of Public Economics*, 62, 1996, p. 237-273.

[14] Eugene Beaulieu, Kenneth J. McKenzie, et Jean-François Wen, *Do Taxes Matter for Firm Location: Evidence from Canadian Provinces*, Working Paper, University of Calgary, 2004.

gouvernement du Québec[15] indiquent qu'une réduction de 1 dollar de la taxe sur le capital, neutre sur le plan des revenus — c'est-à-dire compensée par une taxation forfaitaire de 1 dollar —, aurait pour impact d'accroître le PIB réel du Québec de 0,72 $ à court terme et de 1,21 $ à long terme. Il s'agit, et de loin, de la réduction d'impôt la plus à même d'enrichir le Québec.

Il faut également noter que contrairement à l'idée répandue, une réduction de la taxe sur le capital ne devrait pas se faire au détriment de l'équité intragénérationnelle. Il n'est en effet probablement pas judicieux de se servir de la taxation des entreprises pour redistribuer des riches vers les pauvres. Les entreprises réagissent en effet à la taxation en refilant autant que possible le fardeau des taxes qu'elles ont à assumer aux consommateurs, par des prix plus élevés, ou à leurs travailleurs, par des salaires plus faibles. En définitive, lorsque le report de la taxation est pris en compte, il n'est pas clair du tout que la taxation des sociétés soit un bon outil de redistribution. D'autres impôts et taxes, par exemple l'impôt sur le revenu des particuliers, sont de bien meilleurs outils pour redistribuer.

Accroître les revenus de l'État pour agir

Où donc trouver les sommes nécessaires au remboursement de la dette, à l'accroissement du budget de l'éducation et à la réduction de la taxe sur le capital? Il serait certainement envisageable d'entreprendre ces actions si la question du déséquilibre fiscal était réglée. Cependant, et malgré l'apparence d'ouverture du gouvernement fédéral conservateur récemment élu, je ne crois pas qu'il faille trop espérer de ce côté, car la fonction publique fédérale est résolument opposée à un transfert important de ressources financières ou de pouvoirs aux provinces. Je crois également qu'un Québec souverain disposerait de marges de manœuvre qui lui permettraient d'agir sur la dette, l'éducation et la taxe sur le capital. Cette option politique n'est cependant pas celle privilégiée par le gouvernement provincial actuel. Il faut donc penser à autre chose.

Je crois que l'avenue praticable la plus prometteuse en ce moment consiste à accroître nos exportations d'électricité. Aussi, pour

---

[15] Québec, ministère des Finances, *Impacts économiques des impôts et taxes*, Québec, 2004.

exporter plus, il faudrait idéalement réduire notre consommation et accroître notre capacité de production.

Hydro-Québec travaille à l'heure actuelle à accroître notre capacité de production, que ce soit par la construction de nouveaux barrages hydro-électriques ou encore par le déploiement de parcs de production d'énergie éolienne. Ce travail doit se poursuivre[16].

Trois stratégies nous permettraient par ailleurs de réduire notre consommation d'électricité. La première, qui a eu des résultats mitigés dans le passé, serait de mettre en place des programmes d'efficacité énergétique. La seconde, jamais véritablement essayée au Québec, serait de revoir à la hausse la tarification de l'électricité pour l'une, l'autre ou toutes les grandes catégories de consommateurs — industriel, commercial et résidentiel. La troisième stratégie consisterait en une combinaison des deux premières stratégies. C'est cette troisième option que je privilégie.

Il convient de mentionner qu'une hausse des tarifs d'électricité qui ne serait pas accompagnée de mesures compensatoires pour les familles à faibles revenus se traduirait nécessairement par une détérioration de l'équité intragénérationnelle. La mise en place de telles mesures compensatoires est donc une condition sine qua non à une hausse des tarifs résidentiels. Plusieurs mesures compensatoires sont envisageables. Parmi les possibilités, je note qu'un crédit d'impôt remboursable, modulé selon le revenu familial, ferait parfaitement l'affaire. Il serait également possible de tirer avantage de la structure tarifaire à deux paliers actuellement utilisée par Hydro-Québec, en gardant inchangé le prix de la consommation d'électricité de base, mais en accroissant celui des unités consommées au-delà de cette consommation de base.

Avant de discuter de changements à la tarification de l'électricité, il est utile de rappeler quelques faits. En 2004, Hydro-Québec a vendu 165,9 térawatts heure (TWh) d'électricité à ses clients québécois à un tarif moyen de 5,4 ¢ par kilowatt-heure (kWh)[17]. Tous n'ont cependant pas payé le même prix. Les clients industriels ont payé le prix moyen le plus faible, soit 4,0 ¢/kWh, et ont consommé 74,7 TWh. Les clients

---

[16] Notons que la nouvelle *Politique énergétique du Québec 2006-2015* cible 4,5 TW d'énergie éolienne --- dont 4 TW ayant été annoncé il y a un certain temps --- et plafonne la production éolienne future à 10 % de la demande. Les écologistes croient qu'on pourrait « sans problème » se rendre à 20 %.

[17] Un TWh est l'équivalent d'un million de kWh. Les données présentées proviennent du *Rapport annuel 2004* d'Hydro-Québec.

résidentiels ont quant à eux payé 6,4 ¢/kWh en moyenne pour les 58,0 TWh qu'ils ont consommés. Enfin, ceux du secteur commercial et institutionnel ont payé le prix moyen le plus élevé, 6,7 ¢/kWh, pour une consommation de 33,1 TWh.

Il y a de nombreuses façons de réviser la tarification. Je ne présente ici qu'un scénario pour mieux illustrer mon propos. Il va de soi que d'autres scénarios sont possibles et potentiellement plus avantageux.

Considérons donc simplement l'impact d'une hausse des tarifs de 10 % à l'aide des données de 2004. Selon mes calculs[18], une telle hausse de tarifs aurait pour impact, à long terme, de diminuer de 6,8 TWh la consommation totale d'électricité, la diminution dans le secteur résidentiel étant de 4,3 TWh. Les recettes domestiques d'Hydro-Québec augmenteraient de 429 millions de dollars (M$), l'essentiel — 62 % — de cette somme provenant du secteur industriel et non pas des secteurs résidentiel et commercial. Le secteur résidentiel verrait en effet sa facture s'accroître d'un maigre 65 M$, principalement parce qu'il aurait réagi à la hausse des tarifs par une importante diminution de sa consommation. Il serait évidemment possible d'exporter les TWh libérés. Les 6,8 TWh rapporteraient, à l'exportation, une somme de 577 M$ et au total, Hydro-Québec encaisserait des profits supplémentaires de 1,0 G$. Seule ombre au tableau, le gonflement de la facture du secteur industriel pourrait se traduire par un ralentissement de son activité productive. Je note cependant que les emplois créés par les entreprises énergivores bénéficiant de nos plus bas tarifs coûtent très cher[19]. Il n'est en fait pas

---

[18] Pour effectuer ces calculs, j'ai utilisé des estimés des élasticités de la demande d'électricité des différentes catégories de consommateurs. Le type de calcul que j'ai fait est d'autant plus précis que les changements de prix envisagés sont petits. Dans le cas présent, les changements de prix sont importants et les résultats que je rapporte doivent être vus comme des ordres de grandeur, non pas comme des mesures exactes. Les estimés des élasticités que j'utilise sont tirés des études suivantes : (1) Jean-Thomas Bernard, Éric Boudreault, Valérie Caverivière et Pierre-Renaud Tremblay, *Modèle de prévision de la demande d'énergie au Québec : Secteur résidentiel*, Université Laval, novembre 1999; (2) Jean-Thomas Bernard, Pierre-Renaud Tremblay et Érick Moyneur, *Modèle de prévision de la demande d'énergie au Québec : Secteur commercial*, Université Laval, août 2001; (3) Jean-Thomas Bernard, Éric Boudreault et Pierre-Renaud Tremblay, *Modèle de prévision de la demande d'énergie au Québec : Secteur industriel*, Université Laval, mai 2000. Tous mes calculs sont disponibles sur demande.

[19] Sur ce sujet, voir Pierre Fortin, « L'électricité : Le défi de la rareté », dans Michel Venne, éditeur, *L'Annuaire du Québec 2005*, Fides, 2004, ou encore Gérard Bélanger et Jean-Thomas Bernard. « Aluminium ou exportation : de l'usage de l'électricité québécoise », *Canadian Public Policy / Analyse des politiques*, 17, 1992, p. 197-204.

clair du tout que la fourniture d'électricité à rabais au secteur industriel constitue la meilleure des politiques de développement économique régional.

Ajoutons maintenant au tableau des programmes d'efficacité énergétique. Évidemment, dans un contexte de hausse de tarifs, ces programmes seront bien accueillis par les consommateurs et ils n'en seront que plus efficaces. Ils permettront aux consommateurs de limiter l'impact sur leur facture de la hausse des tarifs. Et plus ils seront efficaces, plus les quantités consommées au Québec diminueront et plus il sera possible d'exporter à fort prix à nos voisins. Il n'est donc pas impossible que la facture de certains consommateurs n'augmente pas à la suite de l'accroissement des tarifs et que les profits d'Hydro-Québec s'accroissent de façon encore plus importante que ce que j'ai décrit dans les paragraphes précédents. Rappelons ici qu'une nouvelle cible d'économie de 8 TWh à l'horizon 2015 a été annoncée dans la récente *Politique énergétique du Québec 2006-2015*. Cette cible est timide selon plusieurs experts et devrait constituer un plancher. Notons que les 8 TWh, s'ils étaient exportés, rapporteraient 680 M$.

Un dernier point. Les Québécois sont aujourd'hui parmi les plus grands consommateurs d'énergie au monde. Si on révisait à la hausse la tarification de notre électricité et qu'on mettait en place, simultanément, des programmes d'efficacité énergétique, il y aurait moyen de réduire de façon très importante notre consommation effrénée d'énergie. Dans ce monde de surconsommation dans lequel nous vivons, cela ne serait pas le moindre des exploits.

Conclusion

Une révision à la hausse des tarifs d'électricité, accompagnée de la mise en place de programmes d'efficacité énergétique et de mesures compensatoires pour les familles à faibles revenus, pourrait accroître substantiellement les profits d'Hydro-Québec, sans grands impacts sur la facture des consommateurs des secteurs résidentiel et commercial. Une portion des profits supplémentaires engrangés par Hydro-Québec pourrait alors être versée à son principal actionnaire, le gouvernement du Québec, lequel utiliserait les sommes[20] pour le

---

[20] Il convient de noter qu'une hausse des profits d'Hydro-Québec aurait eu pour conséquence de réduire les droits de péréquation du Québec à l'époque où ceux-ci

remboursement de la dette, pour accroître le budget de l'éducation et pour réduire la taxe sur le capital. Ces choix politiques se traduiraient par des gains en efficacité économique, par une amélioration en termes d'équité intergénérationnelle et, en assurant la pérennité de nos services publics, par le maintien, à un niveau acceptable, de l'équité intragénérationnelle. Enfin, ces choix politiques seraient avantageux sur le plan environnemental.

étaient établis à l'aide d'une formule stable, ce qui n'est plus le cas aujourd'hui. Utilisant la formule qui avait cours il y a trois ans, j'ai calculé qu'un accroissement de 1 dollar des profits d'Hydro-Québec accompagné du versement de la moitié de ce dollar au gouvernement du Québec se serait traduit par une baisse des droits de péréquation du Québec d'environ 17 ¢. Le taux de récupération implicite aurait donc été d'environ 17 %.

Chapitre 10

Mythes lucides, enjeux de citoyenneté et pactes sociaux

Alain Noël[1]

Avant même d'être un désaccord sur la démographie, la croissance économique ou les finances publiques, le débat amorcé par le manifeste *Pour un Québec lucide* est un différend sur les fondements de la vie politique au Québec. Le manifeste, en effet, brosse un portrait très sombre de la société québécoise. Celle-ci est présentée comme une société paralysée par ses illusions, ses mythes et sa résistance au changement. Aussi néfastes, soient-ils, ces mythes persisteraient, parce qu'ils sont soutenus par des groupes d'intérêt acharnés à repousser toute initiative. En conséquence, le Québec serait moins divisé entre la gauche et la droite ou entre souverainistes et fédéralistes qu'entre les forces du changement et celles, puissantes, de l'immobilisme, qui l'empêcheraient de s'attaquer aux défis posés par la mondialisation, le déclin démographique et l'endettement. Dans les mois qui ont suivi la publication du manifeste, ce thème des illusions et de l'immobilisme a eu beaucoup de succès, et il a été repris à plusieurs sauces.

[1] L'auteur est professeur au Département de science politique de l'Université de Montréal.

Mais la situation du Québec est-elle si catastrophique? Bien sûr que non. Et les enjeux qui préoccupent les signataires du manifeste sont-ils si uniquement québécois? Sans doute pas. Aussi spectaculaire et efficace qu'elle ait été, la démarche des « lucides » est en fait loin d'être unique. La manière était originale — un manifeste court et cinglant signé par un ancien premier ministre et par quelques personnalités connues —, mais le contenu ne l'était pas vraiment. Au contraire, le propos sur la mondialisation et l'immobilisme reprenait presque point par point un discours à la mode dans les cercles dirigeants en Europe et en Amérique du Nord.

En prenant un peu de recul par rapport à la situation du Québec, on peut mieux comprendre la nature du discours « lucide ». Les mythes qui y sont dénoncés, en effet, semblent plutôt vagues et peu effectifs. Par contre, ils masquent d'autres mythes beaucoup plus puissants, qui sont communs à la plupart des sociétés occidentales, et auxquels adhèrent sans arrières arrière-pensées les auteurs du manifeste.

Ce chapitre revient donc sur la notion de mythe pour faire la part des choses entre nos prétendus mythes et ceux des « lucides », puis il élargit un peu la discussion pour aborder des enjeux de citoyenneté qu'un excès de lucidité pourrait amener à oublier, notamment en ce qui concerne les inégalités et le développement social. En terminant, la notion de pacte social est discutée brièvement, comme antidote à l'illusion d'un changement de direction qui se réaliserait de façon volontariste, envers et contre tous.

Mythes lucides

« La lucidité », explique le manifeste *Pour un Québec lucide*, « exige que nous arrêtions de nous bercer d'illusions[2] ». Coauteur du manifeste, André Pratte reprend le même thème dans son livre *Aux pays des merveilles*, et déplore les « mythes dans lesquels nous, Québécois, nous enfermons » et qui « nous empêchent d'agir avec la détermination et la prudence qui s'imposent[3] ». À cet « échafaudage de mythes », et de « fantasmes », Pratte oppose le « pays réel[4] ».

---

[2]   Manifeste *Pour un Québec lucide*, Montréal, 19 octobre 2005, p. 6 ou annexe 2 du présent ouvrage p. 235.
[3]   André Pratte, *Aux pays des merveilles : essai sur les mythes politiques québécois*, Montréal, VLB éditeur, 2006, p. 141.
[4]   *Ibid.*, p. 13.

Dans une veine similaire, Alain Dubuc parle du mythe tenace selon lequel les Québécois « seraient plus à gauche, plus généreux et plus solidaires que les autres Canadiens[5] ».

Mais qu'est-ce donc qu'un mythe? Ce n'est pas simplement une erreur ou un égarement. Pour acquérir le statut de mythe, une idée doit être répandue, convaincante, et ancrée socialement. Les anthropologues, qui ont fait de l'étude du mythe une spécialité, définissent celui-ci comme « … un récit que les gens croient — mais pas le locuteur lui-même; un mensonge donc important, fondateur, mystique, un grand mensonge, qui peut mériter le respect et certainement l'étude[6] ». Dans une société donnée, tous ou presque croient donc au mythe, sauf le locuteur, c'est-à-dire l'anthropologue.

Qu'en est-il des mythes québécois dénoncés par les « lucides », mythes selon lesquels tout va bien ou tout pourrait s'arranger simplement, en réglant le déséquilibre fiscal ou en réalisant la souveraineté par exemple? À première vue, ces grands récits que tous croient sauf le locuteur semblent avoir du plomb dans l'aile. Les « lucides » n'y croient pas, évidemment, mais ils ne sont pas les seuls. Si on en juge par l'accueil fait à leur manifeste, les économistes et les spécialistes du ministère des Finances n'adhèrent pas non plus à « nos mythes », pas plus que le gouvernementGouvernement du Québec, le Parti libéral du Québec, l'Action démocratique, et une bonne partie des membres et des militants du Parti québécois. Les éditorialistes et les chroniqueurs de la plupart des quotidiens du Québec abondent dans le même sens, tout comme les associations patronales, les chambres de commerce, et une multitude d'associations et d'intervenants. En ajoutant les résultats des sondages, qui indiquent une réaction plutôt positive aux propositions des « lucides » (sauf pour les hausses de tarifs d'électricité et le dégel des frais de scolarité), on arrive facilement à une majorité de « locuteurs » imperméables aux mythes supposément communs.

La Révolution tranquille et le modèle québécois ont bien sûr une dimension mythique. L'anthropologie nous enseigne qu'il s'agit là d'un trait de société normal. Mais il apparaît abusif d'en déduire un mythe collectif faisant consensus et brimant tout discours critique et toute tentative de changement. Il est par ailleurs simpliste de contraster,

---

[5]   Alain Dubuc, *Éloge de la richesse : des idées pour donner au Québec les moyens de ses ambitions*, Montréal, Voix parallèles, 2006, p. 176.

[6]   John Leavitt, « Présentation : le mythe aujourd'hui », *Anthropologie et sociétés*, vol. 29, n° 2, 2005, p. 7.

comme le font les « lucides », un tissu d'illusions et de mythes avec un « pays réel » qu'un peu de lucidité devrait révéler sans ambiguïté. Le « pays réel », en effet, n'est jamais autre chose que ce que l'on en dit et en fait. Dans l'univers des représentations, le « réel » et le mythique s'entremêlent de façon complexe, et opposer son « pays réel » aux « illusions » des autres, c'est toujours une illusion, en plus de constituer une posture politique peu susceptible d'engendrer des convergences.

Le discours « lucide » comporte d'ailleurs sa propre dimension mythique. L'énoncé suivant, qui ouvre le manifeste, est éloquent à cet égard : « Alors que notre avenir est menacé par le déclin démographique et la concurrence mondiale, le Québec ne peut se permettre d'être la république du *statu quo*[7] ». Tout y est. Ce sont des forces inexorables, intérieures et extérieures, qui s'imposent à nous et menacent littéralement « notre avenir ». Ces forces ne nous laissent pratiquement aucun choix, et elles exigent que nous sortions collectivement de notre torpeur.

Heureusement, nous ne sommes pas seuls. En témoigne un constat du politologue britannique Francis G. Castles, qui écrivait dans un ouvrage paru en 2004 :

> Des prises de position influentes nous expliquent de diverses façons que tout le projet de l'État-providence est menacé par les tendances économiques mondiales et que les demandes d'une population vieillissante rendent impossible le financement de la protection sociale pour la génération qui vient. Elles nous annoncent aussi que des responsables cherchent à composer avec de telles forces en mettant de l'avant de grands projets de réforme de l'État-providence, mais que ce faisant ils ne peuvent plus s'inspirer des conflits classiques entre la gauche et la droite (…). On commence aussi à faire état d'une nouvelle menace à la viabilité des sociétés contemporaines et des politiques sociales sur lesquelles elles reposent : la menace d'un déclin rapide et calamiteux de la population causé par des taux de fertilité en chute libre (…)[8].

---

[7] Manifeste *Pour un Québec lucide*, p. 2 ou annexe 2 du présent ouvrage p. 229.
[8] Traduction de l'auteur. Francis G. Castles, *The Future of the Welfare State: Crisis Myths and Crisis Realities*, Oxford, Oxford University Press, 2004, p. 1.

Les modalités varient selon les sociétés, certaines se souciant plus des enjeux démographiques, d'autres de la mondialisation, mais un peu partout dans les pays de l'OCDE on retrouve le même discours aux accents « lucides ». Si bien que Castles parle d'un « mythe de la crise » commun à tous les pays occidentaux. La structure est partout la même : la mondialisation, les coûts croissants associés au vieillissement, et le ralentissement économique lié au déclin démographique nous forcent à revoir et à limiter nos ambitions collectives, et pour ce faire il faut absolument sortir de l'immobilisme et échapper aux ornières creusées par le vieux débat entre la gauche et la droite. Reprenons ces éléments un à un.

D'abord, la mondialisation. Il y a quelques années, c'était les États-Unis qui semblaient menacer les autres économies, puis le Japon, puis la Corée et Taiwan. Aujourd'hui, ce sont la Chine et l'Inde qui risquent de faire de nous au mieux des rentiers, au pire des chômeurs. Pourtant, la part du commerce international dans le produit intérieur brut (PIB) des pays de l'OCDE n'a augmenté en moyenne que de 3 points de pourcentage entre les années 1980 et les années 1990[9]. Au Québec, la progression a été plus spectaculaire. En 1981, les exportations internationales de biens comptaient pour 14 % du PIB québécois; en 1998, elles atteignaient 28 %[10]. Mais le gros de ces échanges se fait non pas avec l'Asie, mais avec les États-Unis. Au début de 2006, près de 80 % des exportations internationales de marchandises du Québec allaient encore vers les États-Unis, contre 4 % pour l'ensemble de l'Asie. Les importations étaient plus diversifiées, avec 17 % du total en provenance d'Asie, mais les Américains demeuraient là aussi nos principaux partenaires[11].

La mondialisation des échanges économiques est un fait. Mais elle se réalise de façon graduelle et, pour le Québec, elle implique surtout un accroissement des échanges avec les États-Unis dans le cadre de l'ALENA, situation où nos producteurs tirent assez bien leur épingle du jeu. Une analyse récente de Jean-Michel Cousineau montre d'ailleurs que l'emploi manufacturier se maintient au Québec

---

[9]   *Ibid.*, p. 97.
[10]   La part des importations dans la demande intérieure totale a évolué dans les mêmes proportions, passant de 14,7 % en 1981 à 28,1 % en 1998. Québec, Institut de la statistique du Québec, *Commerce extérieur du Québec, 1981-1998*, Québec, gouvernement du Québec, décembre 1999, p. 62-63.
[11]   Québec, Institut de la statistique du Québec, *Commerce international des marchandises du Québec*, vol. 7, n° 1, Québec, gouvernement du Québec, juin 2006, p. 2.

dans les années 2000, à l'exception des secteurs du textile et du vêtement, où les pertes sont importantes. Mais même dans ces cas, le facteur principal n'aurait pas été la montée des producteurs asiatiques, mais la force du dollar canadien, qui a miné des secteurs déjà fragiles[12].

Plus généralement, toute la littérature sur les relations entre la mondialisation et l'État-providence contredit l'hypothèse d'une « course vers le bas » qui entraînerait inexorablement les différents pays vers une protection sociale minimale. En fait, c'est plutôt le contraire qui se produit. Plus les pays ont une économie ouverte, plus ils ont tendance à avoir un État-providence développé et généreux[13]. Les politologues allemands Elmar Rieger et Stephan Leibfried empruntent une image à l'économiste Joseph Schumpeter pour rendre compte du phénomène. Dans *Capitalism, Socialism and Democracy*, paru en 1942, celui-ci écrivait que les automobiles pouvaient maintenant rouler vite parce qu'on les avait équipées de bons freins. La même chose semble vraie pour la mondialisation. C'est grâce à la protection sociale qu'ils se sont donnée que les pays démocratiques ont pu accepter, et même promouvoir, l'ouverture des marchés[14].

Il y a bien eu des reculs de la protection sociale dans les quinze dernières années, touchant en particulier les personnes les plus pauvres. Mais ces reculs ne sont pas associés directement à la mondialisation et ils n'ont pas amené une convergence générale vers le bas[15]. Les déterminants principaux de ces changements ont plutôt été politiques, les partis de droite au pouvoir étant plus susceptibles de réduire les dépenses sociales sans contreparties, alors que les partis de gauche avaient tendance à compenser les coupures qu'ils ont aussi faites par l'introduction de mesures répondant à de nouveaux besoins, pour les personnes âgées et les familles notamment[16]. Le vieux clivage entre la droite et la gauche n'est donc pas mort.

En ce qui concerne le vieillissement de la population, la situation est également moins simple, et probablement moins inquiétante, qu'il

---

[12] Jean-Michel Cousineau, « La mondialisation et les marchés du travail », présentation au 31e Congrès de l'Association des économistes québécois (ASDEQ), Montréal, 4 et 5 mai 2006.

[13] Jonas Pontusson, *Inequality and Prosperity: Social Europe vs. Liberal America*, Ithaca, Cornell University Press, 2005, p. 198-200.

[14] Elmar Rieger et Stephan Leibfried, *Limits to Globalization: Welfare States and the World Economy*, Cambridge, Polity, 2003, p. 6.

[15] Pontusson (2005), *op. cit.*, p. 203; Castles (2004), *op. cit.*, p. 70-72.

[16] Pontusson (2005), *op. cit.*, p. 201; Castles (2004), *op. cit.*, p. 109-115.

n'y paraît. Au total, les dépenses de retraite et de santé augmentent moins en conséquence du vieillissement de la population qu'en fonction de la nature des régimes de pension et de santé publique[17]. Pour les pensions, les pays aux prises avec les plus grandes difficultés ne sont pas ceux dont la population vieillit le plus rapidement, mais plutôt ceux qui ont des taux d'activité faibles, des régimes de retraite généreux, et un financement par répartition (les travailleurs actuels paient pour les retraités actuels) plutôt que par capitalisation (les travailleurs actuels paient pour leur retraite future)[18]. C'est le cas de plusieurs pays d'Europe continentale, mais ce n'est pas celui du Québec. Le Québec, comme le Canada, occupe à cet égard ce que le sociologue John Myles appelle « une position enviable ». Tout en protégeant bien les personnes âgées contre la pauvreté, « les dépenses (...) pour la sécurité du revenu des aînés sont modestes suivant les normes internationales et devraient atteindre au maximum des niveaux bien inférieurs à ceux prévus par la plupart des autres États occidentaux au cours du prochain siècle[19] ». Ces dépenses sont aussi en bonne partie associées à des programmes capitalisés, ce qui leur donne des assises solides à long terme[20]. Les dépenses de santé augmentent évidemment plus rapidement, mais le vieillissement n'est pas, là non plus, la dimension principale du problème[21]. En fait, au cours des dernières décennies, le vieillissement de la population a eu très peu d'impact sur les dépenses de santé du Québec. C'est plutôt l'augmentation de la consommation moyenne de services par personne âgée — un phénomène assez mal compris — qui a fait augmenter les coûts du régime public[22]. Le défi pour les années à venir sera donc de contenir les coûts, avec une population âgée plus en santé, en santé mais probablement aussi plus exigeante, et une médecine dotée de technologies supérieures, mais souvent aussi plus coûteuses. L'enjeu consistera également à déterminer la part du privé

---

[17] Castles (2004), *op. cit.*, p. 138-139.

[18] François-Xavier Merrien, Raphaël Parchet et Antoine Kernen, *L'État social : une perspective internationale*, Paris, Armand Colin, 2005, p. 292-98.

[19] John Myles, *La maturation du système de revenu de retraite du Canada : niveaux de revenu, inégalité des revenus et faibles revenus chez les gens âgés*, n° de catalogue 11F00MPE n° 147, Ottawa, Statistique Canada, mars 2000, p. 1.

[20] Marcel Mérette, « The Bright Side: A Positive View on the Economics of Aging », *Choices*, vol. 8, n° 1, mars 2002, p. 15.

[21] Castles (2004), *op. cit.*, p. 133-34.

[22] Anne Lefebvre et Lee Sodestrom, *Le vieillissement de la population québécoise : conséquences sur le financement des dépenses publiques de santé*, Rapport présenté au Conseil de la santé et du bien-être, Québec, gouvernement du Québec, novembre 2000, p. 54.

et du public dans le financement de soins de santé dont les coûts augmenteront, et la place respective de l'égalité de traitement et de la liberté de choix dans les valeurs à mettre en œuvre[23]. Les défis sont donc réels, mais ils relèvent moins de forces démographiques inexorables que d'évolutions techniques, sociales et politiques qui peuvent faire l'objet de débats publics.

Reste donc le déclin démographique, préoccupation centrale dans l'argumentaire « lucide ». Dans ce cas, le problème apparaît plausible, dans la mesure où, toutes choses égales par ailleurs, une croissance démographique moindre risque de ralentir le développement économique. Mais encore là, le problème n'est pas uniquement québécois, et tout n'est peut-être pas égal par ailleurs. D'abord, plusieurs évolutions pourraient compenser la diminution attendue de la population active, notamment une augmentation du taux d'activité et des qualifications des personnes en âge de travailler, une augmentation des revenus de salariés devenus plus rares, ou des retraites prises plus tardivement[24]. Ensuite, la tendance au déclin de la population est probable, mais pas certaine. Différents facteurs pourraient l'atténuer, comme les nouvelles politiques familiales, dont les effets ne peuvent s'évaluer à court terme[25]. Le Québec, en effet, est un cas un peu particulier, avec un marché du travail assez souple, typique des pays anglo-saxons, et des politiques familiales plus proches de ce que l'on retrouve en Europe continentale. En Europe, plusieurs experts suggère suggèrent justement de contrer le déclin démographique en améliorant les perspectives d'emploi pour les femmes en âge d'avoir des enfants et en offrant de meilleurs services de garde[26]. C'est un peu la voie que suit déjà le Québec, sans beaucoup de succès jusqu'ici. Plusieurs explications sont possibles. D'abord, les politiques familiales ne sont pas pleinement déployées, créant encore de l'incertitude quant à l'accès aux services de garde, notamment pour les familles moins nanties[27]. Deuxièmement, le soutien du revenu pour les familles demeure modeste, laissant des taux de pauvreté pour les ménages avec enfants beaucoup plus

---

[23] Bruno Palier, *La réforme des systèmes de santé,* Paris, PUF (Collection Que sais-je?), 2004, p. 123-24.
[24] Mérette (2002), *op. cit.*
[25] Castles (2004), *op. cit.,* p. 165-166.
[26] *Ibid.,* p. 155 et 164.
[27] Christa Japel, Richard E. Tremblay et Sylvana Côté, « La qualité, ça compte! Résultats de l'Étude longitudinale du développement des enfants du Québec concernant la qualité des services de garde », *Choix,* vol. 11, n° 4, octobre 2005, p. 33.

importants que ce que l'on retrouve en Europe continentale[28]. Troisièmement, les perspectives d'emploi pour les jeunes parents, hommes et femmes, sont toujours insuffisantes.

Ces dernières considérations font apparaître l'angle mort de la vision « lucide ». Si le déclin démographique est si préoccupant, pourquoi ne pas chercher à en modifier le cours en améliorant les politiques familiales, ou à en atténuer les impacts en misant sur la croissance de l'emploi et des salaires? Pourquoi mettre plutôt l'accent sur la décroissance, le retrait de l'État, et la réduction de la dette? Probablement parce qu'au Québec comme ailleurs, comme le note Francis Castles, « le discours sur les impacts budgétaires du vieillissement est motivé plus par des considérations à court terme sur le contrôle ou la réduction des dépenses publiques que par des inquiétudes justifiées à propos des conséquences du changement démographique[29] ».

Enjeux de citoyenneté

Compte tenu du pessimisme ambiant, la situation économique du Québec apparaît somme toute assez favorable. La croissance du produit intérieur brut est bonne (2,2 % en 2005), le taux de chômage se situe à son plus bas niveau depuis trente ans (8,3 % en 2005), et le gouvernement réussit depuis quelques années à maintenir l'équilibre budgétaire, tout en réinvestissant dans certains secteurs prioritaires comme les soins de santé et l'éducation[30]. En outre, depuis 25 ans, le Québec a considérablement réduit l'écart qui le séparait de l'Ontario, que ce soit en termes de croissance, de revenu disponible, de taux de chômage ou de taux d'activité[31].

Dans la lutte contre la pauvreté, le Québec pourrait même avoir pris les devants. Le tableau 10-1 présente l'évolution de la proportion

---

[28] Garnett Picot et John Myles, *L'inégalité du revenu et le faible revenu au Canada : une perspective internationale*, n° de catalogue 11F0019MIF n° 240, Ottawa, Statistique Canada, février 2005, p. 13; Canada, Statistique Canada, *Le revenu au Canada 2004*, n° de catalogue 75-202-XIF, Ottawa, Statistique Canada, mars 2006, p. 99 et 109.

[29] Traduction de l'auteur. Castles (2004), *op. cit.,* p. 139.

[30] Québec, ministère des Finances, *Budget 2006-2007 : Plan budgétaire*, Québec, mars 2006, section 1, p. 3.

[31] Alain Guay et Nicolas Marceau, *Le Québec n'est pas le cancre économique qu'on dit : les écarts avec le reste du Canada s'effacent progressivement depuis 25 ans*, version amendée, Montréal, Institut du nouveau monde, décembre 2005.

de personnes à faible revenu dans la population de 1996 à 2004 pour le Canada, l'Ontario et le Québec.

TABLEAU 10-1

Personnes à faible revenu après impôt en proportion de la population totale, 1996-2004

	1996	2000	2004
Canada	15,7	12,5	11,2
Ontario	14,2	10,8	10,6
Québec	18,8	14,8	11,2

Source :   Statistique Canada[32].

Il y a dix ans, en 1996, le Québec se situait loin derrière l'Ontario, avec une proportion de personnes sous le seuil de faible revenu de presque 19 %. En 2000, le Québec tirait toujours de l'arrière, avec quatre points de pourcentage de plus que l'Ontario et presque 15 % de personnes pauvres. Quatre ans plus tard, en 2004, le Québec avait rejoint la moyenne canadienne et avait une situation comparable à celle de l'Ontario, surtout si l'on tient compte du fait que les mesures de faible revenu de Statistique Canada ne considèrent pas les écarts de coût de la vie d'une province à l'autre. En corrigeant pour ces différences et pour quelques autres biais de mesure, on obtiendrait pour 2004 des taux de faible revenu inférieurs à ceux de l'Ontario[33].

Pour les familles avec enfants de moins de 18 ans, l'évolution des dernières années apparaît encore plus remarquable, comme l'indiquent les données du tableau 10-2.

---

[32]   Canada, Statistique Canada, *Le revenu au Canada 2004*, p. 99, 109 et 111.
[33]   Pierre Lanctôt et Guy Frechet, *Les seuils de faible revenu 'personnalisés' de Statistique Canada; fiche synthèse*, Québec, ministère de l'Emploi et de la Solidarité sociale, février 2002, p. 1-4.

TABLEAU 10-2
Familles comptant des personnes de moins de 18 ans à faible revenu après impôt en proportion de la population totale, 1996-2004

	1996	2000	2004
Canada	18,6	13,8	12,8
Ontario	18,0	12,8	12,8
Québec	20,1	16,0	10,9

Source :   Statistique Canada[34].

Parti de plus loin, le Québec a, pour les familles clairement dépassé l'Ontario et la moyenne canadienne. Statistique Canada ne se prononce que prudemment sur les causes de cette évolution, que l'on commence tout juste à documenter, et attribue les progrès d'ensemble à la croissance de l'emploi et des salaires qu'a permis permise une conjoncture économique favorable[35]. Mais l'évolution du marché du travail à elle seule n'explique pas tout, puisque les gains varient plus d'une province à l'autre que la croissance économique, et qu'ils diffèrent aussi en fonction du type de ménage.

Au minimum, ces données viennent confirmer l'importance du rattrapage économique effectué par le Québec depuis une décennie. Elles indiquent aussi que la pauvreté n'est pas une fatalité, et que les efforts du Québec en matière de protection sociale et de redistribution portent fruit[36]. Encore très récentes, ces tendances suggèrent aussi que la situation bouge toujours, et parfois pour le mieux, dans cette société prétendument immobile et menacée de devenir une « république du *statu quo* ».

Nos politiques publiques et nos façons de faire — le « modèle québécois » — ont donc encore des mérites. Mais beaucoup reste à faire. En 2001 sur l'île de Montréal, 30 % des personnes vivaient dans un ménage à faible revenu, même si dans plusieurs cas elles avaient des revenus de travail. Quatre salariés sur dix, en effet, gagnaient moins de 20 000 $ par année, un revenu insuffisant pour permettre à

---

[34] Canada, Statistique Canada, *Le revenu au Canada 2004*, p. 99, 109 et 111.
[35] *Ibid.*, p. 7.
[36] Alain Guay et Nicolas Marceau tirent les mêmes conclusions à partir d'indicateurs différents. Guay et Marceau (2005), *op. cit.*, p. 12-15.

une personne d'échapper à la pauvreté[37]. Souvent des femmes, des jeunes, des immigrants ou des personnes de couleur noire, ces travailleurs avaient tendance à avoir des emplois atypiques, non syndiqués et instables. Ils étaient par ailleurs vulnérables face à une perte d'emploi, puisqu'puisque à peine un tiers des chômeurs montréalais se qualifiait pour recevoir des prestations d'assurance-emploi[38]. Même l'aide sociale, en bout de ligneau bout du compte, offrait une protection amoindrie. En 2005, une personne seule avec un enfant recevait 15 395 $ (en incluant les transferts fédéraux), comparativement à 16 010 $ (en dollars de 2005) dix ans plus tôt, en 1995[39].

Sur certains plans, des efforts réels ont été faits. On Qu'on pense, par exemple, aux prestations pour enfants, aux suppléments aux revenus de travail, aux services de garde ou à l'assurance médicaments. En même temps, les programmes traditionnels de sécurité du revenu se sont détériorés, alors même que le marché du travail créait relativement moins d'emplois stables et bien payés[40].

La tendance est lourde. Dans tous les pays de l'OCDE, on observe depuis les années 1980 une montée des inégalités, liée principalement à la répartition changeante des emplois et des salaires sur le marché du travail. Aux États-Unis et en Grande-Bretagne, cette évolution s'est traduite par des conditions de vie de plus en plus inégales[41]. Ainsi, en 2005 le P.D.G. américain moyen gagnait 262 fois plus que le salarié moyen, comparativement à 115 fois en 1997, 56 fois en 1989 et 20 fois en 1965. À la fin de sa première journée au bureau, ce dirigeant moyen de 2005 avait déjà gagné ce qu'obtiendrait

---

[37] Pierre-Joseph Ulysse, *Quand le travail n'empêche plus d'être pauvre!*, rapport présenté au Forum régional sur le développement social de l'Île de Montréal, Montréal, Conférence régionale des élus, mars 2006, p. 36-37.

[38] 34,3 % à Montréal en 2004. Don Drummond et Gillian Manning, « From Welfare to Work in Ontario: Still the Road Less Travelled », *TD Economics Special Report*, Toronto, TD Bank Financial Group, 8 septembre 2005, p. 8.

[39] Canada, Conseil national du bien-être social, *Revenus du bien-être social, 2005*, Ottawa, Conseil national du bien-être social, été 2006, p. 68.

[40] Keith G. Banting, « Do We Know Where We Are Going? The New Social Policy in Canada », *Canadian Public Policy*, vol. 31, n° 4, décembre 2005, p. 421-430; Ken Battle, Michael Mendelson et Sherri Torjman, « The Modernization Mantra: Toward a New Architecture of Canada's Adult Benefits », *Canadian Public Policy*, vol. 31, n° 4, décembre 2005, p. 431-438; Task Force on Modernizing Income Security for Working-Age Adults, *Time for a Fair Deal*, Toronto, St. Christopher House et Toronto City Summit Alliance, mai 2006.

[41] Robert Hunter Wade, « Is Globalization Reducing Poverty and Inequality? », *World Development*, vol. 32, n° 4, avril 2004, p. 578.

son employé moyen au bout de 52 semaines[42]. Dans la plupart des pays d'Europe continentale, comme au Canada et au Québec, les politiques publiques ont en partie compensécompensée cette montée des inégalités sur le marché[43]. Mais la pression est réelle, et la réponse demeure redevable de la volonté politique.

L'insécurité engendrée par un marché du travail plus inégalitaire affecte particulièrement les jeunes en âge de former des familles, puisqu'ils sont moins bien établis sur le marché du travail. Ceci ne signifie pas qu'il faille y voir un conflit de générations. Le clivage, en effet, passe moins entre les jeunes et les retraités qu'entre ceux qui ont des emplois stables et des revenus assurés et ceux qui n'en ont pas[44]. Et les conséquences concernent toute la société, puisqu'à défaut de pouvoir s'installer, les jeunes ont tendance à reporter le moment où ils auront des enfants, s'ils en ont. Ce qui nous ramène au déclin démographique.

Le dernier rapport sur le développement de la Banque mondiale met l'accent sur l'égalité comme facteur de développement économique et social. Le rapport souligne la relation étroite qui lie l'égalité des revenus et des conditions de vie au développement d'institutions démocratiques et à la croissance économique. En Espagne, par exemple, la croissance des années 1960 et 1970 a réduit les inégalités et grandement facilité à partir de 1975 la transition vers la démocratie. En retour, la démocratisation a amené d'importants investissements publics, en éducation notamment, et le développement de nombreux programmes sociaux qui ont encore diminué les inégalités, tout en consolidant les institutions politiques et sociales de l'Espagne démocratique et en favorisant la croissance économique[45]. Dans un enchaînement vertueux, l'égalité, la démocratie et la croissance se sont renforcées mutuellement.

On ne le note pas suffisamment, mais la Révolution tranquille a été une phase de rattrapage économique et social largement axée sur

---

[42] Lawrence Mishel, « CEO-to-Worker Pay Imbalance Grows », *Economic Snapshots*, Washington, D. C., Economic Policy Institute, 21 juin 2006.

[43] Lane Kenworthy et Jonas Pontusson, « Rising Inequality and the Politics of Redistribution in Affluent Countries », *Perspectives on Politics*, vol. 3, n° 3, septembre 2005, p, 459-461.

[44] Gøsta Esping-Andersen, « Inequality of Incomes and Opportunities », dans Anthony Giddens et Patrick Diamond (dir.), *The New Egalitarianism*, Cambridge, Polity Press, 2005, p. 9.

[45] World Bank, *World Development Report 2006: Equity and Development*, Washington, D. C., World Bank, 2005, p. 105-106.

la recherche d'une plus grande égalité. En 1961, le Québec était une province pauvre du Canada et les Canadiens français en constituaient l'un des groupes ethniques les moins fortunés. Dans l'unique province où ils étaient majoritaires, les francophones se cantonnaient largement dans les emplois peu qualifiés et mal payés, alors que les anglophones occupaient une grande part des postes de direction et des emplois qualifiés. En moyenne, un Québécois francophone ne gagnait que 66 % des revenus d'un concitoyen anglophone. Même lorsqu'ils étaient bilingues, les francophones gagnaient en moyenne moins que les anglophones bilingues, et eux-mêmes s'en tiraient paradoxalement moins bien que les anglophones unilingues. « L'origine ethnique », notait en 1969 la Commission royale d'enquête sur le bilinguisme et le biculturalisme (Commission Laurendeau-Dunton), semblait avoir « sur les revenus une répercussion plus grande que la connaissance des langues[46] ».

Les sciences sociales nous enseignent que ce type de clivages a la vie dure. La Banque mondiale parle de « trappes d'inégalité » pour décrire la propension des inégalités à se renforcer mutuellement et à se reproduire dans le temps[47]. Aussi contre-productivescontre-productive soient-elles, les inégalités persistent alors et se perpétuent, jusqu'à avoir l'air naturelles, dans l'ordre des choses[48]. Le Québec a cependant réussi à casser le moule et à changer la donne. En moins de trente ans, de 1960 au milieu des années 1980, l'écart de revenus entre les francophones et les anglophones a été comblé. En misant sur l'action collective et l'intervention de l'État, les Québécois ont défait la division linguistique du travail qui défavorisait la majorité, créé de nouvelles entreprises à propriété francophone et graduellement rattrapé les citoyens des provinces plus riches, en termes d'éducation, de productivité, de salaires et de niveaux de vie[49]. De tels résultats sont tout simplement remarquables et ils expliquent largement pourquoi l'action collective et l'intervention de l'État conservent aux yeux des Québécois une légitimité qu'elles n'ont pas ailleurs en Amérique du Nord.

---

[46] Commission royale d'enquête sur le bilinguisme et le biculturalisme, *Rapport*, vol. 3A, Ottawa, Imprimeur de la Reine, 1969, p. 21.

[47] World Bank, *World Development Report 2006*, p. 20-23.

[48] Charles Tilly, *Durable Inequality*, Berkeley, University of California Press, 1998.

[49] Alain Noël, « Le chômage en héritage », dans Alain-G. Gagnon, dir., *Québec : État et société*, Montréal, Québec/Amérique, 1994, p. 407-442; Marc V. Levine, *La reconquête de Montréal*, Montréal, VLB éditeur, 1997, p. 255-350.

Pourrait-on encore une fois miser sur l'égalité, cette fois-ci pour contrer le déclin démographique et le ralentissement économique? Un tel projet serait assurément plus enthousiasmant que de limiter nos ambitions à la réduction de la dette ou à la promotion et au confort de quelques gagnants, qui menaceront toujours de quitter le Québec pour devenir des P.D.G. américains payés 262 fois le salaire moyen. Pour s'engager dans cette direction, cependant, il faut le vouloir et prendre les moyens en conséquence.

Pactes sociaux

La pièce maîtresse du discours « lucide », qui se retrouve également dans la version occidentale du « mythe de la crise », concerne l'immobilisme de la société. Toute idée neuve serait accueillie par « une levée de boucliers » et ses promoteurs immédiatement convoqués « devant le tribunal d'inquisition du consensus québécois ». Des « groupes de pression de toutes sortes, dont les grands syndicats » bloqueraient tout changement, et même le gouvernement ne réussirait pas à « vaincre la résistance et l'inertie[50] ».

Ce constat pessimiste est plusieurs fois étrange. Premièrement, il donne l'impression que les syndicats, les groupes sociaux et les idées « progressistes » dominent tout le Québec. Le pouvoir ne semble pas compter. Que des gouvernements de droite ou de centre-droit soient en place à Québec, à Ottawa et dans la plupart des municipalités, que l'essentiel de l'économie soit aux mains d'entreprises privées, et que les grands journaux et presque tous leurs chroniqueurs soient de sensibilité lucide apparaît ainsi sans importance. Pour faire avancer les choses, les « lucides » ont-ils donc besoin d'un contrôle total et absolu?

Deuxièmement, ce diagnostic est en porte-à-faux avec l'ensemble des innovations sociales et institutionnelles qui ont marqué le Québec depuis dix ans. Sur le plan social uniquement, le nombre, l'ampleur et la cohérence de ces innovations sont tels que l'on parle maintenant

---

[50] Manifeste *Pour un Québec lucide*, p. 6 ou annexe 2 du présent ouvrage p. 235.

d'un « modèle québécois seconde manière », faisant une large place à l'économie sociale[51].

Troisièmement, pris au sérieux, le constat « lucide » débouche sur une impasse politique et sociale. Pourquoi, en effet, le Québec apparaît-il immobilisé? Parce que, au-delà des mythes et des illusions, il compterait trop de groupes de toutes sortes, déterminés à défendre leurs avantages et intérêts propres, au détriment du bien commun. Le diagnostic est typique d'une certaine vision du monde, selon laquelle la société est composée d'individus rationnels cherchant uniquement à promouvoir leurs intérêts personnels. Dans cette optique, les groupes organisés visent avant tout à acquérir ou à maintenir des privilèges et des droits acquis, et plus ils sont nombreux et puissants, plus la société devient inefficace et paralysée[52]. Mais comment se sort-on d'une telle impasse? Si l'on se fie au manifeste des « lucides », il faut exhorter les citoyens à « abandonner le premier réflexe qui est celui de tous, en particulier dans le Québec d'aujourd'hui : protéger ses intérêts et faire appel à l'intervention du gouvernement[53] ». Mais si les citoyens sont vraiment rationnels et égoïstes, pourquoi agiraient-ils ainsi? Pourquoi suspendraient-ils momentanément leur rationalité? Dans la perspective économiste économique qu'adoptent les « lucides », l'appel à la bonne volonté et au dépassement personnel n'a pratiquement pas de sens. Une autre solution, par contre, pourrait se profiler discrètement. Au nom de l'urgence, ne devrait-on pas contourner les institutions et les groupes organisés pour tout simplement imposer les solutions nécessaires?

Difficile à mettre en œuvre, une telle solution ne serait pas sans précédent. Confrontés à des crises politiques et économiques majeures, les gouvernements d'Amérique latine ont souvent utilisé le procédé dans les années 1980 et 1990, en passant outre aux institutions et aux acteurs sociaux pour adopter des recettes impopulaires et douloureuses au nom du bien commun à long terme. Cela s'appelle mettre le populisme au service du néo-libéralisme[54]. L'approche, cependant, s'est avérée peu efficace, fortement

---

[51] Yves Vaillancourt, « Le modèle québécois de politiques sociales et ses interfaces avec l'union sociale canadienne », *Enjeux publics*, vol. 3, n° 2, Montréal, Institut de recherche sur les politiques publiques, janvier 2002, p. 9-10.

[52] Pour un classique du genre, voir Mancur Olson, *Grandeur et décadence des nations : croissance économique, stagflation et rigidités sociales*, Paris, Bonnel, 1983.

[53] Manifeste *Pour un Québec lucide*, p. 6-7 ou annexe 2 du présent ouvrage p. 235.

[54] Kurt Weyland, « Neoliberal Populism in Latin America and Eastern Europe », *Comparative Politics*, vol. 31, n° 4, juillet 1999, p. 379-401.

génératrice d'inégalités, et plutôt malsaine du point de vue démocratiquede la démocratie[55]. Un tel procédé, heureusement, apparaît peu plausible dans une démocratie comme le Québec, dotée d'une forte société civile et d'institutions bien ancrées.

Sur le plan politique, donc, les solutions « lucides » supportent mal l'analyse. Ou bien la bonne volonté est possible, et alors le diagnostic d'immobilisme apparaît exagéré, ou alors elle ne l'est pas, et on voit mal comment on peut sortir de l'impasse sans tout casser.

En fait, la société québécoise est forte de ses institutions. Les partis politiques mobilisent de nombreux membres et financent leurs activités de façon relativement transparente et honnête, le mouvement syndical est solide et apte à pratiquer la concertation, et les mouvements sociaux sont vigoureux et porteurs de nombreuses innovations démocratiques et sociales. Quoi qu'en pensent ceux qui y voient un mythe de plus, ces institutions façonnent nos valeurs et font effectivement du Québec une société distincte en Amérique du Nord, plus favorable à la recherche de l'égalité, à l'intervention de l'État et au mouvement syndical, plus pacifiste et sensible aux enjeux environnementaux, et plus ouverte quant aux droits des femmes, des minorités ou des accusés[56].

Dans un tel contexte, le changement ne peut pas se penser contre, mais avec la société civile. Les Européens ont inventé la notion de pacte social pour rendre compte de leurs façons concertées de faire face aux défis posés par la mondialisation, le changement démographique et l'endettement. De tels pactes ne sont pas faciles à

---

[55] Kurt Weyland, « Neoliberalism and Democracy in Latin America: A Mixed Record », *Latin American Politics and Society*, vol. 46, n° 1, printemps 2004, p. 135-157.

[56] Presque tous les sondages comparatifs confirment ces différences, ce que comprennent d'ailleurs fort bien les politiciens fédéraux. Il y a quelques années, une étude canadienne qui cherchait à établir la différence entre les citoyens du Canada et ceux des États-Unis se butait constamment à ce fait, aussi tenace que dérangeant pour l'auteur. L'écart séparant les Québécois des Canadiens anglais était en effet souvent plus grand que celui qui distinguait les Canadiens des Américains. Lorsqu'on leur demandait, par exemple, si le gouvernement devrait voir à ce que chacun ait un emploi et un niveau de vie décent, 73 % des francophones du Canada (principalement des Québécois) répondaient oui, contre 44 % des anglophones canadiens et 24 % des Américains. Quand on vérifiait si en temps de crise le gouvernement devrait pouvoir déclarer une urgence nationale et suspendre les droits et libertés, seulement 37 % des francophones approuvaient, contre 41 % des Américains et 52 % des anglophones du Canada. George Perlin, « The Constraints of Public Opinion: Diverging or Converging Paths? », dans Keith Banting, George Hoberg et Richard Simeon (dir.), *Degrees of Freedom: Canada and the United States in a Changing World*, Montréal et Kingston, McGill-Queen's University Press, 1997, p. 88-90.

négocier et à mettre en place, et certains pays ont connu plus de succès que d'autres. Les Pays-Bas, par exemple, sont devenus un modèle de transition réussie, alors que la France et la Belgique ont eu plus de difficultés. De façon générale, cependant, ces pactes sociaux ont ouvert la voie à des solutions sensibles aux exigences du marché et de la mondialisation, ouvertes aux compromis et aux réformes institutionnelles, mais aussi socialement acceptables et politiquement viables dans des sociétés fortement organisées[57]. L'expérience européenne des pactes sociaux ne fournit pas de recettes simples ou univoques. Chaque pays a défini sa propre voie en fonction de ses problèmes particuliers, de ses traditions sociales et de ses arrangements politiques. Cette expérience n'en est pas moins inspirante pour une société comme le Québec, qui est nord-américaine, mais aussi un peu européenne dans ses modes de fonctionnement, avec des syndicats, des groupes et des mouvements sociaux forts, et un État capable d'initier et de soutenir la participation et la concertation. Ici comme ailleurs, le dialogue et la concertation ont cependant leurs exigences. Pour réussir, il ne faut pas seulement dénoncer les « illusions » des autres. Il faut convaincre et mobiliser, dans le respect des divergences et des perspectives des uns et des autres.

Conclusion

En mettant en évidence l'appartenance du discours « lucide » à un courant plus large, commun à tous les pays occidentaux et porteur de ses propres mythes, je ne souhaite pas tout simplement renvoyer la balle dans l'autre camp. On peut s'inquiéter à juste titre des pressions engendrées par la mondialisation, le vieillissement de la population, le déclin démographique et la dette publique. Mais il faut garder un sens de la mesure. Le Québec n'est pas seul à faire face à de tels défis, et ceux-ci sont probablement moins menaçants qu'on le laisse entendre. Qui plus est, il s'agit de tendances complexes, qui n'appellent pas des réponses simples ou uniques et qui ne devraient pas masquer d'autres enjeux tout aussi importants. On peut penser, notamment, qu'une société plus juste, moins inégalitaire, serait mieux outillée pour faire face à la concurrence internationale, pour répondre de façon équitable

---

[57] Martin Rhodes, « The Political Economy of Social Pacts: 'Competitive Corporatism' and European Welfare Reform », dans Paul Pierson (dir.), *The New Politics of the Welfare State*, Oxford, Oxford University Press, 2001, p. 165-194.

à la demande croissante pour des services et des soins, et pour contrer le déclin démographique[58]. Surtout, dans une société organisée et démocratique comme le Québec, les solutions ne s'imposent pas. Elles se discutent et se négocient. Depuis quelques décennies déjà, les Québécois ont appris à travailler collectivement, à se concerter, et à innover sur le plan social et institutionnel. Loin d'être immobile, le Québec a ainsi beaucoup changé. On peut ne pas aimer les choix qui ont été faits. Mais pour les modifier, il faudra jouer le jeu démocratique et proposer mieux.

---

[58] Lane Kenworthy, *Egalitarian Capitalism: Jobs, Income, and Growth in Affluent Countries*, New York, Russell Sage Foundation, 2004, p. 146-171.

Chapitre 11

Des choix difficiles

Claude Castonguay[1]

On ne peut discuter de finances publiques et de fiscalité sans inclure la santé qui accapare déjà 43 % des dépenses de programmes du gouvernement du Québec. Or, les coûts de notre système public de santé continuent d'augmenter plus rapidement que les revenus de l'État et l'on entrevoit le jour pas si lointain où, si la tendance n'est stoppée, ils atteindront le niveau catastrophique de 50 %. Compte tenu de son ampleur et de ses implications, la question du financement de la santé ne peut être laissée uniquement au monde de la santé comme on a trop tendance à le faire. Elle doit faire partie intégrante du débat sur les finances publiques.

À l'heure présente, notre système de santé constitue un énorme défi de financement public. L'on doit se demander, dans le contexte de notre économie, de nos finances publiques et de nos perspectives démographiques comment améliorer l'accès aux services de santé et augmenter leur financement sans détériorer davantage l'état des finances publiques. Voilà la question qui doit être posée.

Il n'y a évidemment pas de réponse unique à cette question. Il faut agir au plan de la prévention, de l'organisation des services, du fonctionnement du système et de sa productivité, de la formation des médecins, des infirmières et des autres personnels, de l'implantation déjà tardive du dossier patient informatisé, et j'en passe. Il faut noter

---

[1]   L'auteur est notamment Fellow invité au CIRANO.

qu'à l'exception de la prévention, toutes ces interventions, dont la plupart demandent des dépenses additionnelles avant de produire leurs effets, touchent l'offre de services. Elles peuvent réduire les coûts unitaires et, en produisant un plus fort volume de soins, améliorer l'accès. Mais comme il s'agit de la vie humaine et non d'un simple bien de consommation, que la médecine n'est pas une science exacte et que, de plus, les services sont gratuits, la demande de services est très élastique pour ne pas dire sans limite. Bref, la croissance des coûts va se poursuivre de même que le rationnement maintenant chronique des services.

La conclusion qu'il faut dégager de cette brève analyse, c'est que pour rétablir un meilleur équilibre il va falloir agir non seulement sur l'offre, mais sur la demande superflue, car elle existe, et développer de nouvelles sources de financement.

Les choix qui vont devoir être effectués vont être soumis à de sérieuses contraintes. D'une part, le fardeau fiscal des Québécois est parmi les plus élevés au monde. Son accroissement n'est donc pas souhaitable. D'autre part, le fardeau fiscal des entreprises, lorsque l'on tient compte de l'ensemble des prélèvements, place le Québec dans une position nettement désavantageuse comparée aux autres provinces et aux pays de l'OCDE. Il serait contre-productif d'envisager un accroissement de leur fardeau. Enfin, nous sommes nettement trop endettés ce qui entraîne de nombreux problèmes, notamment le problème majeur de l'iniquité intergénérationnelle et celui de l'écart entre les services reçus et les impôts payés, compte tenu de la forte ponction qu'exerce le service de la dette.

En d'autres termes, nous devons éliminer toute proposition qui aurait pour effet d'alourdir le fardeau fiscal des particuliers et des entreprises, de diminuer la capacité concurrentielle du Québec, d'aggraver l'iniquité intergénérationnelle ou de réduire le financement des autres missions de l'État.

Nous avons identifié trois options. Le *statu quo* n'en est pas une, car du point de vue des finances publiques, le système de financement actuel ne peut que contribuer à l'aggravation de la situation. L'on se souvient des dégâts causés par la crise des déficits budgétaires responsables de la pénurie de médecins et d'infirmières dont nous subissons encore les effets de nos jours.

La première option, soit un régime d'assurance contre la perte d'autonomie, provient du rapport Ménard. Le régime couvrirait un ensemble de services de base liés à la perte d'autonomie. Son financement proviendrait de contributions obligatoires de tous les contribuables de l'ordre de 400 dollars par année et qui augmenteraient graduellement avec le temps. Enfin, le régime serait partiellement capitalisé et procéderait par l'achat de services.

Cette proposition, attrayante de prime abord, comporte de graves lacunes. En premier lieu, le financement du régime par une contribution obligatoire est l'équivalent d'une nouvelle taxe et en conséquence alourdirait le fardeau fiscal. Deuxièmement, la couverture de soins non couverts présentement aurait pour effet d'augmenter les dépenses publiques de santé qui sont déjà trop élevées. Ces dépenses seraient loin d'être couvertes par les contributions obligatoires. Troisièmement, le niveau envisagé des primes ne couvrirait qu'environ 21 % des coûts des soins à domicile d'une personne non autonome. Or, comme le régime serait établi au moment même de l'arrivée massive des naissances d'après-guerre aux âges où la fréquence des pertes d'autonomie augmente rapidement, le régime serait déficitaire dès son établissement. Quatrièmement, alors que les baby-boomers laissent derrière eux une immense dette publique, qui va peser longtemps et lourdement, les générations montantes seraient appelées à assumer de surcroît la part du lion du nouveau régime d'assurance contre la perte d'autonomie. Cela, alors que nous nous dirigeons à grands pas vers un ratio de deux travailleurs pour chaque personne à la retraite.

Il ne fait aucun doute qu'un tel régime, dont l'établissement aurait pu être justifié il y a deux ou trois décennies, ne ferait qu'aggraver l'état des finances publiques et aggraver le problème de l'iniquité envers les générations montantes.

Un régime mixte d'assurance des soins primaires constitue la seconde option. D'abord, pourquoi la couverture des soins primaires. Rappelons que tous les rapports et enquêtes des dernières années concluent sur la nécessité de développer les soins primaires dans des cliniques de première ligne et de sortir les soins primaires des hôpitaux. Or, nous sommes loin de l'atteinte d'un tel objectif.

L'établissement d'un régime mixte d'assurance des soins primaires, en apportant de nouveaux fonds de sources privées, permettrait le développement de cliniques offrant une large gamme de services ambulatoires. Par contre, la couverture d'un tel régime ne s'appliquerait pas aux soins hospitaliers compte tenu de leur coût élevé, de leur caractère imprévisible et hors du contrôle du patient. Enfin, l'établissement du régime demanderait que les médecins puissent offrir, dans leurs cliniques, sans se désengager, en plus des soins couverts par la Régie, des soins médicaux couverts par le patient ou par son assureur.

La présence de cliniques bien organisées et efficaces aurait pour effet de dynamiser l'organisation des soins en remplaçant la situation de monopole par une saine concurrence axée sur la qualité des soins, le service à la clientèle, la recherche de l'efficacité et le contrôle des coûts. En permettant aux médecins de pratiquer au-delà du cadre rigide actuel et des limites ou plafonds auxquels ils sont présentement assujettis ces cliniques auraient l'avantage d'augmenter l'offre globale de soins. Le développement de soins primaires aurait également pour effet de désengorger les hôpitaux et de leur permettre de concentrer davantage leurs ressources financières et professionnelles sur leur mission première.

Comme dans tous les pays de l'OCDE, le développement de services de santé hors du système public nécessiterait un encadrement pour éviter la cannibalisation du système public et le développement d'une médecine à deux vitesses. La présence généralisée dans ces pays de services privés en complémentarité des systèmes publics démontre que c'est tout à fait possible.

Malgré les avantages évidents que cette option présente, elle ne peut toutefois être retenue. Pour qu'un régime d'assurance des soins primaires puisse avoir une incidence significative sur les finances publiques, il faudrait qu'il soit obligatoire et couvre l'ensemble de la population. La formule du régime mixte, selon laquelle les employés seraient obligatoirement couverts par les régimes d'employeurs et les autres personnes par la composante publique du régime, est à cet effet la seule plausible. Or, cette option, en apparence simple et efficace, imposerait une nouvelle charge salariale significative à tous les employeurs québécois. Comme les charges salariales sont déjà trop élevées, cette deuxième option ne peut être retenue.

Il ne reste en définitive qu'une troisième option, soit celle d'une contribution individuelle directe de la part des usagers. L'introduction de tels frais ferait participer directement l'individu au financement. À titre d'exemple, si une contribution individuelle de 25 $ avait été exigée en 2005 pour chaque visite auprès d'un généraliste, cette source de financement aurait signifié l'équivalent d'une augmentation de 785 millions des budgets de la santé.

Outre l'aspect financier, la responsabilisation des usagers à l'endroit de ce service essentiel constitue le principal argument en faveur d'une contribution des usagers. D'ailleurs, la littérature démontre que les frais d'utilisation réduisent la demande superflue de soins. Par contre, selon certaines études, ils auraient pour effet de réduire également la demande nécessaire. Heureusement, suivant l'exemple des pays de l'OCDE, il serait possible d'introduire diverses modalités pour minimiser les effets potentiellement négatifs, telles une contribution maximale, une réduction ou l'élimination des contributions pour les personnes à plus faibles revenus et un crédit d'impôt.

L'introduction d'une contribution des usagers aurait pour effet de dégager du budget de la santé des sommes qui pourraient être allouées à des fins prioritaires telles, par exemple, les soins à domicile pour les personnes en perte d'autonomie. Elle n'aurait aucun impact négatif sur la fiscalité des particuliers et des entreprises. Enfin, elle aurait un effet positif, en obligeant les baby-boomers à contribuer au financement de leurs services de santé, sur l'iniquité intergénérationnelle découlant de la dette publique.

L'introduction de frais modérateurs ne serait pas une première sous le ciel québécois. En effet, nous payons déjà pour de nombreux services diagnostiques et autres soins non couverts par l'assurance maladie et nous assumons une coassurance sous l'assurance médicaments. De plus, les résultats d'un récent sondage indiquent que plus de 60 % des Québécois accepteraient de payer pour un problème qui les préoccupe afin d'obtenir un rendez-vous en temps utile dans une clinique privée.

Si la somme des avantages et des désavantages des frais modérateurs était négative, ils auraient depuis longtemps été éliminés des régimes publics des pays de l'OCDE où ils sont la norme. En somme, compte tenu qu'il n'existe pas de solution parfaite, les frais modérateurs constituent un moyen de contribuer de façon durable au problème de l'écart croissant entre les coûts du système de santé et la capacité du gouvernement de les assumer.

Cette brève analyse fait abstraction de la *Loi canadienne sur la santé*. C'était la seule façon de pouvoir aborder clairement les enjeux de notre système de santé. Les interdits imposés par cette loi et surtout par leur application rigide freinent déjà depuis trop longtemps l'évolution et l'adaptation souhaitable de notre système de santé. Plus d'une province demande sa révision.

Nous sommes confrontés par des choix difficiles. L'introduction d'une contribution des usagers remet en cause un autre aspect des soi-disant acquis de la Révolution tranquille. Or, trop de Québécois croient que nous pouvons nous isoler des transformations profondes provoquées par la libéralisation des échanges et la mondialisation. À l'évidence, il s'agit pourtant d'un phénomène irréversible, aux conséquences primordiales. Au lieu de nous réfugier derrière ces acquis comme s'ils étaient intouchables, il nous faut plutôt ajuster nos façons de faire en misant sur la volonté de réussir, le changement, l'audace et l'innovation, soit les mêmes forces qui ont propulsé le Québec dans les années soixante. Et ce n'est qu'avec un débat public ouvert, qui inclut la question du financement de la santé, que nous pourrons progresser dans cette voie.

Chapitre 12

Un test crucial pour les institutions du fédéralisme canadien

Marcelin Joanis[1]

Mise en contexte : vieillissement et déséquilibre fiscal[2]

L'imminence d'un « choc démographique » retient de plus en plus l'attention de la population et des médias québécois. Bien qu'il s'inscrive dans une transition démographique déjà bien amorcée[3], l'accélération du vieillissement de la population que nous vivrons au cours des décennies 2010 et 2020 aura sans aucun doute des impacts non négligeables sur la société, l'économie et les finances publiques.

---

[1] L'auteur est candidat au doctorat en sciences économiques à l'Université de Toronto et membre du CIRANO.

[2] L'auteur remercie chaleureusement David Boisclair et Luc Godbout pour leurs commentaires sur ce texte.

[3] Il est utile de noter d'entrée de jeu que ce vieillissement de la population qui soulève les passions n'a rien de fondamentalement nouveau. En effet, la proportion des 65 ans et plus dans la population québécoise est en hausse continue depuis les années 1920. Une première accélération de la croissance de la part de la population de 65 ans et plus s'est produite au début des années 1970. D'ici la fin de la décennie courante, nous ferons face à une seconde accélération du vieillissement de la population, une phase qui durera 20 ans. Vers 2030, nous retrouverons une croissance de la part de la population de 65 ans et plus semblable à ce qui prévalait avant 1970.

Les effets du vieillissement, dont plusieurs sont abordés par Mario Albert dans ce volume, seront ressentis non seulement au Québec, mais aussi dans le reste du Canada et dans les autres pays industrialisés. Cependant, on le sait, le Canada dans son ensemble sera frappé plus fort que beaucoup d'autres pays en raison notamment de son faible taux de natalité endémique[4]. À l'intérieur même du Canada, les projections démographiques de Statistique Canada révèlent que certaines régions seront plus durement frappées que d'autres – le Québec et les provinces de l'Atlantique connaissant un vieillissement particulièrement important.

En ce qui a trait aux finances publiques (le thème principal de ce volume), l'impact du vieillissement sera dominé par son impact sur les dépenses de santé, ne serait-ce qu'en raison du rôle dominant que joue le secteur public dans ce domaine au Canada. Comme la santé constitue une compétence essentiellement provinciale selon la *Loi constitutionnelle de 1867*, le vieillissement – combiné à un ensemble de pressions connexes sur les dépenses de santé – affectera les finances publiques des provinces beaucoup plus directement que celles du gouvernement fédéral. C'est l'une des causes du déséquilibre fiscal vertical, qui se manifeste notamment par des difficultés budgétaires croissantes pour les gouvernements des provinces alors que le gouvernement fédéral tend à engranger des surplus croissants.

Le vieillissement inégal des provinces viendra également accentuer le déséquilibre fiscal horizontal, c'est-à-dire les écarts de capacité fiscale et de besoins en matière de dépenses qui existent entre les provinces. Les provinces qui seront les plus durement frappées par le vieillissement auront de plus en plus de difficulté à faire face aux besoins de leurs populations, alors que d'autres provinces – l'Alberta au premier chef – continueront vraisemblablement à profiter d'une embellie économique et financière sans précédent.

L'impact du vieillissement de la population sur les finances publiques canadiennes sera donc asymétrique. Il affectera un ordre de gouvernement plus que l'autre et certaines provinces plus que d'autres. Cet impact asymétrique ne manquera pas de créer des tensions entre les gouvernements au Canada, exposant les institutions du fédéralisme canadien à ce qui pourrait bien être leur plus sérieux

---

[4]   Voir l'annexe 3 du *Budget fédéral 2005* pour une présentation de certaines comparaisons internationales.

test depuis la mise en place des grands programmes sociaux dans les années 1960 et les référendums sur la souveraineté du Québec de 1980 et 1995.

Le présent chapitre débute par un bref historique des rôles respectifs des gouvernements fédéral et provinciaux dans la prestation et le financement des grands programmes sociaux au Canada. Il aborde ensuite l'impact du vieillissement de la population sur les finances publiques des deux ordres de gouvernement, en mettant l'accent sur les dépenses de santé. Enfin, certaines options de réforme des institutions du fédéralisme canadien sont présentées, en particulier en ce qui a trait aux arrangements financiers entre le gouvernement fédéral et les provinces.

1. Dépenses sociales : vie et mort du partenariat fédéral-provincial

Malgré les profonds changements qui ont affecté la nature de l'action gouvernementale depuis le XIXe siècle, le cadre constitutionnel canadien a remarquablement peu évolué depuis la *Loi constitutionnelle de 1867*. En particulier, le partage des compétences constitutionnelles entre les provinces et le gouvernement fédéral demeure pour l'essentiel ce qu'il était à l'origine, à l'exception notable du transfert des compétences en matière d'assurance-chômage (en 1940) et de pensions de vieillesse (en 1951) des provinces vers le gouvernement fédéral[5]. De manière générale, ce partage attribue les compétences en matière de santé, d'éducation (tant primaire et secondaire que postsecondaire) et d'assistance sociale aux provinces.

Les programmes à frais partagés

Le rôle prépondérant des provinces dans la prestation des services sociaux à leurs populations respectives les a placées aux premières loges de la création, après la Seconde Guerre mondiale, des grands programmes sociaux formant l'épine dorsale de ce que l'on appelait à l'époque « l'État-providence ». Cependant, afin d'appuyer les provinces dans la mise en place de leurs filets de sécurité sociale,

---

[5]   Les pensions de vieillesse sont en fait une compétence concurrente des deux ordres de gouvernement. Pour une discussion plus complète des questions traitées dans cette section, voir l'annexe 1 du rapport final de la Commission sur le déséquilibre fiscal (rendu public en 2002).

le gouvernement fédéral a joué dès le départ un rôle important dans le financement des programmes provinciaux d'assurance maladie, d'éducation et d'aide sociale. En effet, ces programmes étaient à l'origine des programmes à frais partagés, généralement financés à parts égales par le gouvernement fédéral et les provinces.

Ce rôle de partenaire à parts égales du gouvernement fédéral dans le financement des programmes sociaux s'inscrivait dans la foulée des accords de location fiscale intervenus entre le gouvernement fédéral et les provinces pendant la Seconde Guerre mondiale. Les provinces avaient alors « loué » leur espace fiscal à l'impôt sur le revenu des particuliers et des sociétés pour financer l'effort de guerre (bien entendu de compétence fédérale). Or, l'espace fiscal loué pendant la guerre n'a pas été rendu aux provinces au sortir de la guerre. On a plutôt privilégié un rôle accru pour le gouvernement fédéral dans les champs de compétence provinciale, soit par le transfert direct de responsabilités (par exemple les pensions de vieillesse), soit par la mise en place de transferts financiers du gouvernement fédéral vers les provinces.

La longue agonie du modèle partenarial

Dans les années 1970, marquées par le choc pétrolier de 1973 et un ralentissement de la croissance économique, les grands programmes sociaux à frais partagés deviennent de plus en plus difficiles à financer. Les finances publiques du Québec et du gouvernement fédéral dérapent à la fin de cette décennie, une tendance que viendra confirmer la récession du début des années 1980. Toutes proportions gardées, le gouvernement fédéral s'endettera beaucoup plus que les gouvernements provinciaux au cours de cette période (le Québec s'endettant plus que les autres provinces). C'est le début d'une longue phase de désengagement du gouvernement fédéral dans le financement des programmes sociaux de responsabilité provinciale, qui atteindra son paroxysme en 1996 lorsque le gouvernement fédéral réduit considérablement ses transferts aux provinces pour juguler son déficit budgétaire.

Au cours de cette période de désengagement, la contribution fédérale au financement des dépenses sociales des provinces s'éloigne de plus en plus du modèle des programmes à frais partagés originaux. Ces programmes prévoyaient en effet une contribution automatique du gouvernement fédéral, qui devait acquitter une fraction prédéterminée de certaines dépenses provinciales. La mise en place du Transfert canadien en matière de santé et de programmes sociaux

(TCSPS) en 1996 a définitivement sonné le glas de ce modèle, qui avait été progressivement mis de côté dans les années 1980 dans l'espoir de contrôler un déficit fédéral galopant. Désormais, les transferts sociaux du gouvernement fédéral (redistribués en 2004 entre le TCS pour la santé et le TCPS pour les programmes sociaux) sont fixés par le gouvernement fédéral selon des critères qui ne sont pas directement liés aux dépenses des provinces. Autrement dit, lorsque les provinces font face à de nouvelles pressions sur leurs programmes sociaux (par exemple liées au vieillissement de la population), les transferts fédéraux en espèces n'augmentent pas automatiquement.

Comme les transferts sociaux du gouvernement fédéral ne sont pas directement liés aux dépenses sociales des provinces, des négociations fédérales-provinciales à répétition sont nécessaires pour ajuster les montants versés de manière à tenir compte des besoins des provinces. Depuis la fin des années 1990, on a d'ailleurs assisté à une succession de négociations fédérales-provinciales ayant mené à des hausses ponctuelles des transferts fédéraux, la dernière en date étant l'*Accord sur la santé* de septembre 2004. Malgré une hausse significative de la contribution fédérale ces dernières années, notamment dans le cadre de cette dernière entente, force est de constater que les transferts fédéraux demeurent proportionnellement inférieurs à ce qu'ils étaient au début des années 1990 et, bien sûr, à ce qu'ils étaient lors de la mise en place des programmes à frais partagés.

2. Les défis du vieillissement

La fédération canadienne aborde donc la seconde phase d'accélération du vieillissement de la population armée d'arrangements financiers intergouvernementaux – hérités de la lutte au déficit des années 1990 – qui tendent à isoler le gouvernement fédéral des pressions financières provenant des dépenses sociales des provinces, à commencer par la santé.

Dépenses de santé

Avant même que l'accélération du vieillissement ne nous frappe réellement, la hausse des dépenses de santé cause dès aujourd'hui des maux de tête aux responsables des finances publiques du Québec, celles-ci accaparant une part croissante du budget. Les dépenses de santé du gouvernement québécois représentaient 23,9 %

des revenus budgétaires en 1999, soit la même part que dix ans plus tôt (23,8 % en 1989)[6]. Cependant, les dépenses de santé ont cru de façon très rapide depuis 1999, pour atteindre 29,5 % du budget en 2004. Les dépenses de santé du gouvernement québécois en pourcentage du produit intérieur brut (PIB) québécois sont quant à elles en hausse continue depuis 1997. Alors qu'elles ne représentaient que 5,6 % du PIB en 1997, les dépenses de santé de l'État québécois atteignaient 6,8 % du PIB en 2004.

Il est par ailleurs important de réaliser que le vieillissement de la population n'est pas la principale cause de la forte croissance des dépenses de santé que l'on observe depuis quelques années au Québec et au Canada. Le principal coupable est le rôle croissant des médicaments et des nouvelles technologies dans notre manière de soigner, qui se traduit par une hausse des coûts unitaires des soins prodigués. Dans une étude publiée en 2004, le Conference Board du Canada a décomposé la croissance des dépenses de santé prévue pour la période 2001-2020 pour l'ensemble des provinces canadiennes, qui devrait atteindre 5,3 % par année en moyenne. Des quatre éléments de cette décomposition, le vieillissement ressort comme le moins important (0,8 point de pourcentage), derrière l'inflation dans le secteur de la santé (2,7 points), la croissance réelle per capita (0,9 point) et la croissance de la population (0,9 point). En 2002, à la demande de la Commission sur le déséquilibre fiscal, le Conference Board avait produit cette même décomposition pour le Québec, arrivant à des résultats similaires[7]. L'accélération du vieillissement de la population viendra donc s'ajouter à une dynamique des dépenses publiques de santé qui est déjà difficilement soutenable.

Bien sûr, la hausse des dépenses de santé n'est pas une mauvaise chose en soi puisqu'elles peuvent jouer un rôle important dans l'amélioration de la qualité de vie de la population. Le problème actuel vient du fait que les revenus du gouvernement du Québec ne croissent pas à un rythme suffisant pour faire face aux pressions financières provenant du système public de santé. En fait, les recettes

---

[6]   Les données présentées dans cette section proviennent du Système de gestion financière de Statistique Canada. Ces données permettent d'isoler les dépenses de santé (dont il est question ici) des dépenses de services sociaux, qui sont toutes deux sous la responsabilité du ministère de la Santé et des Services sociaux du Québec.

[7]   Le Conference Board prévoyait pour le Québec une croissance annuelle moyenne de 4,8 % pour les dépenses de santé entre 2000-2001 et 2019-2020, soit 2,1 % attribuable à l'inflation, 1,5 % à la croissance réelle per capita, 1,0 % au vieillissement et 0,2 % à la croissance démographique.

du gouvernement du Québec en pourcentage du PIB ont été plutôt stables ces dernières années, voire même en décroissance. Si les revenus du gouvernement du Québec en pourcentage du PIB ont cru de 1997 à 2001, ils affichent une tendance à la baisse depuis. À 23,1 % du PIB, les revenus de l'État québécois étaient en 2004 au même niveau qu'en 1997, alors même que les dépenses de santé connaissaient une croissance spectaculaire. Parmi les raisons qui expliquent la croissance limitée des revenus de l'État québécois, notons – hormis le déséquilibre fiscal fédéral-provincial – la concurrence fiscale qui sévit plus que jamais entre les provinces et entre les pays, les baisses d'impôt consenties depuis l'atteinte du « déficit zéro », ainsi que la croissance limitée de l'économie du Québec (et donc de sa capacité fiscale).

Vieillissement et autres postes budgétaires

D'autres postes budgétaires du gouvernement du Québec seront, bien entendu, affectés par le vieillissement de la population. On pense d'abord au deuxième grand poste de dépense du gouvernement québécois, l'éducation. Le vieillissement de la population s'accompagnera en effet d'une diminution de la part des jeunes dans la population québécoise. Il en résultera donc un certain relâchement des pressions sur les dépenses dans le secteur de l'éducation, de même que dans le secteur des services à la petite enfance. En fait, la très faible croissance de la population (voire sa décroissance) aura tendance à limiter la croissance des dépenses de services à la population en général. Le consensus à cet égard indique toutefois que les économies potentielles dans les autres secteurs ne parviendront en aucun cas à compenser la croissance des dépenses de santé[8].

Du côté des dépenses, le gouvernement fédéral – bien qu'il sera dans l'ensemble moins touché que les provinces – ne sera pas à l'abri de pressions liées au vieillissement. Ces pressions découleront principalement de la responsabilité fédérale en matière de sécurité de la vieillesse. Cependant, contrairement aux dépenses de santé des provinces, la croissance des dépenses de sécurité de la vieillesse sera limitée par l'amélioration continue de la situation financière des personnes âgées. Rappelons en effet que les pensions de vieillesse

---

[8]   Voir notamment les résultats présentés par L. Godbout, « Des finances publiques sous haute tension » [chapitre 6 du présent ouvrage].

ne sont plus un programme universel et qu'elles diminuent au fur et à mesure que le revenu du prestataire augmente[9].

Enfin, le vieillissement de la population aura sans aucun doute des impacts non négligeables sur les revenus, tant du gouvernement fédéral que des provinces. Sur cette dernière question, il n'y a toutefois pas de consensus clair parmi les chercheurs. D'une part, la croissance économique va être handicapée par le ralentissement de la croissance de la population en âge de travailler, ce qui aura tendance à limiter les rentrées fiscales. Cependant, l'on s'attend également à une augmentation des salaires, du taux de participation et du niveau d'éducation de la main-d'œuvre, ce qui devrait occasionner une hausse des recettes fiscales. De même, les revenus que les retraités tirent de leurs régimes enregistrés d'épargne-retraite (REÉR) sont imposables et constitueront une source de revenus croissante pour les gouvernements[10].

En résumé, les pressions financières découlant du vieillissement de la population et de la croissance des coûts de santé en général affectent donc de façon disproportionnée les provinces et beaucoup moins le gouvernement fédéral. Par conséquent, en l'absence de contribution fédérale additionnelle ou de hausse du fardeau fiscal provincial, les dépenses de santé auront tendance à occuper une part croissante des budgets provinciaux dans les années à venir, au détriment des autres secteurs sous la responsabilité des provinces (par exemple l'éducation et l'aide sociale).

3. Des changements nécessaires

Le principal problème associé aux institutions du fédéralisme canadien est l'absence de mécanisme efficace permettant la réallocation entre les ordres de gouvernement des ressources entre secteurs prioritaires et secteurs moins prioritaires (qui peuvent tous deux être de responsabilité tant provinciale que fédérale). Dans le système actuel, on peut assister simultanément, par exemple, à une

---

[9]   Pour une discussion détaillée de la question des pensions de vieillesse, voir le rapport final de la Commission sur le déséquilibre fiscal. Il faut également noter que la croissance des dépenses de santé pourra être compensée en partie par une amélioration de la santé des personnes âgées.

[10]   Ces questions sont abordées avec plus de détails dans L. Godbout, « Des finances publiques sous haute tension » [chapitre 6 du présent ouvrage]. Voir également l'analyse de Marcel Mérette dans une étude publiée en 2002 par l'Institut de recherche en politiques publiques (IRPP).

compression des dépenses provinciales en éducation et à une augmentation des dépenses militaires du gouvernement fédéral. Il ne s'agit pas ici de porter un jugement de valeur sur ce que devraient être les priorités des citoyens du Québec et du Canada, mais plutôt de mettre en lumière une importante lacune dans les institutions actuelles du fédéralisme canadien : en principe, les arbitrages difficiles auxquels sont soumis les gouvernements provinciaux s'effectuent en vase clos, sans que le gouvernement fédéral soit directement affecté (et vice-versa). Cet état de fait est particulièrement inquiétant compte tenu du rôle clé que jouent les politiques sociales des provinces dans la formation et le maintien du capital humain, le principal moteur de la croissance économique à l'heure de l'économie du savoir.

Par leur impact asymétrique sur les deux ordres de gouvernement, le vieillissement de la population et la hausse rapide des coûts de santé à laquelle nous faisons présentement face mettent sérieusement à l'épreuve les institutions du fédéralisme canadien. Dans l'état actuel des choses, les institutions du fédéralisme canadien risquent de ne pas être suffisamment flexibles pour faire adéquatement face aux défis du vieillissement. Des réformes sont donc requises, tant en ce qui a trait aux institutions régissant les relations fédérales-provinciales qu'aux arrangements financiers intergouvernementaux.

Un rôle accru pour les provinces à Ottawa

La réforme des institutions du fédéralisme canadien a effectué un retour à l'avant-scène récemment avec l'intention de l'actuel gouvernement fédéral d'entreprendre progressivement la réforme du Sénat, dans un premier temps par la limitation de la durée du mandat des sénateurs. Les questions de la durée du mandat et celle de l'élection des sénateurs – qui a aussi été soulevée – ne sont toutefois que la pointe de l'iceberg en ce qui concerne la réforme de cette institution. Une autre option, la possibilité pour les gouvernements provinciaux de choisir les sénateurs, devrait également être étudiée sérieusement[11].

Il ressort en effet de l'analyse de l'histoire récente des relations fédérales-provinciales qu'une institution où les provinces seraient

---

[11] Cette option a été souvent préconisée au Québec. Elle a notamment été reprise par le Comité spécial du Parti libéral du Québec sur l'avenir politique et constitutionnel de la société québécoise (présidé par Benoît Pelletier), dont le rapport final a été rendu public en 2001.

formellement impliquées dans les décisions fédérales qui les affectent (par exemple les transferts aux provinces) est le chaînon manquant de la fédération canadienne. Il existe dans d'autres fédérations des institutions dont le Canada pourrait s'inspirer, notamment le *Bundesrat* allemand (l'équivalent de notre Sénat) dont les membres sont délégués par les gouvernements des *Länder* (l'équivalent de nos provinces) et qui possède un droit de veto sur toute législation fédérale les affectant[12].

Une alternative ou un complément à la réforme du Sénat dans le sens d'un rôle direct des gouvernements provinciaux au Parlement fédéral serait une formalisation du rôle du Conseil de la fédération, mis en place en 2003 par les premiers ministres des provinces et des territoires à l'initiative du Québec. Dans les deux cas, l'objectif devrait être un rôle accru des provinces dans les décisions prises à Ottawa. L'encadrement, voire l'élimination de l'exercice du « pouvoir fédéral de dépenser » par le gouvernement fédéral, fait également partie intégrante des réformes requises pour améliorer le respect des compétences des provinces par le gouvernement fédéral.

Réforme des arrangements financiers intergouvernementaux

Si une réforme en profondeur des institutions fédérales semble incontournable – du moins si l'on adopte un point de vue québécois – on ne saurait insister suffisamment sur l'urgence de régler de façon durable le déséquilibre fiscal (vertical) entre Ottawa et les provinces, qui force les gouvernements provinciaux à faire des choix exagérément difficiles entre la santé et leurs autres responsabilités constitutionnelles. Les raisons pour lesquelles les arrangements financiers intergouvernementaux violent l'autonomie des provinces dans leurs champs de compétence, limitent leur capacité financière à assumer leurs responsabilités et souffrent d'un déficit d'imputabilité, ont été documentées par la Commission sur le déséquilibre fiscal, dont le rapport a fait l'objet d'un large consensus à l'Assemblée nationale et dans la population québécoise.

Dans le contexte institutionnel actuel, le règlement du déséquilibre fiscal vertical commande une redéfinition du partage de

---

[12] En 1995, dans *Regards sur le fédéralisme canadien*, Claude Ryan proposait également de s'inspirer de l'Allemagne, mais aussi de l'Australie et des États-Unis. Le lecteur intéressé pourra lire l'analyse portant sur six fédérations ou quasi-fédérations (dont les trois précédentes) préparée par la Commission sur le déséquilibre fiscal en 2001.

l'assiette fiscale entre Ottawa et les provinces, par l'entremise d'un transfert d'espace fiscal vers ces dernières. En 2002, la Commission sur le déséquilibre fiscal avait retenu deux scénarios, soit un « transfert de points d'impôt » à l'impôt des particuliers ou encore à la taxe sur les produits et services (TPS). Ce transfert fiscal viendrait remplacer les actuels transferts sociaux en espèces (TCS et TCPS).

Tel que mentionné dans l'introduction de ce chapitre, le vieillissement aura non seulement un impact asymétrique sur les deux ordres de gouvernement, mais également d'une province à l'autre. Dans un tel contexte propice à des disparités interprovinciales croissantes, un programme de péréquation efficace et équitable apparaît comme un rouage essentiel d'une fédération saine. Des changements en ce sens sont donc également requis[13].

Autres éléments d'une politique du vieillissement

Bien entendu, la réforme des institutions du fédéralisme canadien et le règlement du déséquilibre fiscal ne constituent pas en soi une politique complète pour faire face aux défis du vieillissement de la population. Plusieurs éléments de ce que pourrait contenir une telle politique du vieillissement sont abordés ailleurs dans le présent volume. Qu'il suffise d'identifier ici la nécessité d'une réduction du poids de la dette publique et d'une réflexion approfondie sur le financement du système de santé, tant public que privé[14]. En ce qui a trait à l'organisation du système de santé, les problématiques des soins à domicile, de la prévention et des aidants naturels doivent aussi être considérées. Il y a également lieu d'évaluer nos politiques sociales sous l'angle de leur capacité à encourager l'immigration et la famille. Enfin, plus que jamais, il s'agit de s'assurer que nos politiques économiques et fiscales favorisent la croissance, ce qui passe par une stimulation de l'épargne, de l'offre de travail (notamment des travailleurs plus âgés) et de l'investissement en capital humain.

---

[13] Au sujet des réformes requises à la péréquation, voir le rapport de la Commission sur le déséquilibre fiscal. Deux rapports pancanadiens traitant de la réforme de la péréquation ont également été produits récemment : le Rapport O'Brien, commandité par le gouvernement fédéral, et le rapport du comité consultatif du Conseil de la fédération, qui aborde à la fois les déséquilibres fiscaux horizontal et vertical.

[14] Ces questions sont abordées ailleurs dans le présent ouvrage, notamment par N. Marceau, « Dette, équité et richesse du Québec : exporter notre électricité est-il souhaitable? » [chapitre 9 du présent ouvrage] et par C. Castonguay, « Des choix difficiles » [chapitre 11 du présent ouvrage].

Conclusion : l'inévitable réouverture du dossier constitutionnel

Le long cycle de négociations constitutionnelles qui s'était amorcé à la fin des années 1960 s'est terminé en queue de poisson, on s'en souviendra, par l'échec de l'*Accord du lac Meech* en 1990 et de l'*Entente de Charlottetown* en 1992. Depuis, l'activisme en matière constitutionnelle a cédé le haut du pavé à la remise en ordre des finances publiques des deux ordres de gouvernement. Ce nécessaire assainissement des finances publiques a eu lieu au cours d'une période où les questions constitutionnelles avaient pour l'essentiel été mises en veilleuse. L'actuel débat sur le déséquilibre fiscal met toutefois en lumière les liens étroits qui existent, dans une fédération, entre une saine gestion des finances publiques et un bon fonctionnement des institutions régissant les relations fédérales-provinciales. Les pressions qu'exercent sur les finances publiques le vieillissement de la population et la croissance des coûts de santé en général mettent en effet à rude épreuve les arrangements financiers intergouvernementaux, remettant du même coup la réforme des institutions du fédéralisme canadien au cœur du débat politique.

En théorie comme en pratique, rien n'empêche les problèmes soulevés dans ce chapitre d'être résolus à l'intérieur du cadre fédéral canadien, bien que des réformes majeures soient nécessaires pour mettre en place des correctifs durables. Cependant, l'incapacité du Canada à résoudre le complexe problème du déséquilibre fiscal met inévitablement en évidence certains avantages potentiels de la souveraineté du Québec. Bien que les questions de finances publiques ne présentent généralement pas d'argument sans équivoque en faveur de la souveraineté (après tout, le Québec bénéficie jusqu'à un certain point de la prospérité de certaines autres régions du pays), il n'est pas étonnant de constater que les Québécois soient particulièrement insatisfaits des arbitrages difficiles que le *statu quo* institutionnel les amène à faire.

Les solutions qui seront privilégiées pour régler le déséquilibre fiscal seront donc cruciales pour l'avenir même de la fédération canadienne. En effet, il y a fort à parier que la majorité des Québécois ne se satisferaient pas de solutions qui réduiraient l'autonomie du Québec (par exemple une augmentation de la prérogative fédérale en santé), voire même qu'ils n'accepteraient pas autre chose qu'un accroissement de l'autonomie du Québec dans ses champs de compétence.

Chapitre 13

Au-delà des apparences

Josée Boileau[1]

Où donc poser le trait d'union entre les lucides et les solidaires? À lire les textes qui précèdent, riches d'une foule de données, la question semble facile à résoudre : les chiffres parlent, appellent au réalisme face à un avenir qui s'annonce bien sombre si certains choix ne sont pas faits maintenant. Il ne s'agit pas de jouer aux déclinologues, mais les scénarios financiers qui s'offrent à nous, clairement exposés par Mario Albert et Luc Godbout, laissent peu de marge de manœuvre. Brassons-nous que diable! Sinon, que de lendemains incertains attendent nos enfants...

Et pourtant, c'est précisément cette référence à nos enfants qui, le jour du colloque qui a inspiré ce livre, m'a brusquement ramenée à la césure entre lucidité et solidarité. C'est la faute de Joseph Facal, c'est lui qui y a fait allusion, en quelques mots qui font le lien entre l'introduction et le cœur du sujet.

Il lui a suffi d'évoquer « tous ces Québécois qui sentent que nous préparons des jours difficiles à nos enfants », pour que très spontanément, très exclusivement, très charnellement j'aie pensé : oui, comme demain sera difficile pour mes enfants, ma propre descendance, avec cette Terre qui court à la catastrophe, cette nature qui se dérègle, ces saisons qui n'en sont plus. Et tout ça parce que

---

[1] L'auteure est éditorialiste au journal *Le Devoir*. Elle a animé le colloque sur l'avenir des finances publiques du Québec.

l'humain ne sait plus arrêter sa course folle. D'ailleurs, Stephen Hawking lui-même ne prédit-il pas que d'ici 100 ans, les humains auront détruit la planète, et que la survie ne tiendra qu'en la fuite dans l'espace et que...

Eh! stop! Retenez vos folles pensées, madame l'animatrice et revenez sur Terre, c'est le cas de le dire! Le débat porte sur les finances publiques : c'est d'argent, pas d'environnement, dont il est question.

J'ai donc reporté attention aux propos qui se tenaient, mais une voix dans ma tête continuait de souffler : « plaie d'argent n'est pas mortelle ». Alors qu'y a-t-il enjeu plus majeur qu'un glacier qui fond, que des ouragans qui se succèdent, que des canicules qui s'allongent et se répètent?

Bien sûr, ce grand souci écologique a fait partie des reproches que les solidaires ont adressés au manifeste des lucides. Comment parler de demain sans avoir un mot pour l'environnement, à quoi bon discuter de l'avenir si la planète devient invivable, comme le souligne Bernard Élie?

Les lucides ont répondu, on le voit encore dans ce livre, que ce n'était pas là leur propos, qu'ils ne récrivaient pas la vie, mais se concentraient sur des préoccupations très ciblées. Soit. Mais que ce réflexe ne leur soit pas venu, alors que chez tant d'autres, il s'impose d'entrée de jeu, témoigne à quel point, ici, deux schèmes de pensée ne se rencontrent pas.

Pourtant, l'environnement devrait être le grand chantier économique et social de demain. Social, parce qu'il y a tout un travail à faire sur nos modes de vie — voués à l'accumulation, la productivité et la croissance —, mais économique aussi, parce que tout cela a très prosaïquement un lien avec les finances publiques. Quand la Suède décide qu'elle éliminera le pétrole comme combustible d'ici 2020, quand l'Islande se fixe le même objectif d'ici 2050 — ce qui est écologiquement admirable — c'est aussi par souci d'économies, pour ne plus dépendre de la fluctuation des prix.

Mais au Québec, on n'en est pas là. L'inquiétude très concrète de la survie de la planète et de l'espèce n'a toujours pas dépassé certains cercles. C'est là un facteur de division dans notre société; ce n'est pas le seul.

Car mon réflexe m'a poursuivie tout au long de ce colloque que j'allais être appelée à commenter. En parlant d'enfants, Joseph Facal m'avait ramenée très primitivement aux miens. Mais alors, si je revenais au thème de la journée, à quoi spontanément associai-je des lendemains difficiles pour le Québec? Qu'est-ce qui m'inquiète collectivement pour nous?

À nouveau, la réponse me rapprochait des solidaires : il n'était guère question de finances publiques et de dette dans mes réflexions! Car je devais admettre que ce que je crains le plus, c'est un Québec qui peu à peu se morcèle sous nos yeux : pauvres contre riches, Montréal contre les régions, immigrants contre de souche et les Amérindiens qui flottent dans un univers qui ne nous atteint pas.

On dira que c'est là le catalogue de la rectitude politique, la prévisible gauche et ses sujets imposés, loin du propos du présent ouvrage. Pourtant, ils me semblent complètement inhérents à cette réflexion sur les changements qui nous attendent. Et les divisions que je vois m'importent notamment parce que je suis souvent rebutée par la manière très rapetissée que nous avons de les évoquer.

Un exemple : je ne sais pas quel est le juste montant qui distingue le pauvre du mieux nanti, et tous les calculs auxquels les uns et les autres se livrent pour chiffrer le seuil de pauvreté me laissent perpétuellement étonnée. La pauvreté, bien sûr, est à la base une histoire d'argent. Mais elle n'est pas que cela : elle a surtout pour caractéristique l'insécurité, la précarité, l'impossibilité de penser autrement qu'au présent. On peut avoir de l'argent, là, aujourd'hui, pour trois mois ou dix ans, et être un pauvre en puissance. On peut travailler, parfois à très bon salaire, et être un pauvre en sursis.

Le monde des communications, qui est le mien, regorge de ces contractuels qui gagnent 30 000 $, 40 000 $, 50 000 $ par année et dont le sort ne fera pleurer personne. Jusqu'au jour où sonne l'heure des 50 ans et qu'un plus-jeune-plus-fou vous remplace, et que partout, à toutes les portes où l'on frappe, ce sont ces jeunes qui ont priorité. Les économies fondent vite, la pauvreté s'installe. Elle a tout à coup bien des atouts la mode de la simplicité volontaire!

Ce cheminement est le lot de plus en plus de gens, pourtant il n'entre dans aucune prévision, aucun calcul, aucun discours. Les mailles du filet social s'élargissent et on refuse de voir ceux qui tombent à travers. Toutes les formes atypiques de travail — à contrat, à temps partiel, sur appel, etc. — auraient besoin d'un meilleur encadrement, le rapport Bernier déposé en 2003 sur le sujet en donne de nombreux exemples. Mais comme cela heurterait les entreprises, et que le Québec, n'est-ce pas, est déjà si social-démocrate par rapport à ses voisins, tout surcroît de législation apparaît une hérésie. Alors on laisse les individus se débattre seuls, à coups de REER, de boulots mal payés ou pour lesquels ils sont surqualifiés, espérant que la maladie ne les frappera pas, le tout au prix d'une grande détresse qui n'a pas de place pour s'exprimer. Tout cela a un coût social, mais comme les coûts sociaux ne se calculent pas...

Je suis tout aussi alarmée de voir à quel point le mélange entre les « néo-Québécois » et les « nous-Québécois » se fait encore si peu : les milieux de travail très blancs ont bien du mal à se colorer, même à Montréal. Au contraire, les écoles publiques montréalaises, elles, n'en finissent plus de compter les communautés qu'elles accueillent, pendant que les élèves blancs se dirigent en masse vers le privé. Y a-t-il un lien? Certains le font, mais en catimini. Officiellement, on en est encore à vanter l'intégration — concept de plus en plus abstrait tant les enfants d'immigrants se retrouvent de façon croissante entre eux. Et la culture de masse reste complètement étrangère, au Québec, à ce brassage de population. Où est le Mohammed de Star Académie?

Quant à l'insertion au marché du travail, le dernier recensement sonne comme un cri d'alarme : le nouvel arrivant n'arrive plus à rattraper le niveau de vie des Canadiens « de souche » alors que les vagues immigrantes des temps passés y parvenaient au terme de quelques années passées ici. Ce n'est plus d'une génération sacrifiée dont il est question, mais de couches entières de populations qui sont laissées à la marge.

Pourtant, bien peu de gens prennent la mesure de la situation, réduisant les difficultés vécues à un passage obligé pour tout nouvel arrivant, refusant de voir que l'immigration d'aujourd'hui se bute à des obstacles qui lui sont particuliers — à cause de la provenance des immigrants, du corporatisme qui sévit, des exigences bureaucratiques toujours plus complexes, d'une certaine façon de fermer les yeux aussi et ne pas reconnaître le racisme latent qui sévit envers les « minorités visibles »...

Pourtant, dans ce Québec qui ne sait pas comment rehausser son taux de natalité — plaidant l'incompréhension du phénomène plutôt que d'avoir le courage de dresser un vrai bilan de la situation et de prendre les mesures qui s'imposent si on estime que la famille est vraiment un bien précieux —, l'immigration nous est indispensable. Et nous continuons d'agir comme si nous ne le savions pas.

Ce qui amène fatalement à une autre division du Québec : Montréal contre les régions. Montréal qui se bilinguise, Montréal qui se multi-ethnise, Montréal qui centralise, Montréal qui ne vote pas comme ailleurs. Pendant ce temps, les régions ont de plus en plus de mal à tirer leur épingle du jeu économique, politique, démographique. La grande ville a pour vocation de faire râler ceux qui vivent dans son ombre, mais Montréal phagocyte à un point tel le reste du Québec que le ressentiment, on le constate dès qu'on sort de la région métropolitaine, ne cesse de monter. L'entend-on? Voit-on ce Québec coupé en deux qui se dessine?

Je pourrais poursuivre ma nomenclature, la centrer davantage sur les enjeux économiques, en m'inquiétant notamment des propos tenus sur la nécessaire hausse de la productivité, le réaménagement pour ce faire de l'organisation du travail, l'augmentation souhaitée des heures travaillées, toutes choses que je n'arrive pas à réconcilier avec ce que l'on voit jour après jour dans les entreprises : la plus grande richesse du monde du travail, sa ressource humaine, craque de partout et il faudrait en faire davantage?

Je pourrais aussi redire, à l'instar de Pierre Paquette et de Bernard Élie, que les services de l'État ne sont pas un fardeau, mais une force, et qu'il est lassant de constater que les études comparatives sur la richesse des peuples en font systématiquement fi. Et pourquoi, comme le souligne encore Paquette, ne pourrions-nous pas nous réjouir que ce soit au Québec que les revenus soient les moins polarisés en Amérique du Nord?

Bref, à continuer sur cette lancée, il en sortirait clairement que j'aurais pu, au fond, signer le manifeste des solidaires.

Pourtant non. Pourquoi? Parce qu'à nouveau, même du côté de la solidarité, valeurs et réalité ne s'arriment pas aussi facilement qu'on le croit.

Les anecdotes personnelles ne devraient pas tenir lieu d'analyse — une éditorialiste le sait au premier chef —, mais je ne puis m'empêcher d'y avoir recours pour illustrer ce hiatus que je ressens.

C'est l'histoire d'une amie, de gauche, progressiste, spécialiste du monde du travail, appelée un jour à s'intéresser de près à une PME, y étudiant les conditions de travail dans le cadre d'une enquête. Pendant ses semaines d'observation, où pas un recoin de l'entreprise ne lui échappe, est annoncée une augmentation du salaire minimum. « Eh ben Josée, je ne croyais jamais dire ça dans ma vie, mais augmenter les salaires, c'est une catastrophe pour cette entreprise. Je ne sais vraiment pas comment ils vont y arriver! » Elle avait l'air si déroutée, comme on peut l'être quand on se croyait d'un camp et qu'on se retrouve dans l'autre...

Je n'ai jamais pensé lui redemander des nouvelles de cette PME fragile. Sans doute a-t-elle réussi à faire face aux quelques sous de plus de l'heure qu'il lui faudrait maintenant verser. Mais quand des vérités trop évidentes sont énoncées, c'est toujours le visage de cette copine, si sincère dans ses convictions, si ébranlée dans ses conclusions, qui me revient en tête.

C'est pourquoi le débat sur la privatisation de la santé me laisse perplexe. Je partage les craintes énoncées par ses opposants, d'autant plus que j'estime qu'il y a un lien réel à faire avec la situation qui prévaut dans le milieu scolaire. Le système à deux vitesses y est déjà en place. Or, contrairement à ce que l'on raconte, ce n'est pas en soi l'existence des écoles privées qui est gênante, mais la dynamique qui, au fil du temps et pour une foule de raisons, en a résulté.

Prend-on la juste mesure du fait qu'aujourd'hui, dès qu'ils le peuvent — et vu le bas coût du privé, cette possibilité se présente rapidement — les parents désertent l'école secondaire publique? Pour eux, le public est devenu un non-choix : ils se refusent totalement à y envoyer leur enfant et si par malheur celui-ci n'arrive pas à se qualifier pour le privé, la situation est vécue comme une véritable catastrophe.

Un tel état des lieux devrait agir comme un électrochoc, car il devrait nous inquiéter comme société que le réseau public serve ainsi de repoussoir. Au contraire, le scénario est plutôt salué comme le triomphe du libre choix, applaudi par quiconque a une tribune : politiciens, journalistes, professeurs, etc., même parmi ceux qui se targuent de promouvoir l'égalité sociale. Forcément puisque soit ils sortent eux-mêmes de ces écoles privées, soit ils y envoient leurs propres enfants. Les choix individuels, ici, triomphent de l'analyse sociale.

Dans le discours, on continue néanmoins d'appuyer l'école publique, en soulignant que la compétition du privé la rendra plus concurrentielle, plus dynamique, etc. Mais comme l'élite et la classe moyenne supérieure ne la fréquentent plus, dans les faits ils n'ont plus aucune idée de ces besoins, et franchement s'en fichent pas mal. Le schisme est consommé.

Il m'apparaît évident que de favoriser l'éclosion du privé en santé conduira un jour — dans 50 ans peut-être, comme ce qui s'est passé pour l'école — à une rupture entre deux mondes qui en viendront un jour à ne même plus se côtoyer. Qui se plaindra des murs qui tombent en lambeaux dans les hôpitaux publics, ou des services déficients? Les pauvres? On ne les écoute pas. Alors, on fera des études, que les élus et éditorialistes, consommateurs de services privés, ne comprendront que sous une vue bien théorique...

... En même temps, tous mes principes m'énervent un peu. Quand même! Si dans la vraie vie, tant de gens sont prêts à dépenser des sommes folles pour une voiture, pourquoi ne pourraient-ils pas miser sur leur santé? Qu'y a-t-il de plus important au monde que de se faire soigner à temps? Et que faire quand l'État n'arrive plus à faire face à la croissance des dépenses et que son système dessert les malades, à l'encontre de sa mission, ajoutant même à leur angoisse et à leurs souffrances?

On peut certes expliquer le fardeau financier de la santé par la spirale inflationniste des médicaments et de l'équipement spécialisé, comme le souligne Marcelin Joanis, plutôt que par la démesure de la demande, ou l'irresponsabilité des citoyens qui se négligent ou s'amusent à surutiliser les services de santé. Mais est-il si injustifié de réclamer, comme le fait Claude Castonguay, une contribution des usagers? Veut-on vraiment sacrifier toutes les missions de l'État au mastodonte qu'est le ministère de la Santé et des Services sociaux parce qu'il serait inadmissible que les patients contribuent eux-mêmes?

Et puis, quelle hypocrisie que ce débat quand tant de services médicaux sont d'ores et déjà accessibles sur le marché privé, quand tant de frais afférents doivent de toute façon être assumés par les patients (l'opération pour enlever les cataractes est gratuite, mais pas la lentille indispensable pour compléter le travail!), quand certains soins nécessaires, comme la dentisterie, ne relèvent pas de l'assurance maladie.

Et quelle hypocrisie encore quand tant de gens qui crient haut et fort contre la privatisation, et tant d'autres à revenus peu élevés, n'hésitent pas à allonger tous les dollars nécessaires pour des médecines douces, sans même avoir de garantie quant à leur qualité. Et on ne pourrait pas verser quelques dollars quand on va chez le médecin?

Le tabou de la hausse des frais de scolarité me fait le même effet, tout comme les débats autour des tarifs d'électricité, deux thèmes traités par le manifeste *Pour un Québec lucide*. Ici encore, principes et réalité n'arrivent pas à s'imbriquer.

Les classes défavorisées ne sont pas à l'université, et ce n'est pas qu'une question d'argent. D'ailleurs, quand on leur pose la question, elles surévaluent de façon importante le coût d'inscription. Les obstacles qu'elles ont à franchir pour envisager des études supérieures sont bien plus d'ordre sociologique et culturel.

Les classes moyennes et favorisées, par contre, n'ont pas ces préventions. Ce sont elles, massivement, qui font se remplir les salles de cours... et les stationnements des universités. On peut crier au cliché, mais il y a là tout de même une réalité! Tout comme il est absolument sidérant de constater qu'il en coûte autant au Québec d'aller à l'université que de fréquenter un centre de la petite enfance. Et il n'y aurait pas moyen d'augmenter la contribution des étudiants quand les universités crient famine et que l'avenir, individuel et collectif, appartient à ceux qui miseront sur le savoir?

Bien sûr, pour plusieurs étudiants, l'accès aux études supérieures se conjugue avec endettement. Mais le poids de cette dette a moins d'importance en soi, car étudier reste le meilleur pari à prendre sur l'avenir, que les modalités de son remboursement. Comment faire face à une telle obligation, comment en voir la fin, comment même l'envisager dans un monde du travail qui vogue, pour les jeunes, de contrat en contrat? D'où l'importance de non seulement raffermir l'aide financière aux plus démunis, d'assouplir les modalités de remboursement, mais de travailler aussi sur la précarité en emploi, de relire nos lois du travail, de rebâtir nos protections sociales — manière exigeante, mais concrète de tirer un lien, enfin!, entre lucidité et solidarité.

C'est aussi par le chemin de la solidarité que j'arrive paradoxalement à l'une des mesures prônées par les lucides : la remise en question de nos bas tarifs d'électricité. Les lucides rêvent au pétrole de l'Alberta — les solidaires sans doute davantage à celui de la Norvège! — parce que la prospérité ouvre la porte sur tous les possibles. Nous, nous avons aussi notre or : l'eau. Mais nous avons bien du mal à assumer ce potentiel, tant en termes d'exportations (les objections écologiques donnent parfois l'impression de se confondre avec la crainte de revivre l'époque de la vente à rabais de nos ressources aux Américains) que de l'acceptation d'en payer, comme consommateurs, le juste prix.

Pourtant, alors que l'on sait à quel point l'Amérique du Nord, et le Canada en particulier, est un formidable gaspilleur d'énergie, et que les bas tarifs incitent à un laxisme frappant par rapport aux gestes d'économie posés au quotidien par ceux qui nous ressemblent le plus, les Européens, peut-on encore vraiment s'en tenir au mantra, repris par le manifeste *Pour un Québec solidaire*, qu'Hydro-Québec a été créée pour « fournir à la population québécoise l'électricité au meilleur coût possible » ?

Ce meilleur coût, fondamental il y a 40 ans, apparaît aujourd'hui aller à l'encontre du bien commun. L'exploit, comme le souligne Nicolas Marceau (qui à juste titre place l'électricité au cœur de la problématique des finances publiques) ne serait-il pas de lutter, via les tarifs et des politiques d'économie énergétique, contre notre surconsommation? Et de dégager ainsi des surplus d'électricité disponibles à la vente? C'est un langage que lucides comme solidaires peuvent comprendre.

Je dois dire encore que je me méfie des grands discours qui dessinent la route à suivre quand je constate à quel point le courage politique est peu souvent au rendez-vous quand arrive l'heure des choix. Il est vrai que l'électeur n'aime pas les vérités désagréables, comme le rappelle Joseph Facal. Néanmoins, il subsiste ici tant d'incongruités par rapport à ce que l'on voit ailleurs, chez nos voisins du Sud chéris par la droite comme dans cette France tant vantée par la gauche, que la pusillanimité de nos gouvernants est parfois étonnante.

Deux exemples : nos routes sont dans un état pitoyable, mais jamais il n'est question de restaurer le péage sur les autoroutes, comme il en existe, et à fort prix, partout ailleurs. Que le Québécois qui rouspète face à une telle éventualité soit renvoyé aux routes américaines qui le mènent, contre beaucoup d'argent sonnant, à ses plages préférées!

Difficile aussi de comprendre que Québec n'ait pas saisi l'opportunité offerte par la baisse de la taxe de vente au fédéral pour hausser la sienne et recueillir ainsi un milliard de dollars. Le geste se serait parfaitement défendu, tant en regard des revenus récoltés qu'en comparaison avec ce qui se fait en Europe — bien mieux en tout cas que tant d'autres décisions politiques controversées que le gouvernement libéral défend pourtant bec et ongles. Comment pleurer sur l'état des finances publiques devant une telle incohérence?

J'arrête là ces réflexions, livrées en vrac, trop éclatées pour trancher pour de bon le débat entre lucides et solidaires, ou les réconcilier!, trop impressionnistes pour déjouer les données sur lesquelles les uns et les autres s'appuient face à la mathématique question des finances publiques, trop spontanées pour prétendre à autre chose qu'à une réaction face à la multitude de pistes qui font la force de ce livre.

Et puis, avouons-le!, l'argent n'est pas mon créneau. Je me flatte toutefois de croire que cette distance est aussi une force! À méconnaître obstacles et petites bêtes, cela me donne pleine confiance dans nos capacités de rebond. Et c'est encore une anecdote personnelle qui sert de socle à ma réflexion.

Je suis arrivée sur le marché du travail dans la pleine tourmente de la récession des années 80. En journalisme, comme ailleurs, faute de moyens, plus personne n'embauchait et l'avenir s'annonçait des plus sombres pour les jeunes. La morosité régnait. Puis un jour, il y a eu prise de conscience : les salles de rédaction vieillissaient sans relève. Il fallait, on n'avait plus le choix, faire quelque chose. Et on a vu La Presse organiser un stage pour attirer les jeunes.

C'était en 1984. L'année suivante, à la faveur de l'Année internationale de la jeunesse, d'autres entreprises de presse ont suivi l'exemple.

Instaurer ces stages, qui bousculaient les échelles de rémunération et le fonctionnement des salles, ne fut toutefois pas si facile. Il a fallu discuter avec les syndicats, réorganiser le travail, faire confiance à des jeunes sans expérience. Mais il a surtout fallu d'abord accepter de voir la situation en face.

Ces stages font aujourd'hui partie des mœurs dans le milieu journalistique, au bénéfice à la fois des entreprises et de ceux qui ont la chance d'y accéder. C'était de l'inventivité à petite échelle, mais qui a eu un impact majeur pour mon milieu.

C'est à cette inventivité que je pense quand j'entends dénatalité, dette, milliards et croissance des dépenses — des mots si lourds qu'ils semblent écraser la réalité. Moi, je n'y vois toujours que des mots, pas des fatalités : les solutions pour y faire face existent. Forcément. À moitié à gauche, à moitié à droite, là où on ne les attend pas, elles finiront par s'imposer. Car après tout, tout cela n'est qu'une question d'argent, donc de volonté.

Conclusion

Agir maintenant pour éviter des lendemains difficiles

Luc Godbout[1]

Les données populationnelles de l'Institut de la statistique du Québec indiquent clairement que, sous l'influence de la génération des baby-boomers, le nombre des personnes âgées doublera en seulement 25 ans. Un million de personnes grossiront les rangs des 65 ans et plus. Dans cette perspective où le Québec dispose de peu de temps pour s'adapter, cet ouvrage a comme objectif d'amener la population québécoise à débattre du bien-fondé des pistes d'actions à entreprendre pour faire face aux choix auxquels le Québec est déjà confronté.

Toutefois, ce livre ne contient pas de recettes miracles que le gouvernement du Québec n'aurait qu'à appliquer. Et c'est bien ainsi. Ce livre ouvre cependant la voie à quelques réflexions.

La question de la dette du Québec illustre bien l'esprit du livre. Les arguments « pour » et les arguments « contre » apparaissent dans l'un ou l'autre des chapitres, tout en réussissant à éviter les positions extrêmes. D'aucuns ont exposé le fait que la taille de la dette publique québécoise n'est pas un élément important à prendre en compte ou à l'inverse que son remboursement constitue un véritable projet de

---

[1]   L'auteur est professeur à la Chaire de recherche en fiscalité et en finances publiques de la Faculté d'administration de l'Université de Sherbrooke.

société. Néanmoins, certains proposent son remboursement comme un moyen, un moyen pour le Québec d'être plus juste entre les générations. Ils pensent qu'il faut procéder à la diminution de la dette afin de réallouer les sommes annuellement économisées en intérêt vers d'autres dépenses gouvernementales. D'autres auteurs émettent des réserves quant à la pertinence du remboursement de la dette. Ils n'en voient pas sa nécessité étant donné que l'importance relative de la dette est déjà en diminution au Québec. À la lumière des arguments avancés, le lecteur a pu se faire sa propre idée.

Cet ouvrage n'a pas la prétention de couvrir l'ensemble de la problématique du vieillissement de la population québécoise. Volontairement, il a surtout été axé sur les finances publiques du Québec. Par exemple, même s'il avait été intéressant d'en avoir un, aucun chapitre n'a porté spécifiquement sur la conciliation travail-famille dans le contexte du vieillissement de la population. De plus, l'exercice ne consistait pas à proposer des politiques précises sur tous les sujets touchant au vieillissement de la population, mais, à l'instar du débat sur la dette, simplement à ouvrir la discussion sur les impacts multiples qu'aura le vieillissement de la population sur la société québécoise et sur ses finances publiques.

Cet ouvrage est né dans la foulée de la publication des manifestes *Pour un Québec lucide* et *Pour un Québec solidaire*. Malgré la bonne présence médiatique et les débats publics qu'ils ont suscités, trop souvent on cherchait à opposer solidarité et lucidité. Ici la voie de l'opposition thématique n'a pas été retenue, malgré tout, pour mieux faire ressortir l'ensemble des pistes de solutions à explorer, les propos des auteurs n'ont pas été édulcorés et ils contiennent à l'occasion quelques critiques des positions défendues par l'un et l'autre de ces manifestes.

Quoi qu'il en soit, il en ressort aussi quelques terrains d'entente. Personne n'a remis en doute que sans augmentation de ses recettes, le Québec manquera tôt ou tard d'argent pour maintenir les services publics, sans devoir recourir aux déficits. Si on veut à la fois être en mesure de réparer les infrastructures, d'en implanter de nouvelles qui dans bien des cas le besoin est criant, de maintenir les programmes publics en quantité et en qualité, il faudra bien prendre l'argent quelque part. Il est là le problème fondamental des finances publiques du Québec, où trouver des sources de revenus supplémentaires pour réaliser ces objectifs prioritaires, sans nuire aux développements socio-économiques.

Pour éviter des lendemains difficiles, tous s'entendent pour dire qu'il faut tout mettre en place pour qu'il y ait de la croissance économique. Pour y parvenir, dans le contexte mondial, l'idée d'allouer plus d'argent en éducation apparaît consensuelle. Le règlement du déséquilibre fiscal apparaît également essentiel. Même s'il peut résoudre une partie du problème des finances publiques du Québec, il ne peut s'agir de la solution unique aux impacts financiers liés au vieillissement de la population.

Sans nécessairement faire l'objet de consensus, certains auteurs ont exposé des avenues à explorer, à la lumière des éléments débattus lors de la publication des manifestes. Il s'agit notamment de :

- développer une perspective de long terme afin que le gouvernement assure aux générations futures le maintien des services actuels à qualité et à niveau de taxation sensiblement comparables;
- réviser la manière de prélever les impôts et les taxes dans le but d'accroître l'efficacité de l'imposition facilitant ainsi son maintien à un niveau plus élevé qu'ailleurs;
- bonifier les mesures d'incitation au travail afin d'accroître le taux d'activité des personnes en âge de travailler et pour réduire la pauvreté;
- majorer les tarifs d'hydroélectricité afin de se servir des sommes additionnelles pour rembourser partiellement la dette, augmenter les sommes allouées à l'éducation et accroître l'attrait de l'investissement;
- implanter une contribution des usagers pour assurer la pérennité du système de santé;
- réviser les institutions fédérales afin de résoudre le déséquilibre fiscal et répondre adéquatement aux écarts de capacités fiscales et de besoin en matière de dépenses qui existent entre les provinces;
- Élaborer un pacte social pour faire face aux défis rattachés à la mondialisation, aux changements démographiques et à l'endettement.

Avant d'être rejetées, ces avenues doivent être débattues, en vue de déterminer si en les mettant de l'avant, le Québec se trouverait en meilleures postures pour atteindre plusieurs objectifs socialement et économiquement désirables en même temps.

Enfin, un an s'est écoulé depuis la publication des manifestes *Pour un Québec lucide* et *Pour un Québec solidaire*, le temps est venu d'aller au-delà de la logique de confrontation qui s'est créée autour de ces manifestes et de poursuivre le débat. À cet égard, il ressort un élément extrêmement rassurant à travers cet ouvrage sur l'avenir des finances publiques du Québec. Malgré qu'ils puissent exister des divergences à l'égard des actions à poursuivre, tous les auteurs partagent le même objectif : celui d'accroître le mieux-être des Québécoises et des Québécois. Étant donné les enjeux, ce brassage d'idées arrive à point nommé. Cependant, pour qu'il porte véritablement fruit, notre défi collectif consiste à éviter les dialogues de sourds. Pour cela, il faut non seulement débattre sereinement de toutes les idées, mais aussi en proposer de nouvelles pour alimenter le débat. Souhaitons que les réflexions contenues dans ce livre y contribuent.

Références par thème

Il a été jugé pertinent pour les lecteurs qui désirent en savoir davantage de recenser quelques documents en fonction des thèmes abordés dans ce livre. Bien évidemment, il ne s'agit pas d'une liste exhaustive couvrant l'ensemble de la littérature s'y rattachant.

DETTE

Beaulne, Pierre, « Pour en finir avec la dette », dans Jean-Marc Piotte : *ADQ, à droite toute, Le programme de l'ADQ expliqué*, Hurtubise HMH, 2003.

Fortin, Pierre, « L'endettement du secteur public canadien : une introduction au problème », *Actualité Économique*, 70, 1994, p. 65-72.

Joanis, Marcelin et Claude Montmarquette, « La dette publique : un défi prioritaire pour le Québec », *Choices/Choix*, vol. 10, n° 9, Montréal : Institut de recherche en politiques publiques (IRPP), 2004.

Québec, ministère des Finances, *Le Fonds des générations – Pour favoriser l'équité entre les générations, la pérennité des programmes sociaux et la prospérité*, Québec, mars 2006.

ÉDUCATION

Coulombe, Serge, Jean-François Tremblay et Sylvie Marchand, *Performance en littératie, capital humain et croissance dans quatorze pays de l'OCDE*, Statistique Canada, Ottawa, 2004.

Joanis, Marcelin, « L'économie de l'éducation : méthodologies, constats et leçons », *Problèmes économiques*, n° 2850, 2004.

ÉLECTRICITÉ

Bélanger, Gérard et Jean-Thomas Bernard, « Aluminium ou exportation : de l'usage de l'électricité québécoise ». Canadian Public Policy / Analyse des politiques, 17, 1992, p. 197-204.

Bernard, Jean-Thomas, Éric Boudreault, Valérie Caverivière et Pierre-Renaud Tremblay, *Modèle de prévision de la demande d'énergie au Québec : Secteur résidentiel*, Université Laval, novembre 1999.

Bernard, Jean-Thomas, Éric Boudreault et Pierre-Renaud Tremblay, *Modèle de prévision de la demande d'énergie au Québec : Secteur industriel*, Université Laval, mai 2000.

Bernard, Jean-Thomas, Pierre-Renaud Tremblay et Érick Moyneur, *Modèle de prévision de la demande d'énergie au Québec : Secteur commercial*, Université Laval, août 2001.

Fortin, Pierre, « L'électricité : Le défi de la rareté », dans Michel Venne éditeur, *L'Annuaire du Québec 2005*, Fides, 2004.

ÉQUITÉ ENTRE LES GÉNÉRATIONS ET VIEILLISSEMENT DE LA POPULATION

Canada, ministère des Finances, « Le défi démographique du Canada », *Plan budgétaire, Budget fédéral 2005*, Annexe 3, Ottawa, 2005.

McDaniel, Susan, « Politiques sociales, changements économiques et démographiques et vieillissement de la population canadienne : leurs interactions », *Cahier québécois de démographie*, printemps 2003.

Mérette, Marcel, « The Bright Side: A Positive View on the Economics of Aging », *Choices/Choix*, vol. 8, n° 1, Montréal : Institut de recherche en politiques publiques (IRPP), 2002.

Oreopoulos, Philip et François Vaillancourt, *Taxes, Transfers, and Generations in Canada: Who gains and Who Loses from the Demographic Transition*, Toronto, C.D. Howe Institute, juin 1998.

Osberg, Lors, « Équité entre les générations – signification et mesure », *Les finances publiques et l'équité intergénérationnelle*, Statistique Canada, 1995.

Québec, ministère des Finances, *Impacts des changements démographiques sur l'économie, le marché du travail et les finances publiques du Québec*, document de recherche, février 2005.

Robson, William, « Time and Money: The Fiscal Impact of Demographic Change in Canada », Toronto, C.D. Howe Institute, Commentary no. 185, juillet 2003.

FÉDÉRALISME – TRANSFERTS FÉDÉRAUX – DÉSÉQUILIBRE FISCAL

Canada, Comité permanent des finances, *L'existence, l'ampleur et l'élimination du déséquilibre fiscal : rapport du Sous-comité sur le déséquilibre fiscal*, Ottawa, 2005.

Canada, ministère des Finances, Groupe d'experts sur la péréquation et la formule de financement des territoires, *Pour réaliser un dessein national – Remettre la péréquation sur la bonne voie*, Ottawa, mai 2006.

Commission sur le déséquilibre fiscal, *Arrangements financiers intergouvernementaux : Allemagne, Australie, Belgique, Espagne, États-Unis, Suisse*, document d'information, gouvernement du Québec, 2001.

Commission sur le déséquilibre fiscal, *Les programmes de transferts fédéraux aux provinces*, document d'information pour la consultation publique, 2001.

Commission sur le déséquilibre fiscal, *Pour un nouveau partage des moyens financiers au Canada*, rapport de la Commission, gouvernement du Québec, 2002.

Commission sur le déséquilibre fiscal, *Le déséquilibre fiscal au Canada : Contexte historique*, annexe 1 du rapport de la Commission, gouvernement du Québec, 2002.

Conference Board du Canada, *Projection des équilibres financiers des gouvernements du Canada et du Québec*, document préparé pour la Commission sur le déséquilibre fiscal, 2002.

Conference Board du Canada, *Projection des équilibres financiers des gouvernements du Canada et des provinces et territoires*, mise à jour de février 2004.

Conseil de la fédération, *Réconcilier l'irréconciliable : s'attaquer au déséquilibre fiscal au Canada*, rapport du Comité consultatif sur le déséquilibre fiscal, 2006.

Godbout, Luc et Karine Dumont, *Mettre cartes sur table pour résoudre le déséquilibre fiscal*, Chaire de recherche en fiscalité et en finances publiques de l'Université de Sherbrooke, 2005.

Godbout, Luc et Suzie St-Cerny, *La réforme fédérale proposée de la péréquation : Le mauvais remède pour l'un des organes vitaux du fédéralisme canadien*, Chaire de recherche en fiscalité et en finances publiques de l'Université de Sherbrooke, 2005.

Noël, Alain, « Quand le déséquilibre fiscal devient un problème fédéral », *Options politiques*, 27, 7, septembre 2006, p. 70-77.

Noël, Alain, « Équilibres et déséquilibres dans le partage des ressources financières », dans Alain G. Gagnon (dir.), *Le fédéralisme canadien contemporain : fondements, traditions, institutions*, Montréal, Presses de l'Université de Montréal, 2006, p. 305-338.

Noël, Alain, « 'A Report That Almost No One Has Discussed': Early Responses to Quebec's Commission on Fiscal Imbalance », dans Harvey Lazar (ed.), *Canadian Fiscal Arrangements: What Works, What Might Work Better*, Montréal et Kingston, McGill-Queen's University Press, 2005, p. 127-51.

FAIBLES REVENUS ET INCITATION AU TRAVAIL

Conférence régionale des élus de Montréal (CRÉ), Forum régional sur le développement social de l'île de Montréal, *Quand le travail n'empêche plus d'être pauvre !* Travail et pauvreté, rapport de recherche, 2006.

Conférence régionale des élus de Montréal (CRÉ), Forum régional sur le développement social de l'île de Montréal, *Rapport sur la pauvreté à Montréal*, document de recherche et de réflexion, 2004.

Godbout, Luc et Matthieu Arseneau, *La prime au travail du Québec : un véritable outil d'incitation au travail ou une simple façon de baisser l'impôt?* Chaire de recherche en fiscalité et en finances publiques, 2005.

Québec, ministère des Finances, *Les réductions d'impôt*, Québec, 2004, p. 13 à 22.

FISCALITÉ

Beaulieu, Eugene, Kenneth J. McKenzie et Jean-François Wen, « Do Taxes Matter for Firm Location: Evidence from Canadian Provinces », *Mimeo*, University of Calgary, 2004.

Godbout, Luc, « L'imposition des sociétés au Québec n'est pas une espèce en voie de disparition! », *Congrès 2005*, Association de planification fiscale financière, Montréal, octobre 2005.

Godbout, Luc et Matthieu Arseneau, *Le dosage des impôts au sein de la structure fiscale québécoise – le déplacement de la taxation des revenus vers la consommation*, Chaire de recherche en fiscalité et en finances publiques, 2005.

OCDE, *Statistique des recettes publiques – 1965-2004*, Paris, 2005,

Paquette, Pierre, *Fiscalité : Les idées admises et la réalité*, 2005.

Québec, ministère des Finances, *Impacts économiques des impôts et taxes*, Québec, 2004.

SANTÉ

Castonguay, Johanne, Claude Castonguay et Claude Montmarquette, *La pérennité du système de santé : un enjeu de finances publiques*, mémoire présenté à la Commission des affaires sociales, mars 2006.

Comité de travail sur la pérennité du système de santé et de services sociaux du Québec, *Pour sortir de l'impasse : la solidarité entre nos générations*, Québec, 2005.

Commission sur l'avenir des soins de santé au Canada, *Guidé par nos valeurs : l'avenir des soins de santé au Canada*, rapport final, Ottawa, novembre 2002.

Institut canadien d'information sur la santé, *Tendances des dépenses nationales de santé, 1975 à 2005*, Ottawa, 2005.

Joanis, Marcelin, David Boisclair et Claude Montmarquette, *La santé au Québec : des options pour financer la croissance*, rapport de projet du CIRANO, n° 2004RP-04, 2004.

ANNEXES

Annexe 1

Présentation des auteurs

MARIO ALBERT, sous-ministre adjoint, ministère des Finances du Québec

Détenteur d'une maîtrise en économie de l'Université Laval, Mario Albert a travaillé au ministère des Finances du Canada avant de se joindre ministère des Finances du Québec en 1994 comme directeur général adjoint du secteur des politiques intergouvernementales et budgétaires. En mai 2001, Mario Albert a été nommé secrétaire général de la Commission sur le déséquilibre fiscal formée par le gouvernement du Québec afin d'étudier les causes, les conséquences et les solutions à envisager afin de corriger le déséquilibre fiscal qui prévaut entre le gouvernement fédéral et les provinces. Depuis 2001, il occupe le poste de sous-ministre adjoint. À ce titre, il est présentement responsable de la prévision et du suivi de l'économie et des revenus autonomes ainsi que de la définition de la politique budgétaire du gouvernement du Québec.

PIERRE BEAULNE, économiste, Centrale des syndicats du Québec

Après ses études à l'Université d'Ottawa, où il a obtenu une maîtrise en économie, puis à l'Université de Paris, où il a complété une scolarité de doctorat, il a travaillé comme analyste à Statistique Canada. Depuis 1975, il est économiste à la Centrale des syndicats du Québec (CSQ). Il y assume la fonction de conseiller sur les dossiers de rémunération dans les négociations collectives du secteur public. Il agit aussi comme chercheur et analyste sur les questions plus générales touchant l'économie et les finances publiques au Canada et au Québec, afin d'étayer les orientations de la Centrale.

JOSÉE BOILEAU, éditorialiste, *Le Devoir*

Journaliste depuis plus de 20 ans, Josée Boileau est diplômée en droit de l'Université de Montréal et en communications de l'Université du Québec à Montréal et de la Sorbonne Nouvelle; elle a également fait des études à l'Institut des études politiques de Paris. Au cours de sa carrière en journalisme, elle a travaillé dans plusieurs des plus importants médias québécois (*La Presse*, *Le Devoir*, la *Presse canadienne*, *L'Actualité*, Télé-Québec, etc.) où elle a occupé différentes fonctions, de journaliste à rédactrice en chef. Au printemps 2003, elle est nommée éditorialiste au *Devoir* et responsable de la page Idées. Elle couvre notamment les questions d'éducation, d'immigration, de politiques familiales et d'affaires sociales. On la retrouve également comme chroniqueuse à Radio-Canada et à Télé-Québec.

CLAUDE CASTONGUAY

Claude Castonguay a commencé sa carrière en 1951 par l'enseignement de l'actuariat à l'Université Laval. De 1966 à 1970, il a présidé la Commission d'enquête sur la santé et le bien-être social. Par la suite, il a été successivement ministre de la Santé et ministre des Affaires sociales. Après son mandat de député, il devient membre du conseil d'administration de la Caisse de dépôt et placement du Québec. Tout au long de sa carrière, il a reçu plusieurs distinctions honorifiques, il est notamment nommé Compagnon de l'Ordre du Canada (1974) et Officier de l'Ordre national du Québec (1991). Il est actuellement Felow invité au Centre interuniversitaire de recherche en analyse des organisations (CIRANO). Il vient récemment de publier un livre intitulé « *Mémoires d'un révolutionnaire tranquille* ».

BERNARD ÉLIE, professeur, UQAM

Les cours et les recherches de Bernard Élie portent principalement sur la monnaie, les banques et la finance internationale. Soucieux de faire comprendre le monde économique au plus grand nombre, il donne aussi des cours à la faculté de communication, à celle de science politique et de droit et des sessions de formation dans les centrales syndicales. Enfin, comme citoyen, il est préoccupé par l'avenir du Québec, par le partage de la richesse, l'amélioration de nos programmes sociaux et des reculs proposés par les néo-libéraux.

JOSEPH FACAL, professeur invité, HEC Montréal

Depuis le 1er octobre 2003, Joseph Facal enseigne la sociologie et le management à HEC Montréal. Il fut auparavant député à l'Assemblée nationale du Québec de 1994 à 2003, où il fut notamment président du Conseil du trésor et ministre d'État à l'Administration et à la Fonction publique, ministre des Relations avec les citoyens et de l'Immigration, et ministre délégué aux Affaires intergouvernementales canadiennes. Il détient un doctorat en sociologie de l'Université de Paris-Sorbonne et une maîtrise en sciences politiques de l'Université de Montréal. Il est aussi chroniqueur au *Journal de Montréal*, au *Journal de Québec* et à la radio de Radio-Canada.

PIERRE FORTIN, professeur, UQAM

Pierre Fortin est professeur de sciences économiques à l'Université du Québec à Montréal (UQAM). Ses champs de recherche concernent principalement la croissance économique, les politiques monétaire et budgétaire, la politique sociale et les ressources humaines. Il est membre de la Société royale du Canada, chercheur associé à l'Institut C.D. Howe et chroniqueur économique du magazine *L'actualité*. M. Fortin est l'auteur de plus de 140 publications scientifiques et d'une trentaine de rapports préparés pour des organismes publics et privés sur divers sujets, tels que la politique monétaire, les budgets gouvernementaux, la fiscalité, l'assurance-chômage, l'aide sociale, les normes du travail, l'immigration, l'éducation, la réglementation du tabac, l'industrie de la construction, l'hydro-électricité, le commerce des livres, etc. Il détient un doctorat en économie de l'Université de Californie à Berkeley, une maîtrise en mathématiques de l'Université de Montréal et un baccalauréat en humanités classiques du Collège des Jésuites de Québec.

LUC GODBOUT, professeur, Université de Sherbrooke

Luc Godbout possède une formation multidisciplinaire touchant à la fois l'économie, la fiscalité et les finances publiques. Au cours des dix dernières années, il a accepté des mandats spécifiques. Il a notamment collaboré à la Commission sur le déséquilibre fiscal. Depuis l'achèvement de son doctorat de l'Université d'Aix-Marseille III, il occupe un poste de professeur à la Chaire de recherche en fiscalité et en finances publiques de l'Université de Sherbrooke. Il a récemment réalisé des études portant sur le dosage des impôts, la fiscalité et l'incitation au travail, la progressivité de l'impôt sur le revenu, l'effort fiscal comparé au Canada, la péréquation, et plusieurs textes sur le déséquilibre fiscal. En 2005, M. Godbout a reçu le prix Bercy de la Société française de finances publiques pour la meilleure thèse en finances publiques. Extrait de sa thèse, un livre intitulé *L'intervention gouvernementale par la politique fiscale* vient de paraître aux Éditions Économica.

MARCELIN JOANIS, chercheur, CIRANO

Titulaire d'une maîtrise en sciences économiques de l'Université de Montréal, Marcelin Joanis est candidat au doctorat en économique à l'Université de Toronto. Directeur de projets au Centre interuniversitaire de recherche en analyse des organisations (CIRANO), il a précédemment occupé des postes d'économiste au ministère des Finances du Canada et à la Commission sur le déséquilibre fiscal. Il a également été chargé de cours en macroéconomie à l'Université du Québec à Montréal (UQAM). Spécialiste de l'économie publique, ses recherches récentes portent sur le fédéralisme fiscal, l'impact de la politique partisane sur les politiques budgétaires, la dette publique, le financement de la santé et les politiques régionales.

NICOLAS MARCEAU, professeur, UQAM

Nicolas Marceau est titulaire d'un doctorat en économie de l'Université Queen's de Kingston en Ontario et d'une maîtrise en sciences économiques de l'Université de Montréal. Il est actuellement professeur titulaire au département des sciences économiques de l'Université du Québec à Montréal. Il enseigne à cet établissement depuis 1996. Il a aussi été professeur adjoint au département d'économique de l'Université Laval, de 1992 à 1996. Au cours des dernières années, Nicolas Marceau a été auteur et co-auteur de nombreuses publications et il a notamment été commissaire à la Commission sur le déséquilibre fiscal.

ALAIN NOËL, professeur, Université de Montréal

Alain Noël est professeur titulaire de science politique de l'Université de Montréal. Au cours des dernières années, il a agi à titre d'expert pour le Secrétariat aux affaires intergouvernementales et pour le ministère de l'Emploi et de la Solidarité du gouvernement du Québec. M. Noël a également été membre de la Commission sur le déséquilibre fiscal. Il a par ailleurs été professeur invité à la School of Social Welfare de l'Université de Californie à Berkeley. Ses recherches portent sur les politiques sociales et sur le fédéralisme en perspective comparée et, plus largement, sur la politique au Canada et au Québec. Ses recherches ont été publiées dans différents ouvrages et revues, incluant l'*American Political Science Review*, *Comparative Political Studies*, *International Organization*, *Global Social Policy*, la *Revue française des affaires sociales* et la *Revue canadienne de science politique*.

PIERRE PAQUETTE, député, Chambre des communes

Détenteur d'une maîtrise en économie de l'Université de Montréal, Pierre Paquette a débuté sa carrière comme professeur au Collège de Maisonneuve. Il a, par la suite, œuvré dans le milieu syndical où il a été secrétaire général de la CSN de 1990 à 1998. Depuis 2000, il est député à la Chambre des communes. Il est actuellement porte-parole du Bloc Québécois en matière de Commerce international, d'institutions financières internationales et de mondialisation. Il est également l'auteur du livre *Un Québec pour l'emploi*.

Annexe 2

Manifeste Pour un Québec lucide[1]

Signataires :
Lucien Bouchard, Joseph Facal, Pierre Fortin, Robert Lacroix, Sylvie Lalande, Claude Montmarquette, André Pratte, Denise Robert, Jean-Claude Robert, Guy Saint-Pierre, Marie Saint-Pierre et Denise Verreault

Alors que notre avenir est menacé par le déclin démographique et la concurrence mondiale, le Québec ne peut se permettre d'être la république du *statu quo*.

Nous sommes inquiets. Inquiets pour le Québec que nous aimons. Inquiets pour notre peuple qui a survécu contre vents et marées, mais qui ne semble pas conscient des écueils qui menacent aujourd'hui son avenir.

Depuis 50 ans, l'économie du Québec a connu un essor sans précédent :

- en 1961, le revenu annuel moyen des Québécois francophones équivalait aux deux tiers seulement de celui des Québécois anglophones; aujourd'hui on est tout près de la parité de revenu entre les deux groupes linguistiques;

---

[1] Nous remercions les auteurs du manifeste *Pour un Québec lucide* de nous autoriser à reproduire leur texte. Ce texte peut également être téléchargé à l'adresse Internet suivante : http://www.pourunquebeclucide.com.

- à l'époque, un jeune Québécois de 25 ans avait fréquenté l'école pendant 9 ans, contre 11 ans pour un jeune Ontarien; aujourd'hui, le jeune Québécois a fait 15 ans de scolarité, autant que l'Ontarien;
- au chapitre du taux de chômage, à l'heure où nous écrivons, l'Ontario ne devance plus le Québec que par 1,4 point (6,8 % vs 8,2 %), alors que l'écart atteignait presque 5 points aussi récemment qu'en 1989.

Par rapport au reste du Canada, le Québec du dernier demi-siècle a donc accompli un rattrapage spectaculaire. Nous avons raison d'être fiers de ce progrès, réalisé grâce à un modèle de société qui, somme toute, a bien fonctionné. Cependant, nous ferions une grave erreur en nous satisfaisant de cette performance. D'abord parce qu'il reste du chemin à faire. Ensuite parce que c'est à l'aune du continent et à celle du monde qu'il faut aujourd'hui se mesurer. Or, dès que l'on adopte ce point de vue plus large, on constate que le retard économique du Québec est loin d'avoir été comblé. Au plan du niveau de vie, notamment, le Québec fait encore partie des 25 % les moins riches parmi les provinces et états d'Amérique du Nord. Au plan financier, le gouvernement du Québec fait figure d'un lourd albatros qui ne parvient pas à prendre son envol, notre dette publique par habitant étant la plus élevée du continent.

À cette constatation que l'économie du Québec a encore bien des croûtes à manger s'ajoutent deux menaces de première importance pour notre avenir. D'une part, le Québec s'apprête à vivre le déclin démographique le plus rapide de tous les pays industrialisés à l'exception du Japon. D'autre part, comme toutes les autres régions de l'Occident, il subit déjà une concurrence féroce de la part des pays asiatiques, au premier chef de la Chine et de l'Inde.

Rêver en couleurs

Nous ne doutons pas que le Québec ait les ressources pour combler son retard économique sur le reste du continent, assainir ses finances publiques, gérer convenablement son ralentissement démographique et affronter avec succès le défi asiatique. Nous sommes également convaincus qu'il n'est pas du tout nécessaire de jeter notre modèle de société à la poubelle pour faire face à ces défis. Seulement, le monde a changé et il nous faut nous adapter aux nouvelles réalités. Refuser de le faire, ce serait comme s'entêter à taper ses lettres à la dactylo sous prétexte que c'est avec celle-ci qu'on a appris à écrire.

Encore faut-il que nous ayons, au préalable, la <u>lucidité</u> de reconnaître l'envergure des obstacles à surmonter et des défis à relever. Que nous évitions de blâmer les autres pour nos propres problèmes et prenions nos <u>responsabilités</u> en faisant, individuellement et collectivement, les choix qui s'imposent. Et que nous ne ménagions aucun effort pour faire du Québec un lieu inégalé de <u>liberté</u> intellectuelle et économique afin d'ouvrir les vannes de l'énergie, de l'originalité et de la créativité.

Nous ne sommes pas les premiers à tenter d'alerter nos concitoyens. Malheureusement, la plupart des Québécois continuent de nier ou d'ignorer le danger. D'où notre profonde inquiétude.

Ceux qui nient le danger sont aveuglés par le vent de prospérité qui souffle sur le Québec depuis quelques années. Il est vrai que nous ne sommes pas au milieu d'une grave récession comme en 1982 ou en 1992. C'est la particularité de la situation actuelle : le danger ne se présente pas sous forme de précipice, mais de longue pente descendante. Au premier coup d'œil, il ne semble pas y avoir de risque. Mais une fois amorcée, la glissade sera inexorable.

D'autres sont prêts à reconnaître certains des problèmes que nous venons d'identifier – notre relative faiblesse économique en Amérique du Nord, notre endettement public, notre déclin démographique, le défi asiatique. Mais ils croient et tentent de faire croire à la population qu'il existe des solutions faciles à ces problèmes, par exemple « régler le déséquilibre fiscal ». Nous convenons que ce déséquilibre existe et qu'il faut rétablir la situation au plus tôt. Mais cela n'aidera à résoudre partiellement qu'un seul des problèmes mentionnés, celui des finances publiques du Québec. Penser autrement, c'est rêver en couleurs ou ne pas savoir compter. Autre solution mise de l'avant : la souveraineté du Québec. Certains membres de notre groupe sont favorables à la souveraineté, d'autres pensent que l'avenir du Québec sera mieux assuré au sein du Canada. Les uns estiment leur option préférable à celle des autres mais nous avons tous la certitude que quel que soit le choix des Québécois, les défis qui confrontent le Québec resteront entiers.

Un contexte nouveau

Quels devraient être les objectifs des Québécois pour les prochaines décennies? Les mêmes que depuis toujours. Un : le Québec doit continuer à se développer, économiquement et socialement, afin d'assurer le mieux-être de ses citoyens. Deux : le Québec doit demeurer une société distincte, capable de faire rayonner une langue et une culture françaises modernes en Amérique. En raison du contexte nouveau auquel nous sommes confrontés, ces deux objectifs seront encore plus difficiles à atteindre au cours des prochaines décennies que lors du dernier siècle. Les recettes du passé n'y suffiront pas.

Selon les projections de l'Institut de la statistique du Québec, le Québec comptera 7,8 millions en 2050, à peine 300 000 personnes de plus qu'aujourd'hui. Aussi tôt qu'en 2012, il y a aura de moins en moins de gens en âge de travailler, de moins en moins de jeunes et de plus en plus de personnes âgées. Cela voudra dire un peuple moins dynamique, moins créatif, et moins productif. Pendant que le Québec subira ce freinage démographique, la population du reste de l'Amérique augmentera à un rythme rapide, de sorte que dans 40 ans, les 7,8 millions de Québécois seront entourés par près de 1,2 milliard de personnes, parlant pour la plupart anglais et/ou espagnol. Ce ralentissement démographique se produit au pire moment qui soit, à une époque où les pays occidentaux sont appelés à faire face à une concurrence inédite venant des pays asiatiques, tout particulièrement les géants chinois et indien. L'entrée de plus d'un milliard de nouveaux travailleurs dans le circuit de l'économie mondiale a commencé il y a 15 ans avec l'essor économique de la Chine et des autres « tigres » asiatiques. Elle va continuer à interpeller nos forces vives pendant plusieurs décennies à venir.

Depuis 2000, la production manufacturière a augmenté de 50 % en Asie, tandis qu'elle a stagné au Canada. Au cours des deux dernières années, le niveau d'emploi dans l'industrie québécoise de fabrication de vêtement a baissé de 40 %. La concurrence asiatique ne se fait pas sentir seulement sur les emplois à petit salaire; l'impartition en Inde fait la vie dure à nos emplois hautement spécialisés dans des créneaux comme les services informatiques. Dans 10, 20 ans, que fabriquerons-nous, nous, Québécois, mieux que les Chinois et les Indiens? Quels seront nos avantages comparatifs? Nos niches d'excellence?

Un Québec en perte de vitesse

Loin d'être abstraites et lointaines, les conséquences du déclin démographique commencent à se faire sentir; on n'a qu'à penser à l'augmentation rapide des dépenses de santé, que nos gouvernements n'arrivent pas à juguler et qui est en partie attribuable au vieillissement de la population. On sait aussi que l'économie québécoise croît moins rapidement que celle des provinces et états voisins; or, la faiblesse de notre démographie est l'une des causes de cet essoufflement. Ce frein va peser de plus en plus au cours des prochaines années, au point que la croissance réelle du PIB du Québec sera réduite de moitié dès la prochaine décennie. L'impact sur la situation financière du gouvernement sera évidemment dramatique : d'une part, la hausse des dépenses de santé va continuer de s'accélérer parce que la population âgée sera de plus en plus nombreuse; d'autre part, l'augmentation des revenus va s'affaiblir parce que le nombre de travailleurs payant des impôts ira en diminuant.

Notre faiblesse démographique ne produira pas que des effets économiques. On peut craindre en effet qu'elle nous entraîne dans un cercle vicieux qui aura des impacts sociaux et culturels importants. Après être devenu, au cours des dernières décennies, une exceptionnelle terre d'accueil, un Québec plus âgé et moins dynamique aura de plus en plus de mal à attirer des immigrants. Le déclin démographique s'en trouvera aggravé, accentuant d'autant la menace pesant sur la vitalité de nos institutions culturelles. Le poids du français en Amérique, déjà minuscule, diminuera encore.

Il n'y a pas de recettes simples et indolores à la décroissance démographique, à la concurrence mondiale accrue, ni aux conséquences économiques, sociales et culturelles de ces phénomènes. Mais une chose est sûre : les solutions reposent sur la lucidité, la responsabilité et la liberté. Si les Québécois veulent préserver leur niveau de vie, s'ils veulent continuer de vivre dans une société francophone dynamique, s'ils veulent donner à leur culture et à leur élan créateur les moyens de s'épanouir pleinement et de rayonner le plus largement possible dans le monde, ils doivent contrer les effets de cette décroissance démographique et affronter cette concurrence mondiale. À moins d'un renversement aussi soudain qu'improbable de la natalité, seul un dynamisme exceptionnel permettra au Québec de tenir sa place sur le continent.

Le refus du changement

Malheureusement, au moment précis où nous devons opérer un changement radical de notre façon de nous voir et de voir le monde qui nous entoure, la moindre évolution dans le fonctionnement de l'État, le moindre projet audacieux, le moindre appel à la responsabilité, la moindre modification dans nos confortables habitudes de vie sont accueillis par une levée de boucliers, une fin de non-recevoir, au mieux par l'indifférence. Cette espèce de refus global du changement fait mal au Québec parce qu'il risque de le transformer en république du *statu quo*, en fossile du 20e siècle.

À l'heure actuelle, le discours social québécois est dominé par des groupes de pression de toutes sortes, dont les grands syndicats, qui ont monopolisé le label « progressiste » pour mieux s'opposer aux changements qu'impose la nouvelle donne. Le syndicalisme peut être une force positive et responsable; il l'a maintes fois prouvé dans sa promotion des valeurs de partage, de justice sociale et de démocratie. Telle qu'elle est pratiquée aujourd'hui par certains leaders syndicaux, particulièrement dans le secteur public, l'action syndicale ne se limite-t-elle pas trop souvent à une protection à courte vue des intérêts de ses membres? Pour que la concertation que suppose notre modèle soit productive, il faut qu'il y ait des constats communs, un dialogue véritable, une prise en charge collective des responsabilités. Faut-il comprendre de la réaction des représentants syndicaux au rapport du Comité Ménard sur la pérennité des services de santé que cette concertation sera de plus en plus difficile? Nous souhaitons que cette réaction soit conjoncturelle, liée aux négociations en cours dans le secteur public, et n'exprime pas une culture plus profonde. En effet, il ne faudrait pas que le syndicalisme québécois s'éloigne du modèle responsable et coopératif qui l'a caractérisé au cours des deux dernières décennies. Tous se souviennent de l'ouverture et du leadership manifestés par les dirigeants syndicaux lorsque, d'un commun accord avec le monde des affaires et l'ensemble de la classe politique, ils ont donné en 1996 un appui indéfectible à l'atteinte du déficit zéro. Aujourd'hui comme à cette époque, tous les Québécois sont interpellés par les mêmes défis. Nous ne parviendrons à les relever que si nous y travaillons ensemble.

La population québécoise s'accommode de cette situation de blocage parce qu'elle y trouve son aise. Les Québécois travaillent moins que les autres Nord-Américains; ils prennent leur retraite plus tôt; ils se paient des programmes sociaux plus généreux; dans leur vie privée comme collective, ils s'endettent jusqu'à la limite de leur carte de crédit. Tout cela n'est qu'humain; nous recherchons tous la vie la plus agréable possible. Mais il faut aussi être réaliste. D'ici quelques années tout au plus, nos rêves – en fait, pas les nôtres, mais ceux de nos enfants – seront brutalement interrompus par des coups sur la porte : les huissiers!

Lucidité, responsabilité, liberté

Nous prenons la parole dans l'espoir de sortir de la torpeur actuelle avant qu'il ne soit trop tard. Un gouvernement seul, de quelque parti que ce soit, ne parviendra pas à vaincre la résistance et l'inertie. Les sonnettes d'alarme doivent retentir dans tous les milieux : politiciens, intellectuels, leaders syndicaux, artistes, gens d'affaires, tous ceux qui aiment le Québec et veulent un avenir prospère pour cet îlot francophone en Amérique doivent prendre la parole. À tous ceux-là, nous lançons un appel à la lucidité, à la responsabilité, à la liberté.

La lucidité exige que nous arrêtions de nous bercer d'illusions. Le Québec est une société privilégiée, mais notre prospérité est menacée. En continuant d'écouter ceux qui nous disent que tout va bien, qui nous offrent des solutions à courte portée, nous nous destinons à un recul que nous ne parviendrons bientôt plus à freiner. Le temps viendra, beaucoup plus rapidement qu'on le pense, où nous serons trop peu nombreux, pas assez riches et trop engoncés dans nos vieilles façons de penser pour assumer la solidarité sociale qui nous est si chère, et pour promouvoir la culture sans laquelle nous ne sommes plus Québécois.

La responsabilité exige que nous mettions tous l'épaule à la roue. Chaque individu, chaque groupe, chaque leader doit abandonner le premier réflexe qui est celui de tous, en particulier dans le Québec d'aujourd'hui : protéger ses intérêts et faire appel à l'intervention du gouvernement. Au contraire, chacun doit se demander ce qu'il peut faire, dans son domaine et comme citoyen, afin de donner au Québec le souffle dont il aura besoin pour surmonter les défis de l'avenir.

La liberté suppose d'abord et avant tout qu'il soit possible de remettre en cause le *statu quo* sans être immédiatement convoqué devant le tribunal d'inquisition du consensus québécois. Autrement dit, la liberté commence par celle de penser et de dire autre chose que ce qui se pense et se dit depuis 40 ans. La liberté suppose le respect de ceux qui osent, qui sortent des sentiers battus, qui risquent. Elle requiert aussi - c'est un corollaire essentiel - le respect de ceux qui réussissent, plutôt que l'envie, les procès d'intention et la suspicion.

Les Québécois ont mis des années à se sortir de la Grande Noirceur et à rattraper le retard que leur avaient imposé le repli sur soi et un attachement démesuré à la tradition. Voilà que les mêmes travers nous guettent. Ne laissons pas glisser à nouveau sur le Québec l'ombre du passéisme.

Quelles solutions?

Notre objectif est avant tout de sensibiliser les Québécois aux défis qui se présentent à eux. Nous n'avons pas de programme à vendre; nous importe davantage le changement d'attitudes qu'exigent les problèmes auxquels nous sommes confrontés.

Nos discussions ont tout de même fait ressortir quelques pistes qu'il faudrait explorer d'urgence. La liste est évidemment loin d'être exhaustive. Le problème démographique est d'une ampleur et d'une complexité si grandes qu'il ne peut y avoir de solution miracle. Nous savons, toutefois, que ce problème pourrait être fortement aggravé par une immigration en déclin et une émigration en hausse. C'est ce qui pourrait arriver si le Québec ne connaît pas dans un avenir rapproché un développement exceptionnel.

Les idées que nous mettons de l'avant ici visent précisément à accélérer le rythme de développement du Québec. À cet égard, quelques priorités nous semblent s'imposer d'elles-mêmes tellement la marge de manœuvre du Québec est étroite. C'est le cas de l'allégement du fardeau de la dette publique. À l'heure actuelle, le gouvernement du Québec consacre 16 % de ses dépenses au service de la dette, une part beaucoup plus importante que celle que supportent les autres gouvernements provinciaux. Seize pour cent, c'est 7 milliards par année, l'équivalent du budget de 12 des 21 ministères de l'État québécois. Si l'on ne parvient pas à diminuer ce fardeau, la précarité financière du gouvernement s'aggravera brusquement dès que les taux d'intérêt augmenteront. L'arithmétique est incontournable : avec une dette de 120 milliards, chaque augmentation d'un point des taux ajoutera, à terme, 1,2 milliard au service de la dette. Le gouvernement se trouvera forcé à réduire d'autant ses dépenses, même dans les domaines essentiels. Au contraire, si l'État parvient à diminuer sa dette, il dégagera une marge de manœuvre lui permettant de rencontrer les dépenses de santé croissantes provoquées par le vieillissement de la population.

Libéré d'une partie du fardeau de la dette, le gouvernement du Québec pourrait aussi contribuer à une corvée essentielle pour la prospérité future du Québec, soit un <u>investissement massif en éducation et en formation</u>. Une petite nation pourra seulement faire sa marque par la qualité de sa main-d'œuvre, par le haut niveau de son développement culturel et scientifique, par sa créativité. Il est donc fondamental de valoriser ces domaines et d'y investir la part la plus importante de nos ressources. Notamment, il faut faire en sorte que le taux de décrochage diminue et que de plus en plus de jeunes poursuivent leurs études au niveau postsecondaire dans des institutions de haut calibre.

Le niveau d'investissement requis pour atteindre ces objectifs dépasse les capacités financières de l'État québécois. C'est pourquoi un esprit de lucidité et de responsabilité mènera à <u>l'abandon du gel des droits de scolarité</u>, une politique qui va à l'encontre du bon sens et de toutes les études menées sur la question. Au cours des dix dernières années, le gel a privé les universités québécoises de plus de 3 milliards par rapport aux ressources financières dont elles auraient disposé si les droits avaient augmenté au même rythme qu'ailleurs au Canada. Conséquence : cette année, les universités du Québec souffrent, lorsqu'on les compare à celles des autres provinces, d'un manque à gagner annuel de 375 millions. Les premières victimes de cette situation sont les étudiants eux-mêmes, menacés d'une détérioration de la qualité de l'enseignement et de la recherche universitaires.

Le dégel des droits de scolarité devrait s'accompagner de la mise en place d'<u>un régime de remboursement des prêts étudiants proportionnel au revenu</u>. Une fois sur le marché du travail, les jeunes ne seraient tenus de rembourser leurs dettes d'études qu'en fonction de leurs ressources financières.

Par ailleurs, la mondialisation de l'économie rend essentielle <u>la maîtrise de plusieurs langues</u>. Le Québec doit évidemment s'assurer que ses citoyens parlent et écrivent correctement le français, qui est non seulement notre héritage et notre langue commune mais reste l'une des principales langues internationales. L'État doit aussi déployer beaucoup plus d'efforts pour que les Québécois parlent et écrivent l'anglais, puis une troisième langue. Dans le monde d'aujourd'hui, on ne peut plus accepter que la majorité des jeunes Québécois sortant de nos maisons d'enseignement soient incapables de parler et d'écrire correctement l'anglais. Par sa culture et sa situation géographique, le Québec jouit d'un environnement particulièrement favorable à l'apprentissage des langues; il devrait profiter au maximum de cet atout.

Comme les Québécois seront moins nombreux, il leur faudra être plus productifs. À une main-d'œuvre de qualité devra donc s'ajouter un environnement de travail favorisant la performance et l'innovation. Le Québec doit accroître ses investissements en recherche et développement dans les créneaux où il est déjà un leader mondial. Il nous faut aussi être innovateur en matière d'organisation de travail, même si cela exige la remise en question de certains acquis. La concurrence mondiale étant ce qu'elle est, il serait suicidaire de refuser de se défaire des rigidités qui minent notre compétitivité.

La lucidité devrait aussi nous amener à revoir notre attitude collective en ce qui a trait aux tarifs d'électricité. Le Québec a la chance de disposer d'une ressource aussi précieuse que le pétrole. Si l'Alberta parvient à générer des revenus considérables avec son or noir, pourquoi le Québec se prive-t-il d'une partie du potentiel financier de son or bleu? La politique tarifaire actuelle d'Hydro-Québec n'est qu'une des manières dont on peut faire profiter les Québécois de cette ressource; ce n'est ni la plus productive ni la plus efficace. Contrairement à une perception répandue, elle profite davantage aux personnes à revenus élevés (qui auraient les moyens de payer plus) qu'aux personnes moins aisées (qu'on peut protéger contre les augmentations de tarifs). Le président du Mouvement Desjardins, M. Alban D'Amours, a déjà proposé que les tarifs d'électricité soient augmentés et qu'une part déterminée des profits d'Hydro-Québec soit consacrée au remboursement de la dette du gouvernement du Québec. Nous endossons cette proposition, en précisant qu'à notre avis, la hausse des tarifs d'électricité devrait être à la fois substantielle et progressive.

Dans le cadre du débat que nous souhaitons, d'autres avenues mériteraient d'être explorées, par exemple, une réforme majeure de la taxation. Les pays qui investissent beaucoup dans les programmes sociaux privilégient généralement les taxes sur la consommation plutôt que celles sur le revenu. Le Québec fait exactement l'inverse. Cela a pour effet de rendre le travail moins attrayant et d'encourager plutôt les contribuables à privilégier leurs loisirs. Modifier le dosage des taxes pourrait augmenter l'offre de travail et de capital, deux éléments essentiels à la croissance. Contrairement à une idée reçue, taxer la consommation ne signifie pas nécessairement se tourner vers un régime fiscal moins progressif; il y a toutes sortes de manières de taxer la consommation de façon progressive et ainsi d'encourager le travail et l'épargne.

Le Québec pourrait aussi envisager la création d'un régime de Revenu minimum garanti. Ce régime prendrait la forme d'un transfert direct à chaque citoyen et se substituerait à plusieurs des programmes de redistribution existants, notamment les faibles tarifs d'électricité et le gel des droits de scolarité évoqués plus haut. Un tel système aurait l'avantage de réduire la lourdeur bureaucratique qu'entraîne l'administration de programmes multiples et complexes. Le modèle québécois est fondé sur un idéal de solidarité que nous partageons avec conviction; nous sommes aussi convaincus que pour qu'elle se réalise concrètement, cette solidarité doit être efficace.

La fin de l'intolérance et de la méfiance

D'autres que nous on fait des propositions de ce genre dans les dernières années. On s'est empressé de les clouer au pilori, de monter contre eux des procès d'intention sans jamais prendre la peine d'étudier objectivement leurs idées. Cette attitude d'intolérance doit être abandonnée si l'on veut que le Québec soit en mesure de continuer à prospérer, tout en préservant, voire en améliorant le filet de sécurité sociale qui est la marque d'une société solidaire.

Il faudrait aussi se défaire de la méfiance malsaine qui s'est développée dans certains milieux à l'égard du secteur privé. La naissance d'une telle attitude est assez paradoxale. Pendant des années, on a déploré le fait que l'économie du Québec soit contrôlée par des gens d'affaires de langue anglaise; aujourd'hui que les francophones ont pris en main notre économie, on les dénonce à qui mieux-mieux, jusqu'à soupçonner leurs motifs lorsqu'ils contribuent temps et argent à la philanthropie. Ce faisant, on se prive encore de ressources précieuses, en particulier pour le financement des infrastructures. Pourquoi accuse-t-on les grandes firmes québécoises de tous les maux lorsqu'elles veulent investir chez nous, par exemple dans un partenariat public-privé, alors qu'on s'enorgueillit de leurs succès internationaux? Si un pays aussi social-démocrate que la France a recours au privé pour financer la construction de ses infrastructures, on voit mal selon quelle logique le Québec se priverait de faire de même.

Ouvrir la porte au privé dans certains secteurs ne signifie pas l'abandon du modèle québécois. L'État doit bien sûr conserver son pouvoir régulateur, et dans certains cas le renforcer – on l'a vu récemment dans le domaine financier avec l'éclatement de divers scandales. Il s'agit tout simplement de rechercher un juste milieu afin d'être en mesure de canaliser toutes nos énergies en faveur de la prospérité de tout le Québec.

Un esprit nouveau

Tous ne seront pas d'accord avec ces pistes de solution. Deux choses devraient toutefois faire consensus : l'ampleur des défis auxquels notre société fait face et la nécessité d'en débattre au fond, donc de les aborder avec un esprit nouveau. Les défis des années 1960 exigeaient une révolution tranquille non seulement de nos institutions, mais aussi de notre façon de voir les choses, de notre culture; il en est de même aujourd'hui. Cet esprit nouveau sera lucide, responsable, et libre. Il accueillera avec ouverture les idées originales, plutôt que d'excommunier sur le champ ceux qui les proposent. Animés de cet esprit nouveau, les Québécois feront face à leurs problèmes, plutôt que de s'en prendre aux autres et se contenter de faux-fuyants.

Nous invitons à se manifester tous ceux qui, comme nous, ressentent l'urgence d'un redressement. Notre démarche aura été inutile si elle ne trouve pas de larges échos dans la société québécoise. Le silence est confortable, mais le péril l'interdit. Plus nous serons nombreux à appeler au réveil de nos concitoyens, plus il y a de chances qu'ils nous entendent. Alors, comme tant d'autres fois depuis leur arrivée en Amérique, les Québécois prendront leur sort en main. Et ils réussiront.

Annexe 3

Manifeste Pour un Québec solidaire[1]

Signataires :
Omar Aktouf, Michèle Asselin, Richard Bergeron, Josée Blanchette, Éric Bondo, Gilles Bourque, Gaétan Breton, France Castel, Jean-Pierre Charbonneau, Gonzalo Cruz, Françoise David, Gilles Dostaler, Bernard Élie, Meili Faille, Jean-Marc Fontan, Jacques B Gélinas, Ruba Ghazal, Lorraine Guay, Steven Guilbault, Amir Khadir, Vivian Labrie, Jean François Lessard, Éric Martin, Luck Mervil, Sylvie Morel, Lorraine Pagé, Pierre Paquette, Hélène Pedneault, Marie Pelchat, Ruth Rose, François Saillant, Arthur Sandborn, Daniel Turp, Denise Veilleux, Laure Waridel, et Christian Vanasse

Le mardi 1er novembre 2005 – Douze personnalités québécoises ont récemment publié un manifeste *Pour un Québec « lucide »*. Elles s'alarment du déclin démographique, de l'ampleur de la dette québécoise et d'une concurrence de plus en plus dure avec les pays asiatiques. Les signataires se disent inquiets pour l'avenir des enfants du Québec.

L'avenir de nos enfants nous inquiète aussi. Nous ne voulons surtout pas leur laisser une planète exsangue, des forêts détruites, des

[1] Nous remercions les auteurs du manifeste *Pour un Québec solidaire* de nous autoriser à reproduire leur texte. Ce texte peut également être téléchargé à l'adresse Internet suivante : http://www.pourunquebecsolidaire.org.

inégalités sociales et économiques accrues, des guerres pour s'arracher l'eau encore disponible. Nous voulons leur transmettre autre chose que le sentiment qu'il faut plier devant ce que dicte le marché.

Nous croyons nous aussi faire preuve de lucidité. Un regard attentif et critique sur le sort du monde et le devenir du Québec nous révèle partout les résultats désastreux de décennies de politiques économiques néocapitalistes. Inégalités sociales, pauvreté, crises financières, scandales comptables, dégradations environnementales et changements climatiques sur fond de conflits meurtriers sont les conséquences visibles d'un laisser-faire qui a abandonné à l'illusion du marché autorégulé le soin de gérer le quotidien et l'avenir de la Terre et des humains.

Ce sont là les vrais problèmes du monde et du Québec. Le type de mondialisation porté par les puissants et les bien nantis, en est le principal responsable.

C'est avec cette conscience, que nous, citoyennes et citoyens de divers horizons, avec ou sans engagement dans un parti politique, mettons en doute les prémisses et rejetons les conclusions du manifeste « Pour un Québec lucide ». L'enjeu ne se situe pas pour nous entre le statu quo et le changement. Il porte plutôt sur la nature du changement. Celui auquel nous aspirons est autrement plus exigeant au plan de l'exercice des responsabilités individuelles et collectives. Son horizon nous paraît plus juste et plus heureux. Nous allons tenter de le montrer en reprenant autrement certaines affirmations.

Nous concédons que certains des enjeux soulevés sont bien réels. Pensons aux difficultés causées par les échanges commerciaux avec l'Asie. Ces difficultés sont en grande partie liées aux logiques de concurrence, de croissance illimitée et d'affrontement commercial, provenant des politiques d'ouverture des marchés mises en place dans les dernières décennies et renforcées par des dirigeants politiques, incluant Lucien Bouchard quand il était premier ministre du Québec. Nous croyons qu'il y a mieux à faire pour le Québec et pour le monde.

Pour assurer le bien-être et l'avenir de ses citoyens et citoyennes de toutes générations, le Québec doit donc entreprendre dès maintenant un virage politique et économique qui soit résolument viable, progressiste et solidaire. Les pays scandinaves, de même que des pays d'Amérique latine qui multiplient les solutions créatives aux problèmes générés par la mondialisation marchande, sont de véritables sources d'inspiration.

L'humanité n'a jamais créé autant de richesse mais sa répartition est plus déséquilibrée que dans toute l'histoire de notre civilisation. Le Québec, toute proportion gardée, n'échappe pas à cette tendance à la concentration de la richesse. Les personnes pauvres le sont plus qu'il y a dix ans et les riches sont plus riches. Voilà un vrai problème. Ce problème a été créé, entre autres, par des réductions d'impôt qui profitent davantage aux contribuables à revenus élevés pendant que les pauvres se contentent de salaires trop faibles ou de prestations insuffisantes de l'assurance-emploi et de l'aide sociale.

Voyons maintenant les enjeux soulevés par le manifeste « des lucides ».

La question démographique

Le manifeste *Pour un Québec « lucide »* considère le vieillissement de la population comme un enjeu préoccupant. Il pose le problème de la façon suivante : comment payer des services publics si le nombre de travailleuses et de travailleurs décroît sensiblement?

En fait il se produit de plus en plus de richesse au Québec par habitant mais avec de moins en moins de travailleurs et de travailleuses, quel que soit leur âge.

Entre 1982 et 2000, le nombre de personnes au travail a augmenté de 22 % alors que le PIB par habitant a connu une hausse de 132 %. Après 2000, le PIB continue d'augmenter de près de 3.5 % par année alors que le taux de chômage demeure relativement élevé, plus de 8 % au Québec[2]. Pendant la même période de 20 ans, les salaires totaux versés dans l'économie québécoise augmentent de 130 % alors que les revenus des entreprises gonflent de 496 %, montrant que la richesse produite n'est plus proportionnelle au nombre de travailleurs et de travailleuses[3]. Le problème n'est donc pas celui de la création de la richesse mais de sa répartition.

---

[2]   Québec, Institut de la statistique du Québec, *Comptes économiques des revenus et dépenses du Québec*, Publications du Québec, Québec, 2001.
[3]   Québec, Institut de la statistique du Québec, *Rémunération des salariés. État et évolution comparés*, Publications du Québec, Québec, 2001.

Ajoutons que le déclin démographique pourrait sans doute être ralenti au Québec si les gouvernements adoptaient des politiques de soutien aux familles et si les entreprises étaient ouvertes à des mesures de conciliation entre la famille et le travail.

Les garderies à 5 $, passées à 7 $, et de meilleurs congés parentaux ne peuvent tenir lieu en soi d'unique politique familiale. Il faut plus : une reconnaissance économique du travail invisible des parents (le plus souvent des femmes) à la maison, des logements à prix abordable, des tarifs famille moins élevés pour les activités de loisir, des horaires de travail définis à l'avance, des contrats à durée indéterminée, la fin de la récupération discriminatoire des pensions alimentaires auprès des familles recevant de l'aide financière aux études ou de l'aide sociale, etc. De plus, il serait avantageux d'ouvrir plus grandes les portes à l'immigration et de reconnaître la formation académique et l'expérience des personnes immigrantes.

Les coûts des soins de santé

On nous dit que le vieillissement de la population amènera une hausse faramineuse des coûts de santé. L'adéquation n'est pas aussi évidente qu'on le prétend. Les hommes et les femmes vivent plus longtemps, certes, mais ils sont en meilleure santé que les générations précédentes. Par ailleurs, les coûts du système de santé ne sont pas si élevés qu'on nous le fait croire. L'État québécois dépense moins que ses voisins : en 1980, nous dépensions 7 % de plus que la moyenne canadienne alors qu'en 1998 nous étions à 11.7 % en dessous de cette même moyenne.

Les Québécois dépensent beaucoup moins que les Étasuniens et contrôlent beaucoup mieux la croissance des coûts de santé. Le Québec investit 9.1 % de son PIB dans la santé contre 14 % aux États-Unis où près de 50 millions de personnes sont sans protection car incapables de se payer des assurances. De plus, l'espérance de vie est meilleure au Québec et la mortalité infantile y est significativement moindre qu'aux États-Unis[4].

Il est possible d'améliorer le système de santé sans introduire un système à deux vitesses. Cela ne se fera pas en détournant vers des profits privés une part des sommes allouées par l'État, mais en

---

[4]   OCDE, *Comparaisons internationales*, 1999.

instaurant des politiques qui privilégient la prévention, la protection de l'environnement, la lutte contre la pauvreté, la qualité de vie des gens, l'éducation et de bons services publics.

C'est ce que font avec succès les pays nordiques de l'Europe classés comme les plus compétitifs du monde par ceux qui jugent selon les normes économiques dominantes. Du reste, la portion la plus inflationniste des dépenses en santé est l'augmentation du coût des médicaments, qui a plus que doublé en 10 ans. Il est possible de faire autrement : l'Australie, en instaurant un régime national, a maintenu ses coûts de médicaments à 30 % en dessous de la moyenne des pays de l'OCDE... pendant que le Canada, plutôt complaisant à l'égard des profits des compagnies pharmaceutiques, se situe à 30 % au-dessus!

La dette du Québec représente-t-elle un vrai problème?

La dette du Québec représente 44 % de son PIB. Elle se situe nettement en dessous de la moyenne des pays de l'OCDE et même des plus sociaux-démocrates d'entre eux, par exemple les pays nordiques.

En 2003, à l'arrivée au pouvoir à Québec du gouvernement Charest, on parlait d'une dette avoisinant les 109 milliards. Elle est aujourd'hui évaluée à 121 milliards car le gouvernement Charest l'a augmentée de 11 milliards en 2 ans. Cependant, il faut surtout dire que de 1997 à 2005, elle est passée de 52 % à 44 % du PIB, une nette réduction.

Par ailleurs, il n'est pas sans danger de comparer des dettes. La dette du Québec est composée de 40 milliards de dollars dus aux régimes de retraite des employés du gouvernement pour payer les retraites futures. Si les autres provinces canadiennes ou les États américains n'ont pas ou ne comptabilisent pas ce genre de paiement à faire dans le futur, la comparaison est fortement biaisée, sinon invalide.

La dette se compose, selon le ministère des Finances du Québec (mars 2005), de 87,2 % de titres émis en dollars canadiens, 5,2 % en yen, 2,4 % en $ US et 5,2 % en francs suisses[5]. Nous sommes donc

---

[5] Québec, ministère des finances, *Profil économique et financier du Québec*, 2005.

loin d'être dépendants de la dette étrangère. L'État québécois se garantit contre la fluctuation des taux d'intérêt avec des instruments financiers appropriés.

Les douze signataires du manifeste *Pour un Québec « lucide »* affirment que « notre dette publique par habitant [est] la plus élevée du continent » : attention! Chiffres du Bureau of the Public Debt à l'appui, la dette publique étasunienne par habitant est au moins comparable et en fait probablement plus élevée que son équivalent au Québec, incluant la partie fédérale. Par ailleurs, comme ces chiffres ne comprennent pas, aux États-Unis, la dette des entreprises qui fournissent dans le privé les services fournis par les régimes publics québécois, le fardeau comparable par habitant est en fait énormément plus élevé aux États-Unis.

D'après le ministère des Finances, 68 % de cette dette est à taux fixe, donc insensible aux fluctuations, et plus de 60 % est sous forme d'obligations en grande partie possédées par des Québécois. Chaque fois que le gouvernement paie des intérêts à des Québécois ou des Québécoises, il en récupère une bonne partie en impôts.

Une partie importante de la dette québécoise sert à hausser la capacité productive de l'économie nationale. Elle permet le soutien de l'État aux technologies, aux infrastructures, à la recherche fondamentale, à l'éducation, à la qualification de la main-d'œuvre, à la diminution des inégalités. Elle peut dans ces cas rapporter plus qu'elle ne coûte en intérêts et services!

Cela ne veut pas dire que l'État doit augmenter inconsidérément la dette publique. Nous soutenons cependant que la dette québécoise ne représente pas, à l'heure actuelle, un problème alarmant comme l'affirme le manifeste de monsieur Bouchard et de ses collègues.

Sommes-nous lourdement taxés?

Le niveau d'imposition pris isolément ne veut rien dire. Il doit être mis en parallèle avec le filet social et les services de l'État que les citoyens reçoivent: santé, éducation, garderies, transports collectifs, logement social, protection du revenu, égalité entre les hommes et les femmes, soutien aux familles…

Admettons, pour les fins de la discussion, que les contribuables québécois soient les plus taxés en Amérique du Nord. Le rapport Ménard et les consultations prébudgétaires de l'ex-ministre Séguin, reconnaissent cependant que la formule est gagnante puisque l'accès aux services est plus avantageux.

Par contre, on se garde bien d'insister sur le fait que les entreprises sont moins imposées qu'ailleurs. Toujours d'après le ministère des Finances, le taux d'imposition combiné des entreprises au Québec serait de 31 %, pour 33,6 % en Alberta, 36,1 % en Ontario, 40,7 % en Californie, 41,2 % au Massachusetts et 45,6 % à New York!

Une étude de la firme comptable internationale KPMG[6] sur la comparaison des coûts des entreprises en Amérique du Nord, en Europe et au Japon (2002) démontre que le Québec est un choix très avantageux sur le plan fiscal pour l'établissement de nouvelles entreprises et ceci dans tous les secteurs industriels évalués. Parmi les villes de plus de 1,5 million d'habitants, la ville de Montréal occupe la première place, tandis que nos coûts de main-d'œuvre sont inférieurs à ceux des USA et à ceux des autres pays du G8.

Le groupe des douze omet, par ailleurs, de parler de toute une série de mesures fiscales qui diminuent, souvent dramatiquement, les impôts des entreprises et des plus nantis. Les prélèvements totaux opérés auprès des entreprises pour 2003-2004 totalisaient 8,4 milliards... auxquels il convient de retrancher une aide directe de 3,5 milliards.

Sur des revenus autonomes, qui atteignent 45 milliards pour le gouvernement du Québec, les entreprises et le patronat ne fournissent donc que 4,9 milliards. Ajoutons que près de la moitié des entreprises québécoises, et plusieurs des plus importantes, ne paient aucun impôt[7]! Pourquoi n'en est-il pas question dans le manifeste des « lucides »?

L'évasion fiscale prive les États[8], de 3 à 15 % de leur budget, c'est-à-dire d'un montant allant de 2 à 8 milliards par an pour le

---

[6] KPMG, *Comparaison des coûts des entreprises en Amérique du Nord, en Europe et au Japon*, KPMG LLP, cabinet US (cité par le ministère des Finances du Québec dans Investissez au Québec), 2002.

[7] Québec, ministère des Finances, *Statistiques fiscales des sociétés - année d'imposition 1999*, Québec, gouvernement du Québec, 2003. Le pourcentage des entreprises québécoises ne payant aucun impôt a dépassé les 50 % durant 15 des 18 années de la période 1981-1998. Les trois autres taux étaient de 48, 48 et 49 %!

[8] Attac-France. Le ministère des Finances du Québec dans l'une de ses *Études économiques, fiscales et budgétaires*, publiée en avril 2005, intitulée « L'évasion fiscale au Québec », avance un taux d'évasion fiscale entre 3 % et 5.7 % mais cite des études allant jusqu'à 15 %. Or, le PIB est 5 fois le budget de l'État. L'évasion fiscale est donc très importante et le gouvernement reconnaît y perdre quelques milliards.

Québec! Ces sommes extraordinaires pourraient couvrir le service de la dette et permettre de commencer à la rembourser, si c'était là le choix des citoyens et citoyennes du Québec. Avant de condamner la classe moyenne et les personnes moins nanties à payer davantage de taxes sur les biens de consommation, allons donc chercher l'impôt détourné par des très riches dans des paradis fiscaux. Même G.W. Bush, vient d'obliger les milieux d'affaires étatsuniens à rapatrier plus de 400 milliards de ces cachettes fiscales! Qu'attendons-nous pour en faire autant au Québec et au Canada?

Le commerce avec l'Asie, un enjeu préoccupant

La production manufacturière stagne au Canada. Des usines ferment, certains des emplois sont transférés en Chine, en Inde, en Amérique latine. Il est paradoxal de voir les signataires du manifeste s'en préoccuper alors qu'ils se sont fait les plus grands défenseurs de l'ouverture des marchés, du libre-échange, de la mondialisation sans entrave. N'ont-ils jamais entendu plusieurs d'entre nous les mettre en garde contre les effets pervers de cette mondialisation uniquement dictée par les impératifs financiers? Lorsqu'il était premier ministre, pourquoi monsieur Bouchard a-t-il déréglementé l'industrie du vêtement pour dames plutôt que d'encourager les entreprises de ce secteur à se transformer radicalement pour tenir compte de la production asiatique?

Les solutions à la concurrence de pays où les travailleuses et travailleurs sont honteusement exploités sont complexes. Plusieurs pistes mériteraient d'être explorées : diversifier l'économie, former davantage la main-d'œuvre y compris dans l'entreprise elle-même, amener les entreprises à investir leurs profits dans la modernisation des usines plutôt que de les engloutir dans les dividendes aux actionnaires. Exiger le maintien de la production et de l'emploi au Québec lorsque des subventions ou des avantages fiscaux sont consentis aux entreprises. Développer nous-mêmes des expertises locales. Un exemple? La production de l'énergie éolienne. Hydro-Québec pourrait prendre une place plus déterminante dans ce secteur de même que les communautés locales et régionales.

De plus, le peuple québécois doit contribuer au développement de la solidarité entre les peuples; exiger le respect des droits du travail partout au monde; fonder les choix sur l'égalité en droits, y compris ceux des femmes, et sur les besoins des êtres humains, sur la protection de la nature plutôt que sur les intérêts marchands.

Comparativement la logique de concurrence et de compétition dans laquelle s'inscrit l'analyse du groupe de M. Bouchard risque d'aboutir en d'inévitables guerres pour le contrôle des ressources et des marchés.

Laquelle de ces deux perspectives prépare le meilleur avenir?

Des solutions « lucides »?

Les douze signataires du manifeste *Pour un Québec lucide* avancent des « solutions » à des problèmes dont plusieurs sont grossis démesurément. Ces solutions, nous le craignons, nous feront reculer :

- **Mettre les syndicats au pas :** en oubliant que les pays classés parmi les plus compétitifs au monde sont fortement syndiqués et que leurs syndicats participent directement aux décisions et stratégies corporatives!

- **Rembourser la dette :** alors que l'essentiel n'est pas là comme nous l'avons démontré.

- **Investir massivement en éducation :** nous sommes d'accord. Pourquoi alors, du même souffle, en appeler au dégel des frais de scolarité pour les études postsecondaires? La Norvège, la Finlande et le Danemark assurent non seulement une éducation totalement gratuite à leurs citoyens et citoyennes, mais versent jusqu'à 800 à 1500 $ par mois à leurs étudiants et étudiantes universitaires pour qu'ils étudient gratuitement! Rappelons, par ailleurs, que l'éducation commence au primaire. Les préoccupations doivent commencer là, notamment pour les enfants en difficulté dont un bon nombre ne terminent pas leur secondaire.

- **Investir en recherche et développement :** oui, mais les entreprises devraient, pour le moins, être contraintes de faire leur part comme c'est la règle dans les pays scandinaves. Des lois les y obligent à réinvestir un pourcentage fixe de leur chiffre d'affaires ou de leur masse salariale dans la qualification des travailleurs et dans l'amélioration technologique.

- **Innover en matière « d'organisation du travail » et « éliminer les rigidités » :** ces mots en cachent habituellement d'autres comme davantage de précarité, de baisses de salaires et de renoncements à des conditions de travail durement acquises. Ce serait pour faire face à la concurrence de la Chine, de l'Inde.

Pourquoi alors les pays scandinaves demeurent-ils parmi les plus compétitifs sans ce genre de mesures?

- **Hausser les tarifs d'électricité et les taxes à la consommation :** ce seront encore les personnes pauvres et la classe moyenne qui seront les plus affectées.

- **Instaurer un revenu minimum garanti :** voilà une mesure qui pourrait être intéressante dans un contexte où la valeur de base est la solidarité. Dans le contexte proposé, il y a tout à craindre qu'elle ne serve de prétexte à réduire les enveloppes et la gamme, déjà détériorée, des protections sociales de base et à affranchir les employeurs de leur obligation d'assurer un salaire décent. Alors il faudrait discuter du niveau de ce revenu minimum garanti. Couvrirait-il vraiment les besoins essentiels de tous et de toutes? Il faudrait discuter aussi, en même temps, des normes du travail, notamment du salaire minimum : permettrait-il la sortie de la pauvreté?

- **Ouvrir davantage les services publics au secteur privé :** penser que le secteur privé pourra financer des infrastructures que le public n'aurait plus le moyen de financer est une illusion. Ne voit-on pas ce qu'il est advenu, après de telles mesures, des secteurs de l'électricité au Brésil et en Californie? À la fin des années 1990, l'entretien déficient des infrastructures, les fermetures de centrales et des mesures de baisse artificielle de l'offre ont causé une grave crise de disponibilité de l'alimentation électrique alors que les coûts ont explosé. Et que dire du chemin de fer en Angleterre? Après les années du règne de Margaret Thatcher, il est devenu moins fiable, moins sécuritaire et plus cher. Pensons aussi à l'industrie forestière en Nouvelle Zélande, où le taux de chômage a atteint les 80 %.

Par ailleurs il est connu que les taux de financement sont plus élevés dans le privé. Ils seront inévitablement transférés aux utilisateurs et utilisatrices. L'exemple de la France est, en ce sens, très mal choisi, car là comme ailleurs, on commence à remettre en question des partenariats avec le privé qui accroissent les coûts et diminuent les services. L'entreprise privée n'est pas une œuvre charitable! Rappelons-nous les 3000 téléphonistes de Bell qui, après avoir subi un licenciement massif, ont été contraintes de travailler dans des centres d'appel pour moins des deux tiers de leur salaire antérieur. Est-ce bien ce que nous voulons dans les services publics ou d'intérêt public?

Quel projet collectif pour l'avenir du Québec?

Lorsque l'on tente d'imaginer le Québec de demain, un premier défi vient à l'esprit : celui d'un développement durable et écologique. Une partie croissante de la population québécoise est préoccupée par la pollution de l'air, des sols et de l'eau. Une diminution draconienne des émissions de gaz à effet de serre est à l'ordre du jour et ceci de façon urgente!

D'autres enjeux environnementaux sont préoccupants : le développement d'une agriculture orientée d'abord vers la sécurité alimentaire à long terme de la population québécoise, la gestion écologique des déchets, la protection de la faune et de la flore, y compris les écosystèmes marins, la conservation de la forêt québécoise etc. Or, le Québec que nous propose le manifeste « lucide » est un Québec qui implique plus de transports, de déplacements (exportations et importations), plus d'usage d'énergies, plus de pollution et donc, plus de problèmes de santé et une moins bonne qualité de vie. Nous accroissons ainsi la dette environnementale que nous léguons déjà à nos enfants!

En ce qui a trait aux défis économiques et sociaux, voici des pistes de solutions hors du *statu quo*, audacieuses, porteuses de changements :

1. **Soutenir les entreprises qui répondent à des critères d'utilité sociale et d'intérêt général, des entreprises qui ont une conscience écologiste et sociale, désireuses de développer des emplois durables, en particulier dans les régions du Québec, et dans des secteurs de pointe.**

2. **Renforcer les lois du travail, et combattre la disparité de traitement et les emplois précaires, à commencer par ceux que maintient l'État.**

3. **Répartir équitablement la richesse par un système d'imposition plus progressif et lutter efficacement contre l'évasion fiscale.**

4. **S'assurer d'une véritable accessibilité à l'éducation et financer correctement les institutions publiques d'enseignement en commençant par les écoles primaires et secondaires.**

5. **Redonner sa mission à Hydro-Québec qui était de fournir à la population québécoise l'électricité au meilleur coût possible**

et de donner aux entreprises québécoises un avantage économique sur leurs concurrentes.

6. Garder et reprendre au besoin la maîtrise publique du secteur de la santé, en maintenant notamment le financement public du système de santé. S'assurer de la qualité, de l'universalité et de l'accessibilité des soins tout en mettant un accent particulier sur la prévention et l'action structurelle pour contrer les véritables déterminants de la mauvaise santé, la pauvreté en particulier. Modifier la culture médicale traditionnelle, trop basée sur une approche curative et hospitalière et abandonner les vieilles chasses gardées pour assumer une prise en charge globale de toutes les personnes. Développer véritablement des services de première ligne comme porte d'entrée du système de santé.

7. <u>Renforcer et appliquer la réglementation environnementale</u>.

En avons-nous les moyens?

Oui. Nous avons les moyens financiers de nous doter d'un Québec fort aux plans social et économique. Commençons par évaluer au mérite les subventions, dégrèvements d'impôts et de taxes, et toutes les façons de soutenir des entreprises afin de ne conserver que les aides publiques qui procurent une véritable plus-value au progrès socio-économique de notre société. Rapatrions les milliards perdus en abris fiscaux comme les fiducies. Plafonnons à un niveau raisonnable les avantages fiscaux relatifs aux REER. Rétablissons les taux de participation des entreprises aux recettes de l'État qui prévalaient il y a encore dix ans.

Refusons les baisses d'impôts. La plus grande partie des contribuables paie davantage aujourd'hui en tarifs, en taxes et en coûts de services accrus dans le privé que ce qu'elle a récupéré. Il est inconséquent de se plaindre, dans un manifeste, de l'état actuel des finances publiques québécoises quand on a collaboré, en les décidant ou en les souhaitant, aux baisses d'impôt qui privent désormais le trésor québécois de 3,5 milliards par année!

Et réclamons avec une fermeté réelle d'Ottawa qu'il mette fin au déséquilibre fiscal qui prive le Québec de 2.6 milliards annuellement.

Toutes ces mesures combinées pourront-elles apporter à l'État québécois la marge de manœuvre qui lui manque pour s'acquitter convenablement de ses responsabilités? Nous croyons qu'il nous faudra aller plus loin et nous donner tous les outils politiques et économiques nécessaires pour y arriver. Dans l'état du monde actuel, le rôle des États nations est fondamental pour la répartition de la richesse et pour la protection des droits individuels et collectifs.

Pour un Québec solidaire!

Nous affirmons une autre vision du Québec, une vision humaniste, soucieuse de l'environnement et du développement durable, du bien commun et des droits collectifs.

Nous voulons contribuer à construire un Québec et un monde où les contraintes économiques et financières seront assujetties au souci d'assurer la dignité et le bien-être de chacun et de chacune, en harmonie avec leur milieu de vie. Nous en avons les moyens et nous trouvons ailleurs dans le monde et ici même des exemples inspirants. Il suffit d'avoir le courage de rompre avec les recettes inefficaces du capitalisme financier et de comprendre que la principale richesse d'une société, c'est sa capacité de prendre soin de tous ses membres, surtout quand les temps se font plus durs.

Nous appelons nos concitoyens et concitoyennes à prendre le relais de ce manifeste *Pour un Québec solidaire*. Il est important de souligner à tous ceux et celles qui s'interrogent sur l'avenir de notre société que la soumission aux impératifs économiques d'un libre marché sans contrainte est un credo conservateur et souvent individualiste qui ne répond pas à nos aspirations individuelles et collectives. Devant l'augmentation révoltante de la misère planétaire et les désastres écologiques, il y a urgence d'agir! Opposons à la machine à fabriquer les inégalités toute la solidarité du peuple québécois et donnons-nous des moyens à la mesure de nos rêves.

MEMBRE DU GROUPE SCABRINI

Québec, Canada
2006